히라가나(ひらがな)

あ 아[a]	い 이[i]	う 우[u]	え 에[e]	お 오[o]
か 카[ka]	き 키[ki]	く 쿠[ku]	け 케[ke]	こ 코[ko]
さ 사[sa]	し 시[shi]	す 스[su]	せ 세[se]	そ 소[so]
た 타[ta]	ち 치[chi]	つ 츠[tsu]	て 테[te]	と 토[to]
な 나[na]	に 니[ni]	ぬ 누[nu]	ね 네[ne]	の 노[no]
は 하[ha]	ひ 히[hi]	ふ 후[hu/fu]	へ 헤[he]	ほ 호[ho]
ま 마[ma]	み 미[mi]	む 무[mu]	め 메[me]	も 모[mo]
や 야[ya]		ゆ 유[yu]		よ 요[yo]
ら 라[ra]	り 리[ri]	る 루[ru]	れ 레[re]	ろ 로[ro]
わ 와[wa]		ん 응[n]		を 오[wo]

히라가나(ひらがな)

あ 아[a]	い 이[i]	う 우[u]	え 에[e]	お 오[o]
か 카[ka]	き 키[ki]	く 쿠[ku]	け 케[ke]	こ 코[ko]
さ 사[sa]	し 시[shi]	す 스[su]	せ 세[se]	そ 소[so]
た 타[ta]	ち 치[chi]	つ 츠[tsu]	て 테[te]	と 토[to]
な 나[na]	に 니[ni]	ぬ 누[nu]	ね 네[ne]	の 노[no]
は 하[ha]	ひ 히[hi]	ふ 후[hu/fu]	へ 헤[he]	ほ 호[ho]
ま 마[ma]	み 미[mi]	む 무[mu]	め 메[me]	も 모[mo]
や 야[ya]		ゆ 유[yu]		よ 요[yo]
ら 라[ra]	り 리[ri]	る 루[ru]	れ 레[re]	ろ 로[ro]
わ 와[wa]		ん 응[n]		を 오[wo]

히라가나(ひらがな)

あ 아[a]	い 이[i]	う 우[u]	え 에[e]	お 오[o]
か 카[ka]	き 키[ki]	く 쿠[ku]	け 케[ke]	こ 코[ko]
さ 사[sa]	し 시[shi]	す 스[su]	せ 세[se]	そ 소[so]
た 타[ta]	ち 치[chi]	つ 츠[tsu]	て 테[te]	と 토[to]
な 나[na]	に 니[ni]	ぬ 누[nu]	ね 네[ne]	の 노[no]
は 하[ha]	ひ 히[hi]	ふ 후[hu/fu]	へ 헤[he]	ほ 호[ho]
ま 마[ma]	み 미[mi]			も 모[mo]
や 야[ya]				よ 요[yo]
ら 라[ra]	り 리[ri]			ろ 로[ro]
わ 와[wa]				を 오[wo]

히라가나(ひらがな)

あ 아[a]	い 이[i]	う 우[u]	え 에[e]	お 오[o]
か 카[ka]	き 키[ki]	く 쿠[ku]	け 케[ke]	こ 코[ko]
さ 사[sa]	し 시[shi]	す 스[su]	せ 세[se]	そ 소[so]
た 타[ta]	ち 치[chi]	つ 츠[tsu]	て 테[te]	と 토[to]
な 나[na]	に 니[ni]	ぬ 누[nu]	ね 네[ne]	の 노[no]
は 하[ha]	ひ 히[hi]	ふ 후[hu/fu]	へ 헤[he]	ほ 호[ho]
ま 마[ma]	み 미[mi]	む 무[mu]	め 메[me]	も 모[mo]
や 야[ya]		ゆ 유[yu]		よ 요[yo]
ら 라[ra]	り 리[ri]	る 루[ru]	れ 레[re]	ろ 로[ro]
わ 와[wa]		ん 응[n]		を 오[wo]

히라가나(ひらがな)

あ 아[a]	い 이[i]	う 우[u]	え 에[e]	お 오[o]
か 카[ka]	き 키[ki]	く 쿠[ku]	け 케[ke]	こ 코[ko]
さ 사[sa]	し 시[shi]	す 스[su]	せ 세[se]	そ 소[so]
た 타[ta]	ち 치[chi]	つ 츠[tsu]	て 테[te]	と 토[to]
な 나[na]	に 니[ni]	ぬ 누[nu]	ね 네[ne]	の 노[no]
は 하[ha]	ひ 히[hi]	ふ 후[hu/fu]	へ 헤[he]	ほ 호[ho]
ま 마[ma]	み 미[mi]	む 무[mu]	め 메[me]	も 모[mo]
や 야[ya]		ゆ 유[yu]		よ 요[yo]
ら 라[ra]	り 리[ri]	る 루[ru]	れ 레[re]	ろ 로[ro]
わ 와[wa]		ん 응[n]		を 오[wo]

히라가나(ひらがな)

あ 아[a]	い 이[i]			お 오[o]
か 카[ka]	き 키[ki]	쿠[ku]	케[ke]	こ 코[ko]
さ 사[sa]	し 시[shi]	す 스[su]	せ 세[se]	そ 소[so]
た 타[ta]	ち 치[chi]	つ 츠[tsu]	て 테[te]	と 토[to]
な 나[na]	に 니[ni]	ぬ 누[nu]	ね 네[ne]	の 노[no]
は 하[ha]	ひ 히[hi]	ふ 후[hu/fu]	へ 헤[he]	ほ 호[ho]
ま 마[ma]	み 미[mi]	む 무[mu]	め 메[me]	も 모[mo]
や 야[ya]		ゆ 유[yu]		よ 요[yo]
ら 라[ra]	り 리[ri]	る 루[ru]	れ 레[re]	ろ 로[ro]
わ 와[wa]		ん 응[n]		を 오[wo]

가타카나(カタカナ)

ア 아[a]	イ 이[i]	ウ 우[u]	エ 에[e]	オ 오[o]
カ 카[ka]	キ 키[ki]	ク 쿠[ku]	ケ 케[ke]	コ 코[ko]
サ 사[sa]	シ 시[shi]	ス 스[su]	セ 세[se]	ソ 소[so]
タ 타[ta]	チ 치[chi]	ツ 츠[tsu]	テ 테[te]	ト 토[to]
ナ 나[na]	ニ 니[ni]	ヌ 누[nu]	ネ 네[ne]	ノ 노[no]
ハ 하[ha]	ヒ 히[hi]	フ 후[hu/fu]	ヘ 헤[he]	ホ 호[ho]
マ 마[ma]	ミ 미[mi]	ム 무[mu]	メ 메[me]	モ 모[mo]
ヤ 야[ya]		ユ 유[yu]		ヨ 요[yo]
ラ 라[ra]	リ 리[ri]	ル 루[ru]	レ 레[re]	ロ 로[ro]
ワ 와[wa]		ン 응[n]		ヲ 오[wo]

가타카나(カタカナ)

ア 아[a]	イ 이[i]	ウ 우[u]	エ 에[e]	オ 오[o]
カ 카[ka]	キ 키[ki]	ク 쿠[ku]	ケ 케[ke]	コ 코[ko]
サ 사[sa]	シ 시[shi]	ス 스[su]	セ 세[se]	ソ 소[so]
タ 타[ta]	チ 치[chi]	ツ 츠[tsu]	テ 테[te]	ト 토[to]
ナ 나[na]	ニ 니[ni]	ヌ 누[nu]	ネ 네[ne]	ノ 노[no]
ハ 하[ha]	ヒ 히[hi]	フ 후[hu/fu]	ヘ 헤[he]	ホ 호[ho]
マ 마[ma]	ミ 미[mi]	ム 무[mu]	メ 메[me]	モ 모[mo]
ヤ 야[ya]		ユ 유[yu]		ヨ 요[yo]
ラ 라[ra]	リ 리[ri]	ル 루[ru]	レ 레[re]	ロ 로[ro]
ワ 와[wa]		ン 응[n]		ヲ 오[wo]

가타카나(カタカナ)

ア 아[a]	イ 이[i]	ウ 우[u]	エ 에[e]	オ 오[o]
カ 카[ka]	キ 키[ki]	ク 쿠[ku]	ケ 케[ke]	コ 코[ko]
サ 사[sa]	シ 시[shi]	ス 스[su]	セ 세[se]	ソ 소[so]
タ 타[ta]	チ 치[chi]	ツ 츠[tsu]	テ 테[te]	ト 토[to]
ナ 나[na]	ニ 니[ni]	ヌ 누[nu]	ネ 네[ne]	ノ 노[no]
ハ 하[ha]	ヒ 히[hi]	フ 후[hu/fu]	ヘ 헤[he]	ホ 호[ho]
マ 마[ma]	ミ 미[mi]	ム 무[mu]	メ 메[me]	モ 모[mo]
ヤ 야[ya]		ユ 유[yu]		ヨ 요[yo]
ラ 라[ra]	リ 리[ri]	ル 루[ru]	レ 레[re]	ロ 로[ro]
ワ 와[wa]		ン 응[n]		ヲ 오[wo]

가타카나(カタカナ)

ア 아[a]	イ 이[i]	ウ 우[u]	エ 에[e]	オ 오[o]
カ 카[ka]	キ 키[ki]	ク 쿠[ku]	ケ 케[ke]	コ 코[ko]
サ 사[sa]	シ 시[shi]	ス 스[su]	セ 세[se]	ソ 소[so]
タ 타[ta]	チ 치[chi]	ツ 츠[tsu]	テ 테[te]	ト 토[to]
ナ 나[na]	ニ 니[ni]	ヌ 누[nu]	ネ 네[ne]	ノ 노[no]
ハ 하[ha]	ヒ 히[hi]	フ 후[hu/fu]	ヘ 헤[he]	ホ 호[ho]
マ 마[ma]	ミ 미[mi]	ム 무[mu]	メ 메[me]	モ 모[mo]
ヤ 야[ya]		ユ 유[yu]		ヨ 요[yo]
ラ 라[ra]	リ 리[ri]	ル 루[ru]	レ 레[re]	ロ 로[ro]
ワ 와[wa]		ン 응[n]		ヲ 오[wo]

가타카나(カタカナ)

ア 아[a]	イ 이[i]	ウ 우[u]	エ 에[e]	オ 오[o]
カ 카[ka]	キ 키[ki]	ク 쿠[ku]	ケ 케[ke]	コ 코[ko]
サ 사[sa]	シ 시[shi]	ス 스[su]	セ 세[se]	ソ 소[so]
タ 타[ta]	チ 치[chi]	ツ 츠[tsu]	テ 테[te]	ト 토[to]
ナ 나[na]	ニ 니[ni]	ヌ 누[nu]	ネ 네[ne]	ノ 노[no]
ハ 하[ha]	ヒ 히[hi]	フ 후[hu/fu]	ヘ 헤[he]	ホ 호[ho]
マ 마[ma]	ミ 미[mi]	ム 무[mu]	メ 메[me]	モ 모[mo]
ヤ 야[ya]		ユ 유[yu]		ヨ 요[yo]
ラ 라[ra]	リ 리[ri]	ル 루[ru]	レ 레[re]	ロ 로[ro]
ワ 와[wa]		ン 응[n]		ヲ 오[wo]

가타카나(カタカナ)

ア 아[a]	イ 이[i]	ウ 우[u]	エ 에[e]	オ 오[o]
カ 카[ka]	キ 키[ki]	ク 쿠[ku]	ケ 케[ke]	コ 코[ko]
サ 사[sa]	シ 시[shi]	ス 스[su]	セ 세[se]	ソ 소[so]
タ 타[ta]	チ 치[chi]	ツ 츠[tsu]	テ 테[te]	ト 토[to]
ナ 나[na]	ニ 니[ni]	ヌ 누[nu]	ネ 네[ne]	ノ 노[no]
ハ 하[ha]	ヒ 히[hi]	フ 후[hu/fu]	ヘ 헤[he]	ホ 호[ho]
マ 마[ma]	ミ 미[mi]	ム 무[mu]	メ 메[me]	モ 모[mo]
ヤ 야[ya]		ユ 유[yu]		ヨ 요[yo]
ラ 라[ra]	リ 리[ri]	ル 루[ru]	レ 레[re]	ロ 로[ro]
ワ 와[wa]		ン 응[n]		ヲ 오[wo]

쉬운 일본어로
말문 열기

현지에서 통하는

YBM 처음 일본어

YBM 와이비엠 홀딩스

발행인 권오찬
펴낸곳 와이비엠홀딩스

저자 YBM 일본어연구소
동영상강의 센님
기획 고성희, 이경숙
마케팅 정연철, 박천산, 고영노, 박찬경, 김동진, 김윤하
디자인 이미화, 박성희
일러스트 이새, 민들레

초판 인쇄 2023년 12월 4일
초판 발행 2023년 12월 11일

신고일자 2012년 4월 12일
신고번호 제2012-000060호
주소 서울시 종로구 종로 104
전화 (02)2000-0154
팩스 (02)2271-0172
홈페이지 www.ybmbooks.com

ISBN 978-89-6348-185-2

이 책의 특징

일본 여행 컨셉으로 가장 쉽게 일본어 기초 떼기!

이 책은 기존의 문법 중심의 설명에서 탈피, 쉬운 일본어로 바로 말문을 열 수 있게 만든 '말할 수 있는' 독학서입니다. 일본 여행을 컨셉으로 반말과 존댓말을 동시에 학습할 수 있도록 구성해 어떠한 상황에서도 매너 있게 대응할 수 있습니다.

유튜버 센님의 '무료 동영상강의 16강'으로 일본어 기초 완벽 이해!

독학으로 일본어를 마스터하고, 유창한 일본어로 다방면에서 맹활약 중인 유튜버 센님이 독학자의 시선에서 열정 넘치는 강의로 일본어 길잡이가 되어 드립니다. 교재 속 QR코드를 스캔하면 간편하게 재생하여 볼 수 있습니다.

원어민 발음을 QR코드로 스캔하여 바로바로 듣기!

각 과의 키워드 및 주요 단어, 포인트 표현 및 상황별 회화를 원어민 성우의 리얼한 음성으로 제공합니다. 교재 속 QR코드를 스캔하면 간편하게 재생하여 들을 수 있습니다.

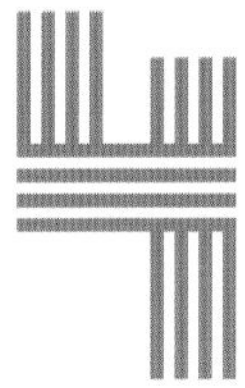

일본어 문자 떼고 JLPT N5 도전하기!

책 속의 책으로 제공되는 일본어 쓰기노트와 JLPT N5 하프모의고사를 통해 '일본어 문자 떼기 ➜ 일본어 기초 떼기 ➜ JLPT N5 도전하기' 3단계로 지금껏 공부한 나의 일본어 실력을 확인하고 다음 단계로 나아가세요.

품사별 핵심포인트 & 초급 핵심단어 600으로 실력 점검 및 업그레이드!

품사별 핵심포인트와 초급 핵심단어 600개를 선정해 PDF로 제작하여 제공합니다. YBM 홈페이지(www.ybmbooks.com)에서 무료로 다운로드하여 적극 활용해 보세요.

무료 제공 학습자료 사용 방법

1 일본어 쓰기노트와 JLPT N5 하프모의고사

• 책 속의 책으로 제공되는 일본어 쓰기노트를 통해 일본어 문자를 완벽하게 익히세요. 그리고 일본어 학습이 끝난 후에는 JLPT N5 하프모의고사를 풀어 보세요. 나의 일본어 실력을 확인할 수 있습니다.

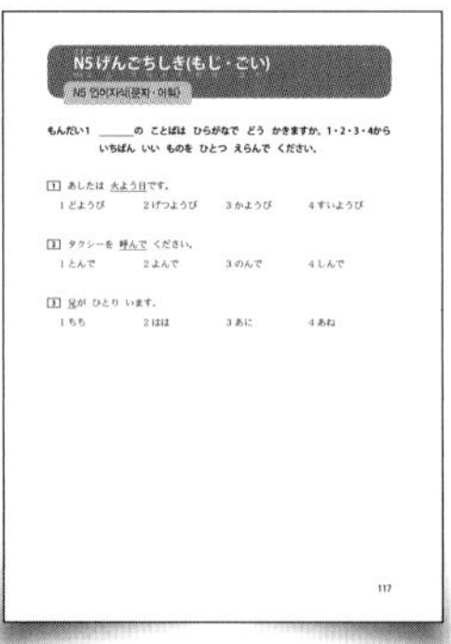

2 유튜버 센님의 일본 현지 무료 동영상강의 16강

• 일본 현지에서 유튜버 센님이 각 과의 포인트만을 콕콕 집어서 설명해 드립니다.
• 교재 속 QR코드를 스캔하면 동영상으로 바로 연결됩니다.
• YBM 홈페이지(www.ybmbooks.com) 혹은 유튜브에서 'YBM Books'나 '현지에서 통하는 YBM 처음 일본어'를 검색 후 시청하세요.

3 정확한 일본어를 구사하기 위한 원어민 성우의 음원

| 음원 무료 다운로드 www.ybmbooks.com

• 각 과의 키워드 및 주요 단어, 포인트 표현 및 상황별 회화를 원어민 성우의 리얼한 음성으로 제공합니다. 교재 속 QR코드를 스캔하면 간편하게 재생하여 들을 수 있습니다. 또한 YBM 홈페이지에서 음원을 무료로 제공하므로 다운로드하여 들을 수도 있습니다.

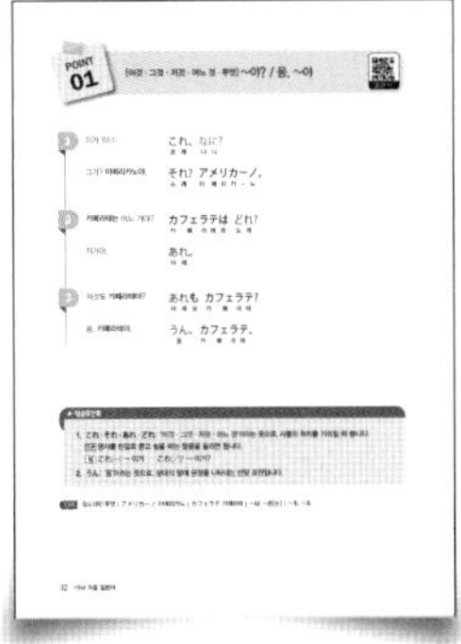

4 품사별 핵심포인트 & 초급 핵심단어 600

| PDF 무료 다운로드 www.ybmbooks.com

• 품사별 핵심포인트와 초급 핵심단어 600개를 선정해 PDF로 제공합니다.

• YBM 홈페이지에서 무료로 다운로드하여 적극 활용해 보세요.

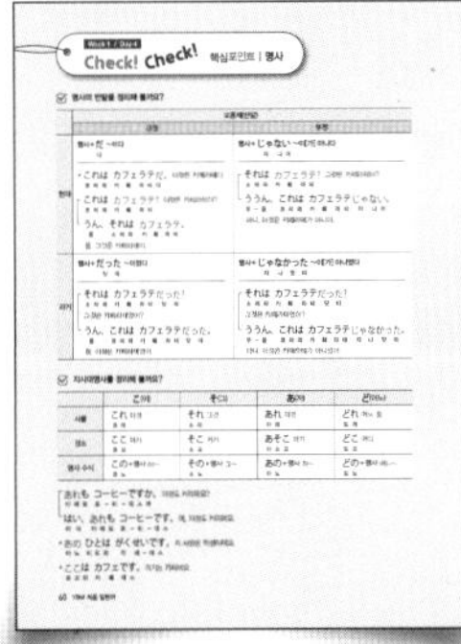

목차

20일 완성
학습스케줄

Week 1									
체크	Day 1	체크	Day 2	체크	Day 3	체크	Day 4	체크	Day 5
	UNIT 01		UNIT 02		UNIT 03		핵심포인트 명사		UNIT 04

Week 2									
체크	Day 1	체크	Day 2	체크	Day 3	체크	Day 4	체크	Day 5
	UNIT 05		핵심포인트 い형용사		UNIT 06		UNIT 07		핵심포인트 な형용사

Week 3									
체크	Day 1	체크	Day 2	체크	Day 3	체크	Day 4	체크	Day 5
	UNIT 08		UNIT 09		UNIT 10		UNIT 11		UNIT 12

Week 4									
체크	Day 1	체크	Day 2	체크	Day 3	체크	Day 4	체크	Day 5
	핵심포인트 동사❶		UNIT 13		UNIT 14		UNIT 15		핵심포인트 동사❷

일본어
문자와 발음

인사말

문자

우리나라의 고유 문자는 '한글'이죠. 그럼, 일본어는 어떤 문자를 쓸까요? 바로 '가나'(かな)인데요, '가나'(かな)는 '히라가나'(ひらがな), '가타카나'(カタカナ)라는 두 종류의 문자로 구성되어 있습니다. 그리고 여기에 '한자'(漢字)를 섞어서 씁니다.

1. 히라가나(ひらがな)

모든 인쇄와 필기에 사용되는 기본적인 문자입니다.

2. 가타카나(カタカナ)

주로 외래어나 의성어, 의태어를 표기하거나 강조하고자 할 때 씁니다. 지금은 방송이나 신문, 잡지 등에서 그 사용 빈도가 점점 증가하고 있습니다.

3. 한자(漢字)

중국이나 우리나라에서는 한자를 음(소리)으로만 읽지만, 일본에서는 한자를 음(소리)뿐만 아니라 훈(의미)으로도 읽습니다. 한자를 음(소리)으로 읽는 것을 '음독', 훈(의미)으로 읽는 것을 '훈독'이라고 합니다. 또한 음과 훈이 한 글자에 2개 이상인 경우도 있습니다.

인사말

일상생활에서 가장 많이 쓰는 것이 인사말이죠. 평소에 자주 사용해서 자연스럽게 말할 수 있도록 합시다.

● 히라가나와 가타카나를 5단('세로줄'을 '단'이라고 부름) 10행('가로줄'을 '행'이라고 부름)으로 배열한 것을 '오십음도'(五十音図)라고 합니다.

| 히라가나(ひらがな) |

▶행 / ▼단	あ단	い단	う단	え단	お단
あ행	あ 아[a]	い 이[i]	う 우[u]	え 에[e]	お 오[o]
か행	か 카[ka]	き 키[ki]	く 쿠[ku]	け 케[ke]	こ 코[ko]
さ행	さ 사[sa]	し 시[shi]	す 스[su]	せ 세[se]	そ 소[so]
た행	た 타[ta]	ち 치[chi]	つ 츠[tsu]	て 테[te]	と 토[to]
な행	な 나[na]	に 니[ni]	ぬ 누[nu]	ね 네[ne]	の 노[no]
は행	は 하[ha]	ひ 히[hi]	ふ 후[hu/fu]	へ 헤[he]	ほ 호[ho]
ま행	ま 마[ma]	み 미[mi]	む 무[mu]	め 메[me]	も 모[mo]
や행	や 야[ya]		ゆ 유[yu]		よ 요[yo]
ら행	ら 라[ra]	り 리[ri]	る 루[ru]	れ 레[re]	ろ 로[ro]
わ행	わ 와[wa]				を 오[wo]
			ん 응[n]		

| 가타카나(カタカナ) |

	ア단	イ단	ウ단	エ단	オ단
ア행	ア 아[a]	イ 이[i]	ウ 우[u]	エ 에[e]	オ 오[o]
カ행	カ 카[ka]	キ 키[ki]	ク 쿠[ku]	ケ 케[ke]	コ 코[ko]
サ행	サ 사[sa]	シ 시[shi]	ス 스[su]	セ 세[se]	ソ 소[so]
タ행	タ 타[ta]	チ 치[chi]	ツ 츠[tsu]	テ 테[te]	ト 토[to]
ナ행	ナ 나[na]	ニ 니[ni]	ヌ 누[nu]	ネ 네[ne]	ノ 노[no]
ハ행	ハ 하[ha]	ヒ 히[hi]	フ 후[hu/fu]	ヘ 헤[he]	ホ 호[ho]
マ행	マ 마[ma]	ミ 미[mi]	ム 무[mu]	メ 메[me]	モ 모[mo]
ヤ행	ヤ 야[ya]		ユ 유[yu]		ヨ 요[yo]
ラ행	ラ 라[ra]	リ 리[ri]	ル 루[ru]	レ 레[re]	ロ 로[ro]
ワ행	ワ 와[wa]				ヲ 오[wo]
			ン 응[n]		

● 청음이란 가나(かな)에 탁점이나 반탁점이 없어 맑은 소리가 나는 글자로, 오십음도에 있는 글자를 그대로 읽는 글자입니다.

あ행

あ	い	う	え	お
아[a]	이[i]	우[u]	에[e]	오[o]
あい 아 이 사랑	いえ 이 에 집	うどん 우 동 우동	え 에 그림	おでん 오 뎅 오뎅

ア행

ア	イ	ウ	エ	オ
아[a]	이[i]	우[u]	에[e]	오[o]
アイスクリーム 아 이 스 쿠 리 – 무 아이스크림	インク 잉 쿠 잉크	ウイスキー 우 이 스 키 – 위스키	エレベーター 에 레 베 – 타 – 엘리베이터	オレンジ 오 렌 지 오렌지

★ 「あ」(아)행은 우리말의 '아, 이, 우, 에, 오'와 발음이 비슷합니다.

★ 「う」(우)는 입술을 내밀어 둥글게 만들지 말고, 평평하게 만든 상태에서 우리말의 '우'와 '으'의 중간음으로 발음합니다.

か행

か	き	く	け	こ
카[ka]	키[ki]	쿠[ku]	케[ke]	코[ko]
かき 카 끼 감	き 키 나무	くも 쿠 모 구름	けしき 케 시 끼 경치	こおり 코 – 리 얼음

カ행

カ	キ	ク	ケ	コ
카[ka]	키[ki]	쿠[ku]	케[ke]	코[ko]
カメラ 카 메 라 카메라	キー 키 – 열쇠	クリスマス 쿠 리 스 마 스 크리스마스	ケーキ 케 – 키 케이크	コーヒー 코 – 히 – 커피

★ 「か」(카)행은 우리말의 '카, 키, 쿠, 케, 코'와 '가, 기, 구, 게, 고'의 중간 발음에 가깝습니다.

★ 「か」(카)행이 단어의 중간이나 끝머리에 오면 우리말의 '까, 끼, 꾸, 께, 꼬'에 가까운 발음이 됩니다.

さ행

さ	し	す	せ	そ
사[sa]	시[shi]	스[su]	세[se]	소[so]
さくら	しか	すし	せんぷうき	そら
사 꾸 라	시 까	스 시	셈 뿌 ー 끼	소 라
벚꽃	사슴	초밥	선풍기	하늘

サ행

サ	シ	ス	セ	ソ
사[sa]	시[shi]	스[su]	세[se]	소[so]
サラダ	シーソー	スキー	セーター	ソファー
사 라 다	시 ー 소 ー	스 키 ー	세 ー 타 ー	소 화 ー
샐러드	시소	스키	스웨터	소파

★ 「さ」(사)행은 우리말의 '사, 시, 스, 세, 소'와 발음이 비슷합니다.

★ 주의할 발음은 「す」(스)로, '수'와 '스'의 중간 발음에 해당하며, 단어 끝머리에 오면 '스'에 가깝게 발음합니다.

た행

た	ち	つ	て	と
타[ta]	치[chi]	츠[tsu]	테[te]	토[to]
たいよう 타 이 요 － 태양	ちきゅう 치 뀨 － 지구	つき 츠 끼 달	てがみ 테 가 미 편지	とけい 토 께 － 시계

タ행

タ	チ	ツ	テ	ト
타[ta]	치[chi]	츠[tsu]	테[te]	토[to]
タクシー 타 쿠 시 － 택시	チーズ 치 － 즈 치즈	ツナ 츠 나 참치	テレビ 테 레 비 텔레비전, TV	トマト 토 마 토 토마토

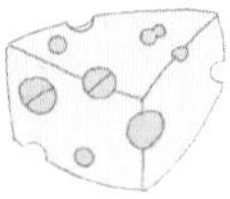

★ 「た」(타)행은 우리말의 'ㄷ'과 'ㅌ'의 중간 발음입니다. 단어의 첫머리에 올 때는 '타, 치, 츠, 테, 토'에 가깝게, 단어의 중간이나 끝머리에 올 때는 '따, 찌, 쯔, 떼, 또'에 가깝게 발음합니다.

★ 주의할 발음은 「ち」(치)와 「つ」(츠)로, 「ち」(치)는 「い」(이) 발음과 같은 입모양을 하고, 우리말의 '치'보다 약하게 발음합니다. 「つ」(츠)는 「う」(우) 발음과 같은 입모양을 하고, 혀를 앞니 뒤쪽 윗잇몸에 붙였다 떼면서 발음합니다.

な 행

な	に	ぬ	ね	の
나[na]	니[ni]	누[nu]	네[ne]	노[no]
なつ 나 쯔 여름	にじ 니 지 무지개	いぬ 이 누 개	ねこ 네 꼬 고양이	のり 노 리 김

ナ 행

ナ	ニ	ヌ	ネ	ノ
나[na]	니[ni]	누[nu]	네[ne]	노[no]
ナイフ 나 이 후 나이프	テニス 테 니 스 테니스	カヌー 카 누 – 카누	ネクタイ 네 쿠 타 이 넥타이	ノート 노 – 토 노트

★ 「な」(나)행은 우리말의 '나, 니, 누, 네, 노'와 발음이 비슷합니다.

★ 주의할 발음은 「ぬ」(누)로, '누'와 '느'의 중간음으로 발음합니다.

は행

は	ひ	ふ	へ	ほ
하[ha]	히[hi]	후[hu/fu]	헤[he]	호[ho]
はな 하 나 꽃	ひ 히 불	ふく 후 꾸 옷	へび 헤 비 뱀	ほし 호 시 별

ハ행

ハ	ヒ	フ	ヘ	ホ
하[ha]	히[hi]	후[hu/fu]	헤[he]	호[ho]
ハンドバッグ 한 도 박 구 핸드백	ヒーター 히 – 타 – 히터	フルーツ 후 루 – 츠 과일	ヘッドホン 헷 도 홍 헤드폰	ホテル 호 테 루 호텔

★ 「は」(하)행은 우리말의 '하, 히, 후, 헤, 호'와 발음이 비슷합니다.

★ 주의할 발음은 「ふ」(후)로, 아랫입술을 물고 발음해서는 안 되며 「う」(우) 발음의 입모양으로 발음합니다.

ま행

ま	み	む	め	も
마[ma]	미[mi]	무[mu]	메[me]	모[mo]
まど	みみ	むし	め	もも
마 도	미 미	무 시	메	모 모
창문	귀	벌레	눈	복숭아

マ행

マ	ミ	ム	メ	モ
마[ma]	미[mi]	무[mu]	메[me]	모[mo]
マヨネーズ	ミルク	ムービー	メロン	モニター
마 요 네 － 즈	미 루 쿠	무 － 비 －	메 롱	모 니 타 －
마요네즈	우유	영화	멜론	모니터

★「ま」(마)행은 우리말의 '마, 미, 무, 메, 모'와 발음이 비슷합니다.

★ 주의할 발음은「む」(무)로, '무'와 '므'의 중간음으로 발음합니다.

や행

や 야[ya]	ゆ 유[yu]	よ 요[yo]
やま 야 마 산	ゆびわ 유 비 와 반지	よる 요 루 밤

ヤ행

ヤ 야[ya]	ユ 유[yu]	ヨ 요[yo]
イヤリング 이 야 링 구 귀고리	ユニホーム 유 니 호 – 무 유니폼	ヨット 욧 토 요트

★ 「や」(야)행은 우리말의 '야, 유, 요'와 발음이 비슷합니다.

★ 주의할 발음은 「ゆ」(유)와 「よ」(요)로, 발음할 때 입술을 너무 둥글게 오므리지 않도록 합니다.

ら행

ら	り	る	れ	ろ
라[ra]	리[ri]	루[ru]	레[re]	로[ro]
らっぱ	りんご	ひるね	れいぞうこ	ろうそく
랍 빠	링 고	히 루 네	레 − 조 − 꼬	로 − 소 꾸
나팔	사과	낮잠	냉장고	양초

ラ행

ラ	リ	ル	レ	ロ
라[ra]	리[ri]	루[ru]	레[re]	로[ro]
ライター	リボン	ルビー	レモン	ロールケーキ
라 이 타 −	리 봉	루 비 −	레 몽	로 − 루 케 − 키
라이터	리본	루비	레몬	롤케이크

★「ら」(라)행은 우리말의 '라, 리, 루, 레, 로'와 발음이 비슷합니다.

★ 주의할 점은 영어의 [r] 발음처럼 혀를 안쪽으로 말아 올리지 않고 혀끝으로 입천장을 치면서 발음합니다.

わ행・ん

わ 와[wa]	を 오[wo]	ん 응[n]
 わに 와 니 악어		 かびん 카 빙 꽃병

ワ행・ン

ワ 와[wa]	ヲ 오[wo]	ン 응[n]
 ワイン 와 잉 와인		 アイロン 아 이 롱 다리미

★「わ」(와)는 우리말의 '와'와 발음이 비슷합니다.

★「を」(오)는 조사로만 쓰이며, 발음은「お」(오)와 같습니다.

★「ん」(응)은 우리말의 받침과 같은 역할을 하며, 단어의 첫머리에는 오지 않습니다. (p.25 발음 참조)

탁음

- 탁음이란 「か、さ、た、は」(카, 사, 타, 하)행 글자의 오른쪽 위에 탁점(゛)을 붙인 글자로, 성대를 울려서 발음합니다.
- 「が」(가)행은 영어의 [g] 발음과 동일하고, 「ざ」(자)행은 「さ、し、す、せ、そ」(사, 시, 스, 세, 소) 발음의 입모양 그대로 성대를 울려서 발음합니다.
- 「だ」(다)행의 「だ、で、ど」(다, 데, 도)는 영어의 [d] 발음과 동일하고, 「ぢ、づ」(지. 즈)는 「じ、ず」(지, 즈)에 합류되어 현재는 특별한 경우 외에는 쓰이지 않습니다.
- 「ば」(바)행은 우리말의 '바, 비, 부, 베, 보'와 비슷한 발음이지만, 영어의 [b] 발음과 같이 성대를 울려서 발음합니다.

が행	が 가[ga]	ぎ 기[gi]	ぐ 구[gu]	げ 게[ge]	ご 고[go]
ざ행	ざ 자[za]	じ 지[zi]	ず 즈[zu]	ぜ 제[ze]	ぞ 조[zo]
だ행	だ 다[da]	ぢ 지[zi]	づ 즈[zu]	で 데[de]	ど 도[do]
ば행	ば 바[ba]	び 비[bi]	ぶ 부[bu]	べ 베[be]	ぼ 보[bo]

ガ행	ガ 가[ga]	ギ 기[gi]	グ 구[gu]	ゲ 게[ge]	ゴ 고[go]
ザ행	ザ 자[za]	ジ 지[zi]	ズ 즈[zu]	ゼ 제[ze]	ゾ 조[zo]
ダ행	ダ 다[da]	ヂ 지[zi]	ヅ 즈[zu]	デ 데[de]	ド 도[do]
バ행	バ 바[ba]	ビ 비[bi]	ブ 부[bu]	ベ 베[be]	ボ 보[bo]

예

がいこく 외국 가 이 꼬 꾸	ぎむ 의무 기 무	かぐ 가구 카 구	じこ 사고 지 꼬
からだ 몸 카 라 다	はなぢ 코피 하 나 지	ばら 장미 바 라	ゆび 손가락 유 비
ガス 가스 가 스	ジーンズ 청바지 지 – 인 즈	ダンス 댄스, 춤 단 스	ビニール 비닐 비 니 – 루

반탁음

- 반탁음이란 「は」(하)행 글자의 오른쪽 위에 반탁점(°)을 붙인 글자입니다.
- 「ぱ」(파)행은 단어의 첫머리에서는 '파, 피, 푸, 페, 포'에 가까운 발음이 되며, 단어의 중간이나 끝머리에서는 '빠, 삐, 뿌, 뻬, 뽀'에 가까운 발음이 됩니다.

음원 4

ぱ행	ぱ 파[pa]	ぴ 피[pi]	ぷ 푸[pu]	ぺ 페[pe]	ぽ 포[po]

パ행	パ 파[pa]	ピ 피[pi]	プ 푸[pu]	ペ 페[pe]	ポ 포[po]

예 いっぱい 한 잔 (입 빠 이) / えんぴつ 연필 (엠 삐 쯔) / きっぷ 표 (킵 뿌) / いっぽ 한 걸음 (입 뽀)

パン 빵 (팡) / ピザ 피자 (피 자) / プレゼント 선물 (푸 레 젠 토) / ポスト 우체통 (포 스 토)

발음

- 「ん」(응)은 뒤에 오는 음에 따라 [ㅁ, ㄴ, ㅇ] 또는 [ㄴ과 ㅇ의 중간음]으로 발음이 달라집니다. 우리말의 받침과 같은 역할을 하는데, 우리말 받침과는 달리 한 박자로 발음해 줍니다.

음원 5

1. 「ま、ば、ぱ」(마, 바, 파)행 앞에서는 [ㅁ]으로 발음됩니다.

   예 あんま 안마 (암 마) / しんぶん 신문 (심 붕) / かんぱい 건배 (캄 빠 이)

2. 「さ、ざ、た、だ、な、ら」(사, 자, 타, 다, 나, 라)행 앞에서는 [ㄴ]으로 발음됩니다.

   예 かんじ 한자 (칸 지) / みんな 모두 (민 나) / べんり 편리 (벤 리)

3. 「か、が」(카, 가)행 앞에서는 [ㅇ]으로 발음됩니다.

   예 さんか 참가 (상 까) / にほんご 일본어 (니 홍 고) / たんご 단어 (탕 고)

4. 「あ、は、や、わ」(아, 하, 야, 와)행 앞과 「ん」(응)으로 끝날 때는 [ㄴ과 ㅇ의 중간음]으로 발음됩니다.

   예 れんあい 연애 (렝 아 이) / でんわ 전화 (뎅 와) / ほん 책 (홍)

● 「き、ぎ、し、じ、ち、に、ひ、び、ぴ、み、り」(키, 기, 시, 지, 치, 니, 히, 비, 피, 미, 리) 뒤에 「や、ゆ、よ」(야, 유, 요)를 작게 써서 표기한 것으로, 한 글자처럼 한 음절로 발음합니다.

きゃ 캬[kya]	きゅ 큐[kyu]	きょ 쿄[kyo]
ぎゃ 갸[gya]	ぎゅ 규[gyu]	ぎょ 교[gyo]
しゃ 샤[sha]	しゅ 슈[shu]	しょ 쇼[sho]
じゃ 쟈[zya]	じゅ 쥬[zyu]	じょ 죠[zyo]
ちゃ 챠[cha]	ちゅ 츄[chu]	ちょ 쵸[cho]
にゃ 냐[nya]	にゅ 뉴[nyu]	にょ 뇨[nyo]
ひゃ 햐[hya]	ひゅ 휴[hyu]	ひょ 효[hyo]
びゃ 뱌[bya]	びゅ 뷰[byu]	びょ 뵤[byo]
ぴゃ 퍄[pya]	ぴゅ 퓨[pyu]	ぴょ 표[pyo]
みゃ 먀[mya]	みゅ 뮤[myu]	みょ 묘[myo]
りゃ 랴[rya]	りゅ 류[ryu]	りょ 료[ryo]

キャ 캬[kya]	キュ 큐[kyu]	キョ 쿄[kyo]
ギャ 갸[gya]	ギュ 규[gyu]	ギョ 교[gyo]
シャ 샤[sha]	シュ 슈[shu]	ショ 쇼[sho]
ジャ 쟈[zya]	ジュ 쥬[zyu]	ジョ 죠[zyo]
チャ 챠[cha]	チュ 츄[chu]	チョ 쵸[cho]
ニャ 냐[nya]	ニュ 뉴[nyu]	ニョ 뇨[nyo]
ヒャ 햐[hya]	ヒュ 휴[hyu]	ヒョ 효[hyo]
ビャ 뱌[bya]	ビュ 뷰[byu]	ビョ 뵤[byo]
ピャ 퍄[pya]	ピュ 퓨[pyu]	ピョ 표[pyo]
ミャ 먀[mya]	ミュ 뮤[myu]	ミョ 묘[myo]
リャ 랴[rya]	リュ 류[ryu]	リョ 료[ryo]

예 きゃく 손님 (캬 꾸) いしゃ 의사 (이 샤) しゅみ 취미 (슈 미) ひゃく 백, 100 (햐 꾸)

りょこう 여행 (료 꼬 –) キャラメル 캐러멜 (캬 라 메 루) シャープ 샤프(펜슬) (샤 – 푸) ニュース 뉴스 (뉴 – 스)

- 「か、さ、た、ぱ」(카, 사, 타, 파)행 앞에 작게 쓰는 촉음 「つ」(츠)는 우리말의 받침과 같은 역할을 합니다. 하지만 우리말 받침과 달리 한 박자로 발음해야 합니다. 또한 촉음은 바로 뒤에 오는 글자의 영향을 받아 발음이 바뀝니다.

1. 「か」(카)행 앞에서는 [k]로 발음됩니다. 예 がっこう 학교
   각 꼬 –
2. 「さ」(사)행 앞에서는 [s]로 발음됩니다. 예 けっせき 결석
   켓 세 끼
3. 「た」(타)행 앞에서는 [t]로 발음됩니다. 예 きって 우표
   킷 떼
4. 「ぱ」(파)행 앞에서는 [p]로 발음됩니다. 예 きっぷ 표
   킵 뿌

- 앞 글자의 발음을 길게 끌어서 발음하는 것을 장음이라고 합니다. 장음은 한 음절의 길이를 가지고 있으며, 장음이 있고 없음에 따라 뜻이 달라집니다. 가타카나의 장음은 「–」로 나타냅니다.

1. 「あ」(아)단 뒤에 「あ」(아)가 올 때 예 おかあさん 어머니
   오 까 – 상
2. 「い」(이)단 뒤에 「い」(이)가 올 때 예 おにいさん 오빠, 형
   오 니 – 상
3. 「う」(우)단 뒤에 「う」(우)가 올 때 예 くうき 공기
   쿠 – 끼
4. 「え」(에)단 뒤에 「い」(이) 또는 「え」(에)가 올 때 예 せんせい 선생님 おねえさん 언니, 누나
   센 세 – 오 네 – 상
5. 「お」(오)단 뒤에 「う」(우) 또는 「お」(오)가 올 때 예 こうこう 고등학교 おおい 많다
   코 – 꼬 – 오 – 이
6. 요음 뒤에 「う」(우)가 올 때 예 きょう 오늘 じゅう 열, 10
   쿄 – 쥬 –
7. 가타카나의 장음 「–」 예 ビール 맥주
   비 – 루

인사말(あいさつ)

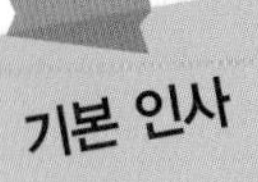

☑ おはようございます。 안녕하세요.(아침)
오 하 요 - 고 자 이 마 스

☑ こんにちは。 안녕하세요.(낮)
콘 니 찌 와

☑ こんばんは。 안녕하세요.(저녁)
콤 방 와

☑ おやすみなさい。 안녕히 주무세요.
오 야 스 미 나 사 이

식사할 때

☑ いただきます。 잘 먹겠습니다.
이 따 다 끼 마 스

☑ ごちそうさまでした。 잘 먹었습니다.
고 찌 소 - 사 마 데 시 따

외출 및 귀가할 때

☑ いってきます。 다녀오겠습니다.
잇 떼 끼 마 스

☑ いってらっしゃい。 다녀와, 다녀오세요.
잇 떼 랏 샤 이

☑ ただいま。 다녀왔습니다.
타 다 이 마

☑ おかえりなさい。 어서 와요, 잘 다녀오셨어요.
오 까 에 리 나 사 이

사과 및 감사할 때

☑ すみません。 미안합니다.
스 미 마 셍

☑ いいえ、だいじょうぶです。 아니요, 괜찮습니다.
이 - 에 다 이 죠 - 부 데 스

☑ どうも ありがとうございます。 대단히 감사합니다.
도 - 모 아 리 가 또 - 고 자 이 마 스

☑ どういたしまして。 천만에요.
도 - 이 따 시 마 시 떼

헤어질 때

남의 집을 방문했을 때

☑ **しつれいします。** 실례합니다.
시쯔레-시마스

☑ **しつれいしました。** 실례했습니다.
시쯔레-시마시따

☑ **おきを　つけて。** 조심히 가세요.
오끼오 츠께떼

직장에서 퇴근할 때

☑ **おさきに　しつれいします。** 먼저 실례하겠습니다.
오사끼니 시쯔레-시마스

☑ **おつかれさまでした。** 수고하셨습니다.
오쯔까레사마데시따

방문 인사

☑ **ごめんください。** 계세요?
고멩꾸다사이

☑ **どうぞ、おはいりください。** 어서 들어오세요.
도-조 오하이리꾸다사이

축하 인사

☑ **おめでとうございます。** 축하합니다.
오메데또-고자이마스

☑ **おめでとう。** 축하해.
오메데또-

Week 1 / Day 1

UNIT 01

이거 뭐야?

これ、なに?
코레 나니

| 이번 과의 목표 | 명사 현재형의 긍정과 부정을 반말과 존댓말로 묻고 답해 봅시다!

내스토리

ybmjapanese

동영상 2

음원 10

#これ	#なに	#コーヒー	#カフェ	#カフェラテ	#カプチーノ	#パンや	#アンパン	#メロンパン
코레	나니	코-히-	카훼	카훼라테	카푸치-노	팡야	암팡	메롬팡
이것	무엇	커피	카페	카페라테	카푸치노	빵집	단팥빵	멜론빵

★핵심표현 미리보기		★핵심표현 확인하기
01	이것 これ (코레)	□ これ (코레) (　　)
02	그것 それ (소레)	□ それ (소레) (　　)
03	저것 あれ (아레)	□ あれ (아레) (　　)
04	어느 것 どれ (도레)	□ どれ (도레) (　　)
05	무엇 なに・なん (나니 낭)	□ なに・なん (나니 낭) (　　)
06	~은[는] ~は (와)	□ ~は (와) (　　)
07	~입니다[이에요] 명사+です (데스)	□ 명사+です (데스) (　　)
08	~입니까?[이에요?] 명사+ですか (데스까)	□ 명사+ですか (데스까) (　　)
09	응 うん (웅)	□ うん (웅) (　　)
10	예 はい (하이)	□ はい (하이) (　　)
11	아니 ううん (우-웅)	□ ううん (우-웅) (　　)
12	아니요 いいえ (이-에)	□ いいえ (이-에) (　　)
13	~이[가] 아니다[아니야] 명사+じゃない (쟈 나이)	□ 명사+じゃない (쟈 나이) (　　)
14	~이[가] 아닙니다[아니에요] 명사+じゃないです (쟈 나이데스)	□ 명사+じゃないです (쟈 나이데스) (　　)

[이것 · 그것 · 저것 · 어느 것 · 무엇] ~야? / 응, ~야

음원 11

1

이거 뭐야? — **これ、なに?**
코레 나니

그거? 아메리카노야. — **それ? アメリカーノ。**
소레 아메리카—노

2

카페라테는 어느 거야? — **カフェラテは どれ?**
카훼라테와 도레

저거야. — **あれ。**
아레

3

저것도 카페라테야? — **あれも カフェラテ?**
아레모 카훼라테

응, 카페라테야. — **うん、カフェラテ。**
웅 카훼라테

★ 학습포인트

1. **これ・それ・あれ・どれ**: '이것 · 그것 · 저것 · 어느 것'이라는 뜻으로, 사물의 위치를 가리킬 때 씁니다.
   TIP 명사를 반말로 묻고 싶을 때는 말끝을 올리면 됩니다.
   예 これ(→) → 이거　　これ(↗)? → 이거?
2. **うん**: '응'이라는 뜻으로, 상대의 말에 긍정을 나타내는 반말 표현입니다.

단어 なに(何) 무엇 | アメリカーノ 아메리카노 | カフェラテ 카페라테 | ~は ~은[는] | ~も ~도

~은 ~이에요? / 예, ~은 ~이에요

1 이것은 뭐예요?

これは なんですか。
코레와 난데스까

그것은 아메리카노예요.

それは アメリカーノです。
소레와 아메리카-노 데스

2 카페라테는 어느 것이에요?

カフェラテは どれですか。
카훼라테와 도레데스까

저것이에요.

あれです。
아레데스

3 저것도 카페라테예요?

あれも カフェラテですか。
아레모 카훼라테데스까

예, 카페라테예요.

はい、カフェラテです。
하이 카훼라테데스

★ 학습포인트

1. **は**: '~은[는]'이라는 뜻의 조사로, 원래 발음은 '하[ha]'인데 조사로 쓰일 때는 '와[wa]'로 발음합니다.
2. **なに/なん**: '무엇'이라는 뜻으로, 묻고자 하는 사물이 무엇인지 모를 때 씁니다. 한자로는 「何」로 쓰는데, 단독으로 쓰면 「なに」, 뒤에 「ですか」(~입니까?[이에요?])가 오면 「なん」으로 발음합니다.
3. **명사+です/ですか**: '~입니다[이에요]'라고 명사를 긍정할 때는 명사에 「です」를 붙이면 됩니다. 「명사+だ」(~이다)의 정중형으로, 명사는 단독으로 말할 수 있지만 명사로 평서문을 만들 때는 명사 뒤에 「だ」를 붙여 '~이다'라는 뜻을 나타냅니다. 「か」(~까?)는 의문을 나타내는 말로, 「ですか」라고 하면 '~입니까?[이에요?]'라는 의문문이 됩니다.
4. **はい**: '예'라는 뜻으로, 상대의 말에 긍정을 나타내는 정중한 표현입니다.

POINT 03 ~야? / 아니, ~은 ~이 아니야

1

이거 단팥빵이야?	**これ、アンパン?** 코레 암 팡
아니, 그것은 단팥빵이 아니야.	**ううん、それは アンパンじゃない。** 우-웅 소레와 암 판 쟈나이
크림빵이야.	**クリームパン。** 쿠리-무 팡

2

저것도 크림빵이야?	**あれも クリームパン?** 아레모 쿠리-무 팡
아니, 저것은 크림빵이 아니야.	**ううん、あれは クリームパンじゃない。** 우-웅 아레와 쿠리-무 판 쟈나이
멜론빵이야.	**メロンパン。** 메롬 팡

★ 학습포인트

1. **ううん**: '아니'라는 뜻으로, 상대의 말에 부정을 나타내는 반말 표현입니다.
2. **명사+じゃない**: '~이[가] 아니다[아니야]'라고 명사를 부정할 때는 명사에 「じゃない」를 붙이면 됩니다.

단어 アンパン 단팥빵 | クリームパン 크림빵 | メロンパン 멜론빵

~은 ~이에요? / 아니요, ~은 ~이 아니에요

음원 14

1

이것은 단팥빵이에요?

これは アンパンですか。
코레와 암 판 데스까

아니요, 그것은 단팥빵이 아니에요.

いいえ、それは アンパンじゃないです。
이-에 소레와 암 판 쟈나이데스

크림빵이에요.

クリームパンです。
쿠리-무 판 데스

2

저것도 크림빵이에요?

あれも クリームパンですか。
아레모 쿠리-무 판 데스까

아니요, 저것은 크림빵이 아니에요.

いいえ、あれは クリームパンじゃないです。
이-에 아레와 쿠리-무 판 쟈나이데스

멜론빵이에요.

メロンパンです。
메롬 판 데스

★ 학습포인트

1. **명사+じゃないです**: '~이[가] 아닙니다[아니에요]'라고 명사를 정중하게 부정할 때는 명사에 「じゃないです」를 붙이면 됩니다. 참고로, 「じゃありません」이라고 해도 같은 뜻입니다.
2. **いいえ**: '아니요'라는 뜻으로, 상대의 말에 부정을 나타내는 정중한 표현입니다.

말문 열기 01 카페에서[1]

#카페에서 시아와 유키, 유키의 친구인 젠이 커피에 대해 대화를 나눈다.

シア　これ、なに？
시아　코레　나니

ゆき　それ？ カプチーノ。
유끼　소레　카푸치ー노

シア　あ、それも カプチーノ？
시아　아　소레모　카푸치ー노

ゆき　ううん、これは カプチーノじゃない。マキアート。
유끼　우ー웅　코레와　카푸치ー노　쟈나이　마키아ー토

ぜん　じゃ、カフェラテは どれ？
젠　쟈　카훼라테와　도레

ゆき　カフェラテは あれ。さあ、どうぞ。
유끼　카훼라테와　아레　사ー　도ー조

ぜん　うん、ありがとう。
젠　웅　아리가또ー

시아　이거 뭐야?
유키　그거? 카푸치노야.
시아　아, 그것도 카푸치노야?
유키　아니, 이것은 카푸치노가 아니야. 마키아토야.
젠　그럼, 카페라테는 어느 거야?
유키　카페라테는 저거야. 자, 여기.
젠　응, 고마워.

단어　カプチーノ 카푸치노 | マキアート 마키아토 | じゃ 그럼 *「では」의 회화체 표현 | さあ 자 *남에게 권유하거나 재촉할 때의 말 | どうぞ 상대방에게 무언가를 권하거나 허락할 때 쓰는 말 | ありがとう 고마워

말문 열기 02 빵집에서

#빵집에서 시아가 점원에게 빵 종류에 대해 물어본다.

シア すみません。これは なんですか。
시아 스미마셍 코레와 난데스까

てんいん それは コロッケです。
텡잉 소레와 코록케데스

シア あれも コロッケですか。
시아 아레모 코록케데스까

てんいん いいえ、あれは コロッケじゃないです。カレーパンです。
텡잉 이-에 아레와 코록케 쟈나이데스 카레-판데스

シア あ、あれが カレーパンですね。
시아 아 아레가 카레-판데스네

てんいん はい。
텡잉 하이

シア あれ ください。
시아 아레 쿠다사이

시아 저기요. 이것은 뭐예요?
점원 그것은 크로켓이에요.
시아 저것도 크로켓이에요?
점원 아니요, 저것은 크로켓이 아니에요. 카레빵이에요.
시아 아, 저것이 카레빵이군요.
점원 예.
시아 저거 주세요.

단어 すみません 저기요 *주의를 환기할 때 쓰는 말 | てんいん(店員) 점원 | コロッケ 크로켓 | ~が ~이[가] | カレーパン 카레빵 | ~ね ~네, ~군 | ください 주세요

실력 다지기 연습문제

1 빈칸에 알맞은 말을 보기에서 골라 문장을 완성하세요.

보기 a. じゃない 쟈나이　b. ですか 데스까　c. これ 코레

① ________ は アメリカーノです。 이것은 아메리카노예요.
와 아메리카-노데스

② それは コロッケ ________。 그것은 크로켓이 아니야.
소레와 코록케

③ あれも カプチーノ ________。 저것도 카푸치노예요?
아레모 카푸치-노

2 빈칸에 알맞은 말을 아래에서 골라 대화를 완성하세요.

A: これは ___①___ ですか。 이것은 뭐예요?
코레와 데스까

B: ___②___ は コーヒーです。 그것은 커피예요.
와 코-히-데스

A: あれ ___③___ コーヒーですか。 저것도 커피예요?
아레 코-히-데스까

B: ___④___、コーヒーです。 예, 커피예요.
코-히-데스

① a. なん 낭　b. なに 나니

② a. あれ 아레　b. それ 소레

③ a. は 와　b. も 모

④ a. はい 하이　b. いいえ 이-에

단어 コーヒー 커피

3 음성을 듣고 우리말 뜻에 맞는 일본어를 빈칸에 써 보세요.

① 어느 것

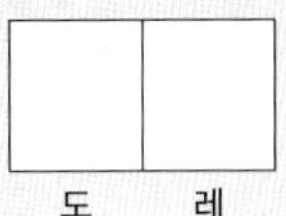

② 고마워.

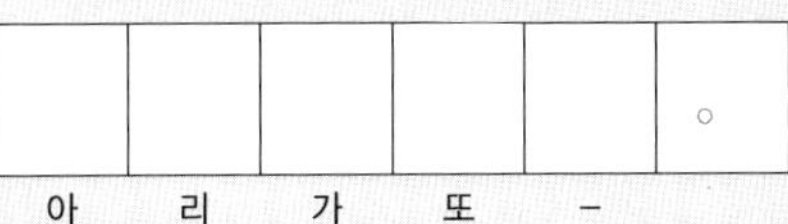

③ 주세요.

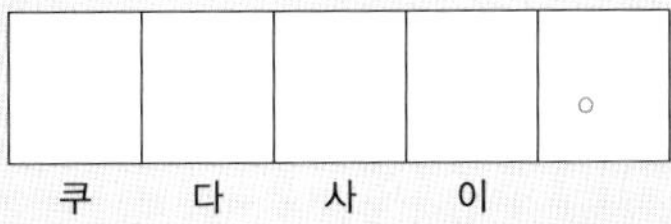

4 음성을 듣고 문장을 따라 쓰고 읽어 보세요.

① 카페라테는 어느 거야?

② 저기요.

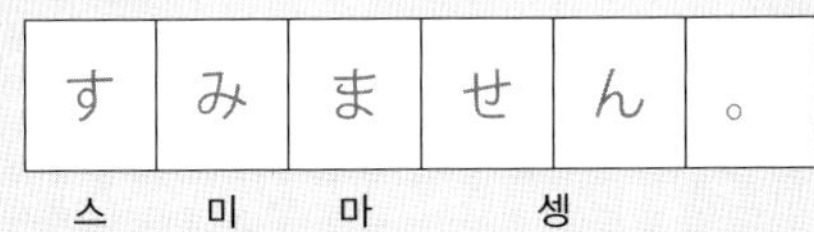

③ 저것이 카레빵이군요.

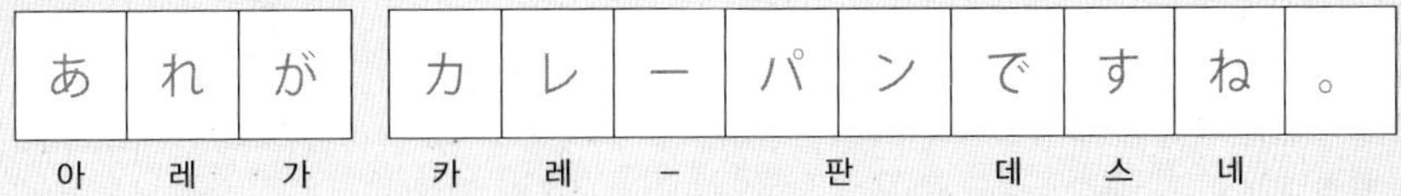

あれが カレーパンですね。
아 레 가 카 레 – 판 데 스 네

Week 1 / Day 2

UNIT 02

어제는 맑았어?

きのうは はれだった?

키 노 - 와 하 레 닷 따

| 이번 과의 목표 | 명사 과거형의 긍정과 부정을 반말과 존댓말로 묻고 답해 봅시다!

내스토리

ybmjapanese

#きのう	#はれ	#きょう	#くもり	#あした	#あめ	#しぶや	#ディズニーランド	#りょこう
키 노 -	하 레	쿄 -	쿠 모 리	아 시 따	아 메	시 부 야	디 즈 니 - 란 도	료 꼬 -
어제	맑음	오늘	흐림	내일	비	시부야	디즈니랜드	여행

★핵심표현 미리보기		★핵심표현 확인하기
01	어제 きのう 키 노 –	□ きのう (　　　　) 키 노 –
02	오늘 きょう 쿄 –	□ きょう (　　　　) 쿄 –
03	내일 あした 아 시 따	□ あした (　　　　) 아 시 따
04	맑음 はれ 하 레	□ はれ (　　　　) 하 레
05	비 あめ 아 메	□ あめ (　　　　) 아 메
06	흐림 くもり 쿠 모 리	□ くもり (　　　　) 쿠 모 리
07	~이었다[이었어] 명사+だった 닷 따	□ 명사+だった (　　　　) 닷 따
08	~이었습니다[이었어요] 명사+でした 데 시 따	□ 명사+でした (　　　　) 데 시 따
09	~이었습니까?[이었어요?] 명사+でしたか 데 시 따 까	□ 명사+でしたか (　　　　) 데 시 따 까
10	~이[가] 아니었다[아니었어] 명사+じゃなかった 쟈 나 깟 따	□ 명사+じゃなかった (　　　　) 쟈 나 깟 따
11	~이[가] 아니었습니다[아니었어요] 명사+じゃなかったです 쟈 나 깟 따 데 스	□ 명사+じゃなかったです 쟈 나 깟 따 데 스 (　　　　)
12	~이[가] 아니었습니까?[아니었어요?] 명사+じゃなかったですか 쟈 나 깟 따 데 스 까	□ 명사+じゃなかったですか 쟈 나 깟 따 데 스 까 (　　　　)
13	어떻게, 어때 どう 도 –	□ どう (　　　　) 도 –
14	어디 どこ 도 꼬	□ どこ (　　　　) 도 꼬

~은 ~이었어? / 응, ~이었어

1

어제는 맑았어?
きのうは はれだった?
키 노 - 와 하 레 닷 따

응, 맑았어.
うん、はれだった。
웅 하 레 닷 따

하지만 오늘은 흐려.
でも、きょうは くもりだよ。
데 모 쿄 - 와 쿠 모 리 다 요

2

어제 약속은 신주쿠였어?
きのうの やくそくは しんじゅくだった?
키 노 - 노 약 소 꾸 와 신 쥬 꾸 닷 따

응, 신주쿠였어.
うん、しんじゅくだった。
웅 신 쥬 꾸 닷 따

내일은 아사쿠사야.
あしたは あさくさ。
아 시 따 와 아 사 꾸 사

★ 학습포인트

1. **명사+だった**: 명사에 「だった」를 붙이면 '~이었다[이었어]'라는 뜻으로, 「명사+だ」(~이다)의 과거형이 됩니다. 반말로 묻고 싶을 때는 말끝을 올리면 됩니다.
2. **~よ**: '~야, ~요'라는 뜻으로, 문장 끝에 붙어 판단을 주장, 설명하거나 다짐을 나타냅니다. 또한 상대에게 '알려준다'는 뉘앙스가 있습니다.
3. **の**: 일본어에서는 명사와 명사를 연결할 때 중간에 「の」를 넣습니다.
   예 きのう(昨日)の てんき(天気) 어제 날씨　　にほんご(日本語)の ほん(本) 일본어 책

단어 きのう(昨日) 어제 | は(晴)れ 맑음 | うん 응 | でも 하지만 | きょう(今日) 오늘 | くも(曇)り 흐림 | やくそく(約束) 약속 | しんじゅく(新宿) 신주쿠 *도쿄 내 지명 | あした(明日) 내일 | あさくさ(浅草) 아사쿠사 *도쿄 내 지명 | てんき(天気) 날씨 | にほんご(日本語) 일본어 | ほん(本) 책 |

~은 ~이었어요? / 예, ~이었어요

1

어제는 맑았어요?
きのうは はれでしたか。
키 노 – 와 하 레 데 시 따 까

예, 맑았어요.
はい、はれでした。
하 이 하 레 데 시 따

하지만 오늘은 흐려요.
でも、きょうは くもりです。
데 모 쿄 – 와 쿠 모 리 데 스

2

어제 약속은 신주쿠였어요?
きのうの やくそくは しんじゅくでしたか。
키 노 – 노 약 소 꾸 와 신 쥬 꾸 데 시 따 까

예, 신주쿠였어요.
はい、しんじゅくでした。
하 이 신 쥬 꾸 데 시 따

내일은 아사쿠사예요.
あしたは あさくさです。
아 시 따 와 아 사 꾸 사 데 스

★ 학습포인트

1. **명사+でした/でしたか**: 명사에 「でした」를 붙이면 '~이었습니다[이었어요]'라는 뜻으로, 「명사+です」(~입니다[이에요])의 과거형이 됩니다. 여기에 의문을 나타내는 「か」(~까?)를 붙여 「でしたか」라고 하면 '~이었습니까?[이었어요?]'라는 의문문이 됩니다.

2. **날씨**

맑음	흐림	비
は(晴)れ	くも(曇)り	あめ(雨)
눈	바람	천둥
ゆき(雪)	かぜ(風)	かみなり(雷)

POINT 03 ~은 ~이 아니었어? / 아니, ~이 아니었어

1

여행지는 시부야가 아니었어?
りょこうさきは しぶやじゃなかった?
료 꼬 ー 사 끼 와 시 부 야 쟈 나 깟 따

응, 시부야가 아니었어.
うん、しぶやじゃなかった。
웅 시 부 야 쟈 나 깟 따

긴자였어.
ぎんざだった。
긴 자 닷 따

2

라멘집은 쉬는 날이었어?
ラーメンやは やすみだった?
라 ー 멩 야 와 야 스 미 닷 따

아니, 쉬는 날이 아니었어.
ううん、やすみじゃなかった。
우 ー 웅 야 스 미 쟈 나 깟 따

쉬는 날은 수요일이었어.
やすみは すいようびだった。
야 스 미 와 스 이 요 ー 비 닷 따

★ 학습포인트

1. **명사+じゃなかった**: '~이[가] 아니었다[아니었어]'라고 명사를 부정할 때는 명사에 「じゃなかった」를 붙이면 됩니다. 반말로 묻고 싶을 때는 말끝을 올리면 됩니다.
2. **ラーメンや(屋)**: '라멘집'이라는 뜻으로, 「ラーメン」은 '라멘, 라면', 「や(屋)」는 '~가게'라는 의미입니다. 「や(屋)」는 명사에 붙어 '~가게'라는 뜻을 나타냅니다.
   예 すしや(屋) 초밥집　　はなや(花屋) 꽃집

단어 りょこうさき(旅行先) 여행지 | しぶや(渋谷) 시부야 *도쿄 내 지명 | ぎんざ(銀座) 긴자 *도쿄 내 지명 | やす(休)み 쉬는 날, 쉼, 휴일, 휴가 | すいようび(水曜日) 수요일 | すしや(屋) 초밥집 | はなや(花屋) 꽃집

~은 ~이 아니었어요? / 아니요, ~이 아니었어요

1

여행지는 시부야가 아니었어요?
りょこうさきは しぶやじゃなかったですか。
료 꼬 - 사 끼 와 시 부 야 쟈 나 깟 따 데 스 까

예, 시부야가 아니었어요.
はい、しぶやじゃなかったです。
하 이 시 부 야 쟈 나 깟 따 데 스

긴자였어요.
ぎんざでした。
긴 자 데 시 따

2

라멘집은 쉬는 날이었어요?
ラーメンやは やすみでしたか。
라 - 멩 야 와 야 스 미 데 시 따 까

아니요, 쉬는 날이 아니었어요.
いいえ、やすみじゃなかったです。
이 - 에 야 스 미 쟈 나 깟 따 데 스

쉬는 날은 수요일이었어요.
やすみは すいようびでした。
야 스 미 와 스 이 요 - 비 데 시 따

★ 학습포인트

1. **명사+じゃなかったです/じゃなかったですか**: 명사에 「じゃなかったです」를 붙이면 '~이[가] 아니었습니다[아니었어요]'라는 뜻으로, 「명사+でした」(~이었습니다[이었어요])의 부정형이 됩니다. 여기에 의문을 나타내는 「か」(~까?)를 붙여 「じゃなかったですか」라고 하면 '~이[가] 아니었습니까?[아니었어요?]'라는 의문문이 됩니다. 참고로, 「じゃありませんでした/じゃありませんでしたか」라고 해도 같은 뜻입니다.

2. **요일**

월요일 (月曜日)	화요일 (火曜日)	수요일 (水曜日)	목요일 (木曜日)
げつようび	かようび	すいようび	もくようび
금요일 (金曜日)	토요일 (土曜日)	일요일 (日曜日)	무슨 요일 (何曜日)
きんようび	どようび	にちようび	なんようび

말문 열기 01 전화 통화

#시아가 오키나와로 여행을 간 유키와 전화 통화를 한다.

シア とうきょうは きのうから ずっと あめだよ。おきなわは どう?
시아 토－꾜－와 키노－까라 즛또 아메다요 오끼나와와 도－

ゆき おきなわも きょうから あめだよ。
유끼 오끼나와모 쿄－까라 아메다요

シア そう? きのうは はれだった?
시아 소－ 키노－와 하레 닷따

ゆき うん、はれだった。
유끼 웅 하레 닷따

シアちゃん、きのうの りょこうさきは ディズニーランドだった?
시아 쨩 키노－노 료꼬－사끼와 디즈니－란도 닷따

シア ううん、きのうは ディズニーランドじゃなかった。
시아 우－웅 키노－와 디즈니－란도 쟈나깟따

かまくらだった。
카마꾸라 닷따

ゆき あ、そう?
유끼 아 소－

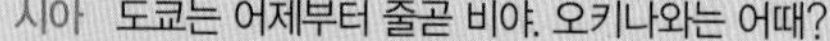

시아 도쿄는 어제부터 줄곧 비야. 오키나와는 어때?
유키 오키나와도 오늘부터 비야.
시아 그래? 어제는 맑았어?
유키 응, 어제는 맑았어.
시아야, 어제 여행지는 디즈니랜드였어?
시아 아니, 어제는 디즈니랜드가 아니었어.
가마쿠라였어.
유키 아, 그래?

단어 とうきょう(東京) 도쿄 *일본의 수도 | ~から ~부터 | ずっと 쭉, 줄곧 | あめ(雨) 비 | おきなわ(沖縄) 오키나와 *일본 최남서단 섬 | どう 어떻게, 어때 | きょう(今日) 오늘 | そう 그래 | ディズニーランド 디즈니랜드 | かまくら(鎌倉) 가마쿠라 *가나가와현 동남부의 시로 가마쿠라 막부가 있었던 곳

말문 열기 02 게스트 하우스에서(1)

#게스트 하우스에서 시아와 엠마가 각자의 여행지에 대해 대화를 나눈다.

エマ　シアさん、きょうの りょこうさきは どこですか。
에마　시아 상　쿄-노　료　꼬-사끼와　도꼬데스까

シア　あさくさです。
시아　아사꾸사데스

エマ　きのうは ディズニーランドでしたか。
에마　키노-와　디즈니-란 도데시따까

シア　はい、きのうは ディズニーランドでした。
시아　하이　키노-와　디즈니-란 도데시따

エマさんは きのう ぎんざじゃなかったですか。
에마상와　키노-　긴자쟈나깟따데스까

エマ　はい、ぎんざじゃなかったです。しぶやでした。
에마　하이　긴자쟈나깟따데스　시부야데시따

あしたは いよいよ ディズニーランドです。
아시따와 이요이요　디즈니-란도데스

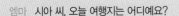

シア　あ、あした ディズニーランドですね。
시아　아　아시따　디즈니-란도데스네

あさくさ
아사꾸사

엠마 시아 씨, 오늘 여행지는 어디예요?
시아 아사쿠사예요.
엠마 어제는 디즈니랜드였어요?
시아 예, 어제는 디즈니랜드였어요.
엠마 씨는 어제 긴자가 아니었어요?
엠마 예, 긴자가 아니었어요. 시부야였어요.
내일은 드디어 디즈니랜드예요.
시아 아, 내일 디즈니랜드군요.

단어 ～さん ～씨 | どこ 어디 | いよいよ 드디어

실력 다지기 연습문제

1 빈칸에 알맞은 말을 보기에서 골라 문장을 완성하세요.

보기 a. だった 닷 따　　b. じゃなかった 쟈 나 깟 따　　c. でしたか 데 시 따 까

① きのうは くもり ____________。 어제는 흐렸어요?
키 노 – 와 쿠 모 리

② きょうは ゆき ____________。 오늘은 눈이 아니었어.
쿄 – 와 유 끼

③ ラーメンやは やすみ ____________? 라멘집은 쉬는 날이었어?
라 – 멩 야 와 야 스 미

2 빈칸에 알맞은 말을 아래에서 골라 대화를 완성하세요.

A: きょう とうきょうの てんきは どうですか。 오늘 도쿄 날씨는 어때요?
쿄 – 토 – 꾜 – 노 텡 끼 와 도 – 데 스 까

B: きょうは ___①___ です。 오늘은 비예요.
쿄 – 와 데 스

A: きのうも あめ ___②___。 어제도 비였어요?
키 노 – 모 아 메

B: ___③___、きのうは あめ ___④___。 아니요, 어제는 비가 아니었어요.
키 노 – 와 아 메

① a. くもり 쿠 모 리　　b. あめ 아 메

② a. ですか 데 스 까　　b. でしたか 데 시 따 까

③ a. ううん 우 – 웅　　b. いいえ 이 – 에

④ a. じゃなかったです 쟈 나 깟 따 데 스　　b. じゃないです 쟈 나 이 데 스

단어 ゆき(雪) 눈

3 음성을 듣고 우리말 뜻에 맞는 일본어를 빈칸에 써 보세요.

① 맑았어.

② 쉬는 날이었어요.

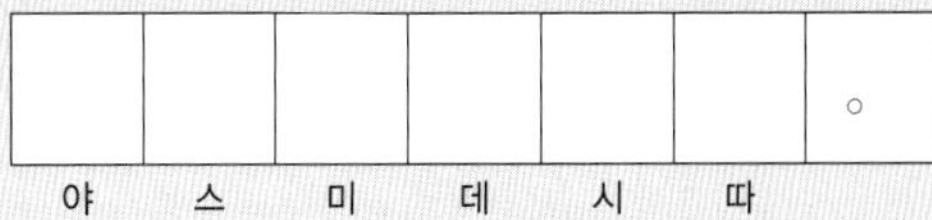

③ 시부야가 아니었어.

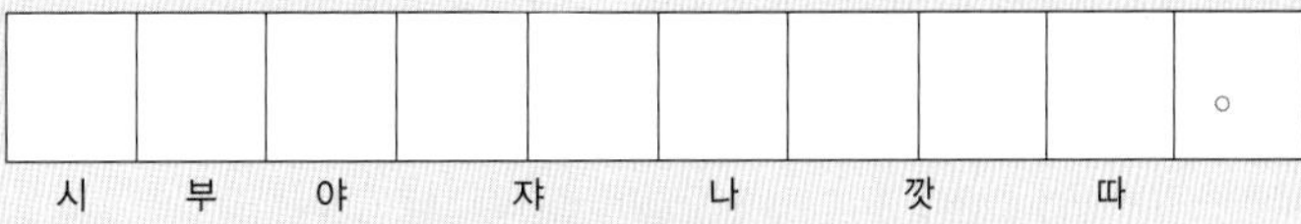

4 음성을 듣고 문장을 따라 쓰고 읽어 보세요.

① 긴자였어요.

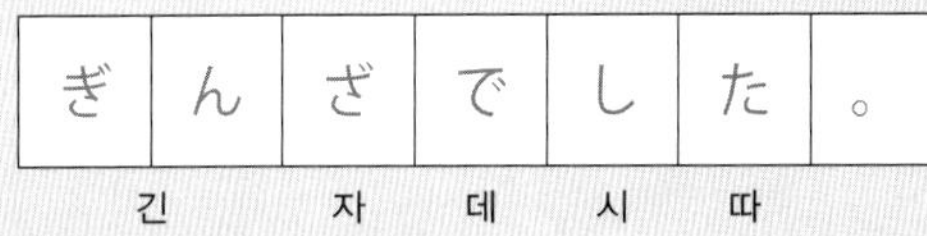

② 오늘부터 비야.

③ 흐리지 않았어요.

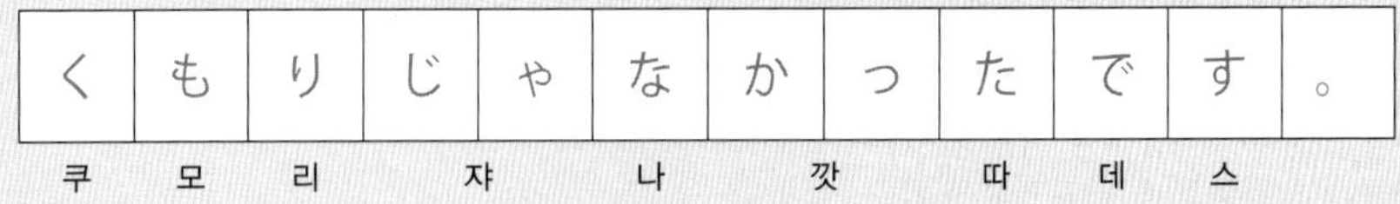

くもりじゃなかったです。
쿠 모 리 쟈 나 깟 따 데 스

UNIT 03

체험비는 얼마야?

たいけんひは いくら?
타 이 껭 히 와 이 꾸 라

| 이번 과의 목표 | 일본어로 숫자 읽는 법을 익혀 가격, 시간, 날짜를 묻고 답해 봅시다!

내스토리

ybmjapanese

동영상 4

음원 28

#いくら #りょうり きょうしつ #くじ #おおさか #いつ #USJ #らいしゅう #かようび
이 꾸 라 료 - 리 쿄 - 시 쯔 쿠 지 오 - 사 까 이 쯔 유-에스제- 라 이 슈 - 카 요 - 비
얼마 요리 교실 9시 오사카 언제 USJ 다음 주 화요일

★**핵심표현** 미리보기	★**핵심표현** 확인하기
01 얼마 いくら (이꾸라)	□ いくら (이꾸라) (　　)
02 몇 시 なんじ (난 지)	□ なんじ (난 지) (　　)
03 몇 분 なんぷん (남 뿡)	□ なんぷん (남 뿡) (　　)
04 ~부터 ~까지 ～から ～まで (까라 마데)	□ ～から ～まで (까라 마데) (　　)
05 오전 ごぜん (고 젱)	□ ごぜん (고 젱) (　　)
06 오후 ごご (고고)	□ ごご (고고) (　　)
07 언제 いつ (이쯔)	□ いつ (이쯔) (　　)
08 몇 월 なんがつ (낭 가 쯔)	□ なんがつ (낭 가 쯔) (　　)
09 며칠 なんにち (난 니 찌)	□ なんにち (난 니 찌) (　　)
10 무슨 요일 なんようび (낭 요 - 비)	□ なんようび (낭 요 - 비) (　　)
11 이번 주 こんしゅう (콘 슈 -)	□ こんしゅう (콘 슈 -) (　　)
12 다음 주 らいしゅう (라 이 슈 -)	□ らいしゅう (라 이 슈 -) (　　)
13 하루 いちにち (이 찌 니 찌)	□ いちにち (이 찌 니 찌) (　　)
14 그럼 では (데 와)	□ では (데 와) (　　)

얼마

1 체험비는 얼마야? **たいけんひは いくら?**
타 이 껭 히 와 이 꾸 라

100엔이야. **ひゃくえん。**
햐 꾸 엥

2 입장권은 얼마예요? **にゅうじょうけんは いくらですか。**
뉴 - 죠 - 껭 와 이 꾸 라 데 스 까

천 엔이에요. **せんえんです。**
셍 엔 데 스

★ 학습포인트

1. いくら: '얼마'라는 뜻으로, 가격을 물을 때 씁니다. 뒤에 「です」(~입니다[이에요])를 붙이면 정중한 표현이 됩니다.
2. 숫자❶

0	1	2	3	4	5	6	7	8	9	10
ゼロ れい	いち	に	さん	よん し	ご	ろく	なな しち	はち	きゅう く	じゅう

11	じゅういち	12	じゅうに	13	じゅうさん	14	じゅうよん じゅうし
15	じゅうご	16	じゅうろく	17	じゅうなな じゅうしち	18	じゅうはち
19	じゅうきゅう じゅうく	20	にじゅう	30	さんじゅう	40	よんじゅう
50	ごじゅう	60	ろくじゅう	70	ななじゅう しちじゅう	80	はちじゅう
90	きゅうじゅう	100	ひゃく	1,000	せん	10,000	いちまん

※더 많은 숫자 표현은 p.197을 참고하세요.

단어 たいけんひ(体験費) 체험비 | ~えん(円) 엔 *일본의 화폐 단위 | にゅうじょうけん(入場券) 입장권

~시 ~분

1 요리 교실은 몇 시부터 몇 시까지야?

りょうり きょうしつは なんじから なんじまで?
료 - 리 쿄 - 시 쯔 와 난 지 까 라 난 지 마 데

오전 9시부터 10시까지야.

ごぜん くじから じゅうじまで。
고 젱 쿠 지 까 라 쥬 - 지 마 데

2 기모노 체험은 몇 시부터 몇 시까지예요?

きもの たいけんは なんじから なんじまでですか。
키 모 노 타 이 껭 와 난 지 까 라 난 지 마 데 데 스 까

오후 1시부터 3시 40분까지예요.

ごご いちじから さんじ よんじゅっぷんまでです。
고 고 이 찌 지 까 라 산 지 욘 즙 뿜 마 데 데 스

★ 학습포인트

1. 숫자+じ(時): '~시'를 나타내는 말로, '4시, 7시, 9시'는 읽는 법에 주의해야 합니다.

1時	2時	3時	4時	5時	6時	
いちじ	にじ	さんじ	よじ	ごじ	ろくじ	
7時	8時	9時	10時	11時	12時	何時(몇 시)
しちじ	はちじ	くじ	じゅうじ	じゅういちじ	じゅうにじ	なんじ

2. 숫자+ふん・ぷん(分): '~분'을 나타내는 말로, 10 단위의 '분'은 「じゅっぷん」이라고 해도 되고, 「じっぷん」이라고 해도 됩니다.

1分	いっぷん	2分	にふん	3分	さんぷん
4分	よんぷん	5分	ごふん	6分	ろっぷん
7分	ななふん	8分	はっぷん	9分	きゅうふん
10分	じ(ゅ)っぷん	20分	にじ(ゅ)っぷん	30分	さんじ(ゅ)っぷん・はん(半)
40分	よんじ(ゅ)っぷん	50分	ごじ(ゅ)っぷん	60分	ろくじ(ゅ)っぷん
何分(몇 분)		なんぷん			

3. ~から ~まで: '~부터 ~까지'라는 뜻으로 시작점[출발점]과 종착점을 표현할 때 씁니다.

단어 りょうり(料理) 요리 | きょうしつ(教室) 교실 | なんじ(何時) 몇 시 | ~から ~부터 | ~まで ~까지 | ごぜん(午前) 오전 | きもの(着物) 기모노 | たいけん(体験) 체험 | ごご(午後) 오후

언제 / ~월 ~일

1

오사카 여행은 언제부터 언제까지야?

おおさかの りょこうは いつから いつまで?
오 – 사 까 노 료 꼬 – 와 이 쯔 까 라 이 쯔 마 데

8월 7일부터 9일까지야.

はちがつ なのかから ここのかまで。
하 찌 가 쯔 나 노 까 까 라 코 꼬 노 까 마 데

2

오키나와 여행은 언제부터 언제까지예요?

おきなわの りょこうは いつから いつまでですか。
오 끼 나 와 노 료 꼬 – 와 이 쯔 까 라 이 쯔 마 데 데 스 까

10월 14일부터 20일까지예요.

じゅうがつ じゅうよっかから はつかまでです。
쥬 – 가 쯔 쥬 – 욕 까 까 라 하 쯔 까 마 데 데 스

★ 학습포인트

1. **いつ**: '언제'라는 뜻으로, 날짜나 때를 물어볼 때 쓰는 말입니다.
2. **숫자+がつ(月)**: '~월'을 나타내는 말로, '4월, 7월, 9월'은 읽는 법에 주의해야 합니다.

1月	いちがつ	2月	にがつ	3月	さんがつ
4月	しがつ	5月	ごがつ	6月	ろくがつ
7月	しちがつ	8月	はちがつ	9月	くがつ
10月	じゅうがつ	11月	じゅういちがつ	12月	じゅうにがつ
何月(몇 월)	なんがつ				

단어 おおさか(大阪) 오사카 | りょこう(旅行) 여행 | おきなわ(沖縄) 오키나와

POINT 04 ~요일

1

USJ 여행은 무슨 요일이야?

USJの りょこうは なんようび?
(ユーエスジェー)
유-에스제- 노 료 꼬 - 와 낭 요 - 비

다음 주 화요일이야.

らいしゅうの かようび。
라 이 슈 - 노 카 요 - 비

2

박물관 여행은 무슨 요일이에요?

はくぶつかんの りょこうは なんようびですか。
하 꾸 부 쯔 깐 노 료 꼬 - 와 낭 요 - 비 데 스 까

이번 주 목요일이에요.

こんしゅうの もくようびです。
콘 슈 - 노 모 꾸 요 - 비 데 스

★ 학습포인트

1. **숫자+にち(日)**: '~일'을 나타내는 말입니다. '1일부터 10일'까지는 특수하게 읽기 때문에 따로 외워야 하고, '14일, 20일, 24일'은 읽는 법이 다르므로 주의해야 합니다.

1日	ついたち	2日	ふつか	3日	みっか
4日	よっか	5日	いつか	6日	むいか
7日	なのか	8日	ようか	9日	ここのか
10日	とおか	11日	じゅういちにち	12日	じゅうににち
13日	じゅうさんにち	14日	じゅうよっか	15日	じゅうごにち
16日	じゅうろくにち	17日	じゅうしちにち	18日	じゅうはちにち
19日	じゅうくにち	20日	はつか	21日	にじゅういちにち
22日	にじゅうににち	23日	にじゅうさんにち	24日	にじゅうよっか
25日	にじゅうごにち	26日	にじゅうろくにち	27日	にじゅうしちにち
28日	にじゅうはちにち	29日	にじゅうくにち	30日	さんじゅうにち
31日	さんじゅういちにち	何日(며칠)	なんにち		

단어 USJ(ユーエスジェー) USJ, 유니버설 스튜디오 재팬 *오사카에 있는 세계적인 테마파크 | なんようび(何曜日) 무슨 요일 | らいしゅう(来週) 다음 주 | かようび(火曜日) 화요일 | はくぶつかん(博物館) 박물관 | こんしゅう(今週) 이번 주 | もくようび(木曜日) 목요일

말문 열기 01 카페에서(2)

#카페에서 유키와 오사카로 곧 여행을 갈 예정인 시아가 여행 일정에 대해 대화를 나눈다.

ゆき シアちゃん、おおさかの りょこうは なのかから ここのかまで？
유끼 시 아 쨩 오 − 사 까 노 료 꼬 − 와 나 노 까 까 라 코 꼬 노 까 마 데

シア うん、そう。らいしゅうの げつようびから すいようびまで。
시아 웅 소 − 라 이 슈 − 노 게 쯔 요 − 비 까 라 스 이 요 − 비 마 데

ゆき USJ(ユーエスジェー)は いつ?
유끼 유−에스제− 와 이 쯔

シア USJ(ユーエスジェー)は かようびだよ。たのしみ。
시아 유−에스제− 와 카 요 − 비 다 요 타 노 시 미

ゆき チケットは いくら?
유끼 치 켓 토 와 이 꾸 라

シア いちにち いちまんえん。
시아 이 찌 니 찌 이 찌 망 엥

ゆき そうなんだ。ほんとうに たのしみだね。
유끼 소 − 난 다 혼 또 − 니 타 노 시 미 다 네

じゃ、いってらっしゃい。
쟈 잇 떼 랏 샤 이

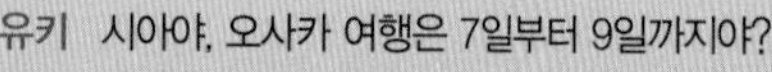

유키 시아야, 오사카 여행은 7일부터 9일까지야?
시아 응, 맞아. 다음 주 월요일부터 수요일까지야.
유키 USJ는 언제야?
시아 USJ는 화요일이야. 기대돼.
유키 티켓은 얼마야?
시아 하루 만 엔이야.
유키 그렇구나. 정말로 기대되겠네.
그럼, 잘 다녀와.

단어 たの(楽)しみ 즐거움, 낙, 기다려짐, 고대 | チケット 티켓 | いちにち(一日) 하루 | そうなんだ 그렇구나 | じゃ 그럼 *「では」의 회화체 표현 | いってらっしゃい 다녀오세요, 다녀와

말문 열기 02 예약하기

#시아가 전화로 요리 교실 수업을 예약한다.

シア もしもし。あしたの りょうり きょうしつは なんじから なんじまでですか。
시아 모시모시 아시따노 료-리 쿄-시쯔와 난지까라 난지마데데스까

しゃいん あしたは ごぜん じゅうじから じゅうにじ はんまでです。
샤잉 아시따와 고젱 쥬-지까라 쥬-니지 함마데데스

シア あ、そうですか。では、じゅぎょうりょうは いくらですか。
시아 아 소-데스까 데와 쥬교-료-와 이꾸라데스까

しゃいん ごひゃくえんです。
샤잉 고햐꾸엔데스

シア はい、あしたの クラスに よやくを おねがいします。
시아 하이 아시따노 쿠라스니 요야꾸오 오네가이시마스

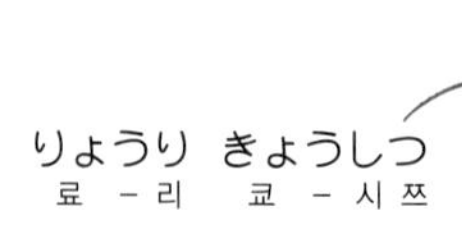

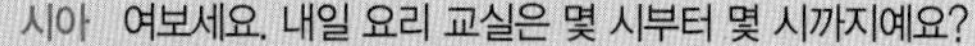

시아 여보세요. 내일 요리 교실은 몇 시부터 몇 시까지예요?
사원 내일은 오전 10시부터 12시 반까지예요.
시아 아, 그래요? 그럼, 수업료는 얼마예요?
사원 500엔이에요.
시아 예, 내일 수업으로 예약을 부탁드려요.

단어 もしもし 여보세요 | はん(半) 반, 30분 | では 그럼 | じゅぎょうりょう(授業料) 수업료 | クラス 클래스, 수업 | ~に ~(으)로, ~에 | よやく(予約) 예약 | ~を ~을[를] | おねが(願)いします 부탁드립니다

실력 다지기 연습문제

1 보기와 같이 아라비아 숫자로 써 보세요.

보기 さん(상) ➡ 3

① よん(용) ➡ ______

② にじゅうろく(니 쥬 - 로 꾸) ➡ ______

③ きゅうじゅういち(큐 - 쥬 - 이 찌) ➡ ______

2 빈칸에 알맞은 말을 아래에서 골라 대화를 완성하세요.

A: さどう たいけんは ___①___ からですか。(사 도 - 타 이 껭 와 / 까 라 데 스 까) 다도 체험은 몇 시부터예요?

B: ごご ___②___ からです。(고 고 / 까 라 데 스) 오후 4시부터예요.

A: たいけんひは ___③___ ですか。(타 이 껭 히 와 / 데 스 까) 체험비는 얼마예요?

B: ___④___ えんです。(엔 데 스) 천 엔이에요.

① a. なんぷん(남 뿡) b. なんじ(난 지)

② a. よじ(요 지) b. にじ(니 지)

③ a. いつ(이 쯔) b. いくら(이 꾸 라)

④ a. せん(셍) b. いちまん(이 찌 망)

단어 さどう(茶道) 다도

3 음성을 듣고 우리말 뜻에 맞는 일본어를 빈칸에 써 보세요.

① 언제

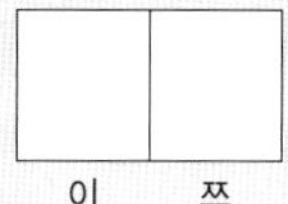

② 9시 20분

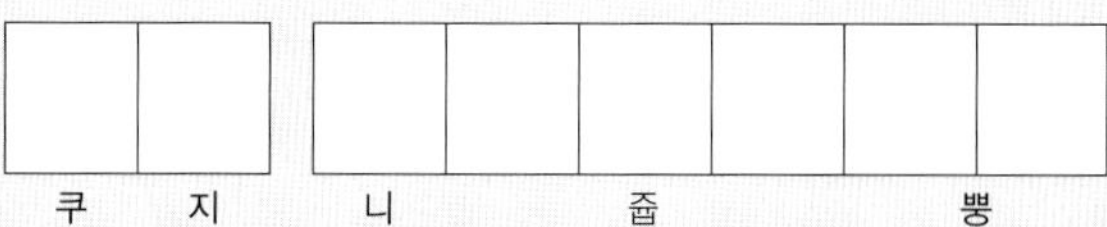

③ 7월 5일

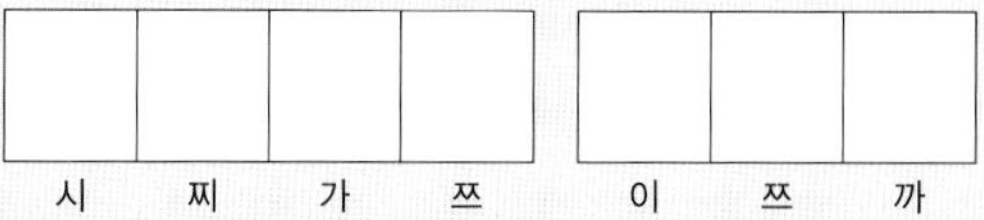

4 음성을 듣고 문장을 따라 쓰고 읽어 보세요.

① 잘 다녀오세요.

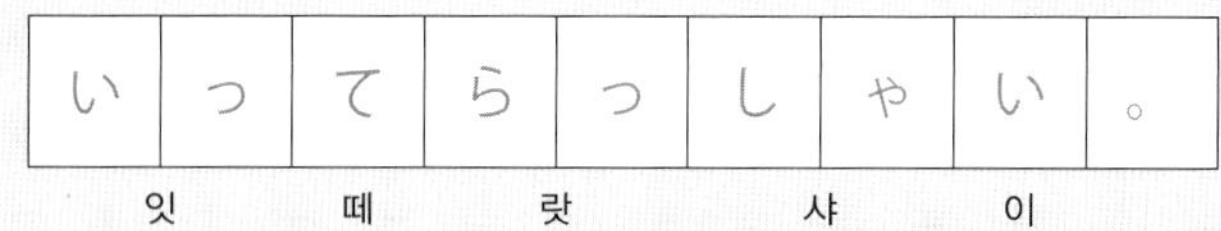

② 기대되겠네.

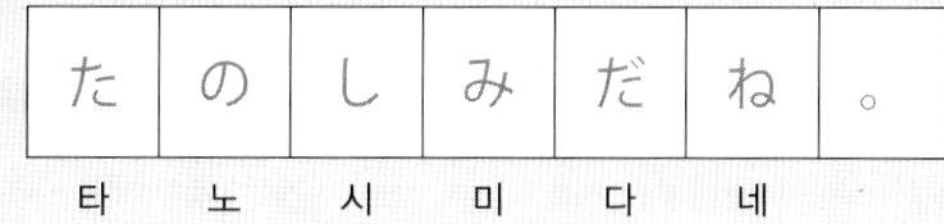

③ 500엔이에요.

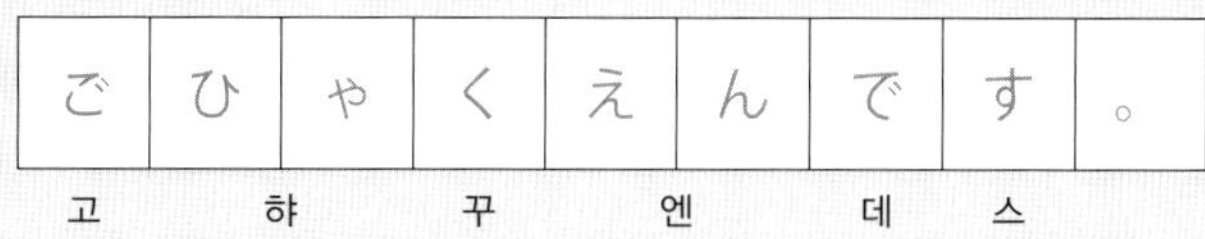

Week 1 / Day 4

Check! Check! 핵심포인트 | 명사

명사의 반말을 정리해 볼까요?

	보통체(반말)	
	긍정	부정
현재	명사+だ ~이다 다 • これは カフェラテだ。 이것은 카페라테다. 코 레 와 카 풰 라 테 다 これは カフェラテ? 이것은 카페라테야? 코 레 와 카 풰 라 테 うん、それは カフェラテ。 웅 소 레 와 카 풰 라 테 응, 그것은 카페라테야.	명사+じゃない ~이[가] 아니다 쟈 나 이 それは カフェラテ? 그것은 카페라테야? 소 레 와 카 풰 라 테 ううん、これは カフェラテじゃない。 우 - 웅 코 레 와 카 풰 라 테 쟈 나 이 아니, 이것은 카페라테가 아니야.
과거	명사+だった ~이었다 닷 따 それは カフェラテだった? 소 레 와 카 풰 라 테 닷 따 그것은 카페라테였어? うん、これは カフェラテだった。 웅 코 레 와 카 풰 라 테 닷 따 응, 이것은 카페라테였어.	명사+じゃなかった ~이[가] 아니었다 쟈 나 깟 따 それは カフェラテだった? 소 레 와 카 풰 라 테 닷 따 그것은 카페라테였어? ううん、これは カフェラテじゃなかった。 우 - 웅 코 레 와 카 풰 라 테 쟈 나 깟 따 아니, 이것은 카페라테가 아니었어.

지시대명사를 정리해 볼까요?

	こ(이)	そ(그)	あ(저)	ど(어느)
사물	これ 이것 코 레	それ 그것 소 레	あれ 저것 아 레	どれ 어느 것 도 레
장소	ここ 여기 코 꼬	そこ 거기 소 꼬	あそこ 저기 아 소 꼬	どこ 어디 도 꼬
명사 수식	この+명사 이~ 코 노	その+명사 그~ 소 노	あの+명사 저~ 아 노	どの+명사 어느~ 도 노

あれも コーヒーですか。 저것도 커피예요?
아 레 모 코 - 히 - 데 스 까

はい、あれも コーヒーです。 예, 저것도 커피예요.
하 이 아 레 모 코 - 히 - 데 스

• あの ひとは がくせいです。 저 사람은 학생이에요.
아 노 히 또 와 각 세 - 데 스

• ここは カフェです。 여기는 카페예요.
코 꼬 와 카 풰 데 스

명사의 존댓말을 정리해 볼까요?

	정중체(존댓말)	
	긍정	부정
현재	명사+です ~입니다 데스 명사+ですか ~입니까? 데스까 それは カフェラテですか。 소레와 카훼라테데스까 그것은 카페라테예요? はい、これは カフェラテです。 하이 코레와 카훼라테데스 예, 이것은 카페라테예요.	명사+じゃないです ~이[가] 아닙니다 쟈 나이데스 명사+じゃないですか ~이[가] 아닙니까? 쟈 나이데스까 それは カフェラテじゃないですか。 소레와 카훼라테 쟈 나이데스까 그것은 카페라테가 아니에요? はい、これは カフェラテじゃないです。 하이 코레와 카훼라테 쟈 나이데스 예, 이것은 카페라테가 아니에요.
과거	명사+でした ~이었습니다 데시따 명사+でしたか ~이었습니까? 데시따까 それは カフェラテでしたか。 소레와 카훼라테데시따까 그것은 카페라테였어요? はい、これは カフェラテでした。 하이 코레와 카훼라테데시따 예, 이것은 카페라테였어요.	명사+じゃなかったです ~이[가] 아니었습니다 쟈 나 깟 따데스 명사+じゃなかったですか ~이[가] 아니었습니까? 쟈 나 깟 따데스까 それは カフェラテじゃなかったですか。 소레와 카훼라테 쟈 나 깟 따데스까 그것은 카페라테가 아니었어요? はい、これは カフェラテじゃなかったです。 하이 코레와 카훼라테 쟈 나 깟 따데스 예, 이것은 카페라테가 아니었어요.

조사를 정리해 볼까요?

~は ~은[는] 와	~が ~이[가] 가	~の ~의, *명사 연결 노

- わたしは かんこくじんです。 저는 한국 사람이에요.
  와따시와 캉꼬꾸진데스
- あれが メロンパンですね。 저것이 멜론빵이군요.
  아레가 메롬 판데스네
- ほっかいどうの りょこうは いつから いつまでですか。 홋카이도 여행은 언제부터 언제까지예요?
  혹까이도-노 료꼬-와 이쯔까라 이쯔마데데스까

UNIT 04

정말로 맛있어.
ほんとうに おいしい。
혼 또 - 니 오 이 시 -

| 이번 과의 목표 | い형용사 현재형의 긍정과 부정을 반말과 존댓말로 묻고 답해 봅시다!

내스토리

ybmjapanese

동영상 5

음원 37

#おいしい	#からい	#からくちラーメン	#スカイツリー	#たかい	#あまり	#こわくない
오 이 시 -	카 라 이	카 라 꾸 찌 라 - 멘	스 카 이 츠 리 -	타 까 이	아 마 리	코 와 꾸 나 이
맛있다	맵다	매운맛 라멘	스카이트리	높다	별로	무섭지 않다

★**핵심표현** 미리보기	★**핵심표현** 확인하기
01 덥다 **あつい** 아 쯔 이	□ **あつい** (　　　　) 아 쯔 이
02 춥다 **さむい** 사 무 이	□ **さむい** (　　　　) 사 무 이
03 맛있다 **おいしい** 오 이 시 −	□ **おいしい** (　　　　) 오 이 시 −
04 매우 **とても** 토 떼 모	□ **とても** (　　　　) 토 떼 모
05 정말로 **ほんとうに** 혼 또 − 니	□ **ほんとうに** (　　　　) 혼 또 − 니
06 ~습니다[어요] 기본형+**です** 데 스	□ 기본형+**です** (　　　　) 데 스
07 맵다 **からい** 카 라 이	□ **からい** (　　　　) 카 라 이
08 ① 높다 ② 비싸다 **たかい** 타 까 이	□ **たかい** (　　　　) 타 까 이
09 무섭다 **こわい** 코 와 이	□ **こわい** (　　　　) 코 와 이
10 (부정어 수반) 전혀 **ぜんぜん** 젠 젱	□ **ぜんぜん** (　　　　) 젠 젱
11 (부정어 수반) 그다지, 별로 **あまり** 아 마 리	□ **あまり** (　　　　) 아 마 리
12 ~지 않다[지 않아] 어간+**くない** 쿠 나 이	□ 어간+**くない** (　　　　) 쿠 나 이
13 좋지 않다 **よくない** 요 꾸 나 이	□ **よくない** (　　　　) 요 쿠 나 이
14 ~지 않습니다[지 않아요] 어간+**くないです** 쿠 나 이 데 스	□ 어간+**くないです** (　　　　) 쿠 나 이 데 스

~어? / 응, ~어

1 오늘은 더워? **きょうは あつい?**
쿄 - 와 아 쯔 이

응, 조금 더워. **うん、すこし あつい。**
웅 스 꼬 시 아 쯔 이

2 홋카이도는 추워? **ほっかいどうは さむい?**
혹 까 이 도 - 와 사 무 이

응, 매우 추워. **うん、とても さむい。**
웅 토 떼 모 사 무 이

3 그 커피는 맛있어? **その コーヒーは おいしい?**
소 노 코 - 히 - 와 오 이 시 -

응, 정말로 맛있어. **うん、ほんとうに おいしい。**
웅 혼 또 - 니 오 이 시 -

★ 학습포인트

1. **い형용사**: 일본어의 형용사는 형태에 따라 い형용사와 な형용사로 나눌 수 있습니다. 이 중에서 기본형 어미가 「い」(~이다)로 끝나는 형용사를 「い형용사」라고 하는데, 사물의 성질, 감정, 미각, 기후, 색깔 등을 나타냅니다. 기본형 자체로 반말 표현이 되고, 반말로 묻고 싶을 때는 말끝을 올리면 됩니다. (※い형용사 주요 어휘는 부록 p.192~193을 참고하세요.)
   TIP 기본형 あつ(어간) い(어미) 덥다　あつい(→) → 더워　あつい(↗)? → 더워?
2. **この・その・あの・どの+명사**: '이, 그, 저, 어느'라는 뜻으로, 명사를 수식하는 지시대명사입니다.
   예 この パン 이 빵　その かさ 그 우산　あの かばん 저 가방　どの へや 어느 방

단어 あつ(暑)い 덥다 | すこ(少)し 조금 | ほっかいどう(北海道) 홋카이도 *일본의 큰 섬 4개 중 제일 북단에 위치한 섬 | さむ(寒)い 춥다 | とても 매우 | おいしい 맛있다 | ほんとう(本当)に 정말로 | かさ(傘) 우산 | かばん 가방 | へや(部屋) 방

~어요? / 예, ~어요

1 오늘은 더워요? きょうは あついですか。
쿄 - 와 아 쯔 이 데 스 까

예, 조금 더워요. はい、すこし あついです。
하 이 스 꼬 시 아 쯔 이 데 스

2 홋카이도는 추워요? ほっかいどうは さむいですか。
혹 까 이 도 - 와 사 무 이 데 스 까

예, 매우 추워요. はい、とても さむいです。
하 이 토 떼 모 사 무 이 데 스

3 그 커피는 맛있어요? その コーヒーは おいしいですか。
소 노 코 - 히 - 와 오 이 시 - 데 스 까

예, 정말로 맛있어요. はい、ほんとうに おいしいです。
하 이 혼 또 - 니 오 이 시 - 데 스

★ 학습포인트

1. **い형용사의 기본형+です/ですか**: い형용사의 기본형에 「です」(~입니다[이에요])를 붙이면 '~습니다[어요]'라는 정중한 표현이 됩니다. 여기에 의문을 나타내는 「か」(~까?)를 붙여 「い형용사의 기본형+ですか」라고 하면 '~습니까?[어요?]'라는 의문문이 됩니다.
2. **정도를 나타내는 부사**

매우	정말로	조금
とても	ほんとう(本当)に	すこ(少)し
그다지, 별로	전혀	가장, 제일
あまり	ぜんぜん(全然)	いちばん(一番)

~어? / 아니, ~지 않아

1 라멘은 매워? **ラーメンは からい?**
라 – 멩 와 카 라 이

아니, 전혀 맵지 않아. **ううん、ぜんぜん からくない。**
우 – 웅 젠 젱 카 라 꾸 나 이

2 높은 데는 무서워? **たかい ところは こわい?**
타 까 이 토 꼬 로 와 코 와 이

아니, 별로 무섭지 않아. **ううん、あまり こわくない。**
우 – 웅 아 마 리 코 와 꾸 나 이

3 그 가방은 비싸지 않아? **その かばんは たかくない?**
소 노 카 방 와 타 까 꾸 나 이

응, 별로 비싸지 않아. **うん、あまり たかくない。**
웅 아 마 리 타 까 꾸 나 이

★ 학습포인트

1. **い형용사의 어간+くない**: い형용사를 '~지 않다[지 않아]'라는 부정 반말로 만들려면 い형용사의 어간에 「~くない」를 붙이면 됩니다. 반말로 묻고 싶으면 말끝을 올려 「い형용사의 어간+くない(↗)?」라고 하면 '~지 않아?'라는 의문문이 됩니다.

   TIP '좋다'라는 뜻의 い형용사는 「いい・よい」가 있는데, 활용을 할 때는 「よい」만 씁니다. 따라서 '좋지 않다'라는 의미의 부정형은 「よくない」(좋지 않다)라고 해야 합니다. 「いくない」라고 하지 않도록 주의하세요.

   예 てんきが よくない。 날씨가 좋지 않다.

2. **い형용사의 기본형+명사**: '~인 ~'라는 뜻으로, い형용사가 명사를 수식할 때는 い형용사의 기본형에 명사를 이어주기만 하면 됩니다.

   예 いい てんき 좋은 날씨 おいしい ラーメン 맛있는 라멘

단어 ラーメン 라멘, 라면 | から(辛)い 맵다 | ぜんぜん(全然) (부정어 수반) 전혀 | たか(高)い ① 높다 ② 비싸다 | ところ(所) 곳, 데 | こわ(怖)い 무섭다 | あまり (부정어 수반) 그다지, 별로 | いい・よい 좋다 | てんき(天気) 날씨

POINT 04 ~어요? / 아니요, ~지 않아요

1 라멘은 매워요?

ラーメンは からいですか。
라 - 멩 와 카 라 이 데 스 까

아니요, 전혀 맵지 않아요.

いいえ、ぜんぜん からくないです。
이 - 에 젠 젱 카 라 꾸 나 이 데 스

2 높은 데는 무서워요?

たかい ところは こわいですか。
타 까 이 토 꼬 로 와 코 와 이 데 스 까

아니요, 별로 무섭지 않아요.

いいえ、あまり こわくないです。
이 - 에 아 마 리 코 와 꾸 나 이 데 스

3 그 가방은 비싸지 않아요?

その かばんは たかくないですか。
소 노 카 방 와 타 까 꾸 나 이 데 스 까

예, 별로 비싸지 않아요.

はい、あまり たかくないです。
하 이 아 마 리 타 까 꾸 나 이 데 스

★ 학습포인트

1. **い형용사의 어간+くないです/くないですか**: い형용사를 '~지 않습니다[지 않아요]'라는 의미의 부정 존댓말로 만들려면 い형용사의 어간에 「くないです」를 붙이면 됩니다. 여기에 의문을 나타내는 「か」(~까?)를 붙여 「い형용사의 어간+くないですか」라고 하면 '~지 않습니까?[지 않아요?]'라는 의문문이 됩니다. 참고로 「い형용사의 어간+くありません/くありませんか」라고 해도 같은 뜻입니다.
   예 おいしくないです。= おいしくありません。 맛있지 않습니다.

말문 열기 01 스카이트리에서

#시아와 유키가 스카이트리 전망대에 올라 대화를 나눈다.

シア スカイツリーだ。たかい!
시아 스 카 이 츠 리 - 다 타 까 이

ゆき ほんとうに たかい!
유끼 혼 또 - 니 타 까 이

シア こわい!
시아 코 와 이

ゆき シアちゃんは たかい ところは こわい?
유끼 시 아 쨩 와 타 까 이 토 꼬 로 와 코 와 이

シア うん、こわい。ゆきちゃんは こわくない?
시아 웅 코 와 이 유 끼 쨩 와 코 와 꾸 나 이

ゆき うん、わたしは たかい ところは あまり こわくない。
유끼 웅 와 따 시 와 타 까 이 토 꼬 로 와 아 마 리 코 와 꾸 나 이

シア へえ、すごいね。
시아 헤 - 스 고 이 네

スカイツリー
스 카 이 츠 리 -

시아 스카이트리다. 높다!
유키 정말로 높다!

시아 무서워!
유키 시아는 높은 데는 무서워?
시아 응, 무서워. 유키는 무섭지 않아?
유키 응, 나는 높은 데는 별로 무섭지 않아.
시아 와, 대단하네.

단어 スカイツリー 스카이트리 *도쿄에 있는 세계 최고 높이의 전파탑 | へえ 감동하거나 놀랐을 때 쓰는 말 | すごい 굉장하다, 대단하다

말문 열기 02 라멘집에서

#라멘집에서 점원과 시아가 대화를 나눈다.

てんいん からくちラーメン、どうぞ。
텡 잉 카 라 꾸 찌 라 – 멩 도 – 조

シア いただきます。
시아 이 따 다 끼 마 스

てんいん おきゃくさん、おあじは いかがですか。
텡 잉 오 꺅 상 오 아 지 와 이 까 가 데 스 까

シア ほんとうに おいしいです。
시아 혼 또 – 니 오 이 시 – 데 스

てんいん からくないですか。
텡 잉 카 라 꾸 나 이 데 스 까

シア はい、ぜんぜん からくないです。
시아 하 이 젠 젱 카 라 꾸 나 이 데 스

てんいん からい ものに つよいですね。
텡 잉 카 라 이 모 노 니 츠 요 이 데 스 네

からくちラーメン
카 라 꾸 찌 라 – 멩

점원 매운맛 라멘 나왔습니다.
시아 잘 먹겠습니다.

점원 손님, 맛은 어떠세요?
시아 정말로 맛있어요.
점원 맵지 않아요?
시아 예, 전혀 맵지 않아요.
점원 매운 것에 강하군요.

단어 からくち(辛口) 매운맛 | どうぞ 상대방에게 무언가를 권하거나 허락할 때 쓰는 말 | いただきます 잘 먹겠습니다 | おきゃく(客)さん 손님 | お~ 단어 앞에 붙여 존경의 의미를 나타냄 | あじ(味) 맛 | いかがですか 어떠십니까? | もの 것 | つよ(強)い 강하다

실력 다지기 연습문제

1 빈칸에 알맞은 말을 보기에서 골라 문장을 완성하세요.

보기 a. さむい (사무이)　b. からい (카라이)　c. よく (요꾸)

① きょうは とても ＿＿＿＿＿＿ です。 오늘은 매우 추워요.
(쿄－와 토떼모 … 데스)

② あの みせは ＿＿＿＿＿＿ ないです。 저 가게는 좋지 않아요.
(아노 미세와 … 나이데스)

③ あれは ＿＿＿＿＿＿ ラーメンですか。 저것은 매운 라멘이에요?
(아레와 … 라－멘데스까)

2 빈칸에 알맞은 말을 아래에서 골라 대화를 완성하세요.

A: たかい ところが ＿①＿？ 높은 데가 무서워?
(타까이 토꼬로가)

B: うん、こわい。シアちゃんは ＿②＿？ 응, 무서워. 시아는 무섭지 않아?
(웅 코와이 시아짱와)

A: うん、＿③＿ こわくない。 응, 전혀 무섭지 않아.
(웅 … 코와꾸나이)

B: へえ、＿④＿ ね。 와, 대단하네.
(헤－ … 네)

① a. こわい (코와이)　b. あつい (아쯔이)

② a. さむくない (사무꾸나이)　b. こわくない (코와꾸나이)

③ a. とても (토떼모)　b. ぜんぜん (젠젱)

④ a. あつい (아쯔이)　b. すごい (스고이)

3 보기와 같이 묻고 답해 보세요.

보기 A: すしは おいしいですか。 초밥은 맛있어요?
스 시 와 오 이 시 - 데 스 까

B1: はい、とても おいしいです。 예, 매우 맛있어요.
하 이 토 떼 모 오 이 시 - 데 스

B2: いいえ、あまり おいしくないです。 아니요, 별로 맛있지 않아요.
이 - 에 아 마 리 오 이 시 꾸 나 이 데 스

① A: りょこうは たのしいですか。 여행은 즐거워요?
료 꼬 - 와 타 노 시 - 데 스 까

B1: はい、とても ________________。 예, 매우 즐거워요.
하 이 토 떼 모

② A: この おかしは あまいですか。 이 과자는 달아요?
코 노 오 까 시 와 아 마 이 데 스 까

B2: いいえ、あまり ________________。 아니요, 별로 달지 않아요.
이 - 에 아 마 리

4 음성을 듣고 문장을 따라 쓰고 읽어 보세요.

① 더워요.

あ	つ	い	で	す	。

아 쯔 이 데 스

② 맵지 않아.

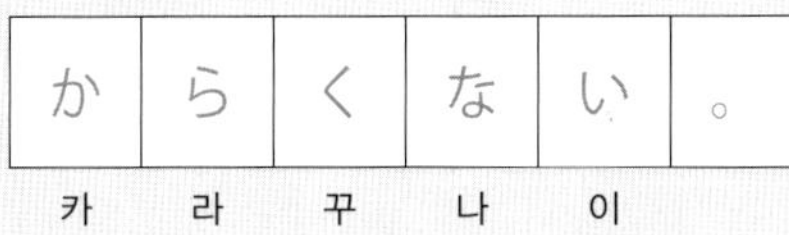

카 라 꾸 나 이

③ 잘 먹겠습니다.

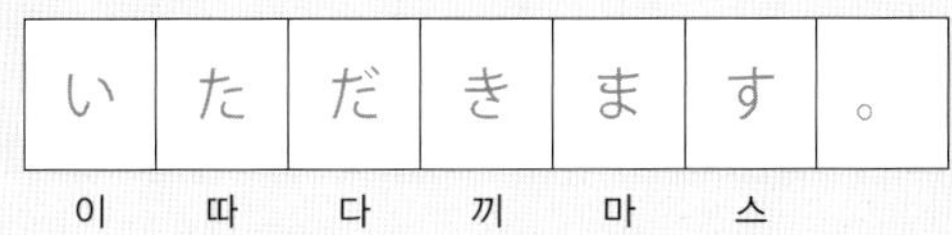

이 따 다 끼 마 스

단어 すし(寿司) 초밥 | たの(楽)しい 즐겁다 | おかし(菓子) 과자 | あま(甘)い 달다

Week 2 / Day 1

UNIT 05

굉장히 즐거웠어.

すごく たのしかった。

스 고 꾸 타 노 시 깟 따

| 이번 과의 목표 | い형용사 과거형의 긍정과 부정을 반말과 존댓말로 묻고 답해 봅시다!

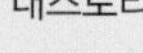
내스토리

ybmjapanese

동영상 6

음원 45

#デパート	#ひと	#おおかった	#たのしかった	#おもしろかった	#よくなかった
데 파 - 토	히 또	오 - 깟 따	타 노 시 깟 따	오 모 시 로 깟 따	요 꾸 나 깟 따
백화점	사람	많았다	즐거웠다	재미있었다	좋지 않았다

★핵심표현 미리보기	★핵심표현 확인하기
01 많다 おおい (오ー이)	□ おおい (오ー이) (　　　)
02 즐겁다 たのしい (타노시ー)	□ たのしい (타노시ー) (　　　)
03 싸다 やすい (야스이)	□ やすい (야스이) (　　　)
04 재미있다 おもしろい (오모시로이)	□ おもしろい (오모시로이) (　　　)
05 굉장히 すごく (스고꾸)	□ すごく (스고꾸) (　　　)
06 ~았다[았어] 어간+かった (캇따)	□ 어간+かった (캇따) (　　　)
07 ~았습니다[았어요] 어간+かったです (캇따데스)	□ 어간+かったです (캇따데스) (　　　)
08 ~지 않았다[지 않았어] 어간+くなかった (쿠나깟따)	□ 어간+くなかった (쿠나깟따) (　　　)
09 ~지 않았습니다[지 않았어요] 어간+くなかったです (쿠나깟따데스)	□ 어간+くなかったです (쿠나깟따데스) (　　　)
10 ~고, ~아서 어간+くて (쿠떼)	□ 어간+くて (쿠떼) (　　　)
11 좋았다 よかった (요깟따)	□ よかった (요깟따) (　　　)
12 좋지 않았다 よくなかった (요꾸나깟따)	□ よくなかった (요꾸나깟따) (　　　)
13 특히 とくに (토꾸니)	□ とくに (토꾸니) (　　　)
14 그렇게 そんなに (손나니)	□ そんなに (손나니) (　　　)

~았어? / 응, (~고) ~았어

1 백화점에는 사람이 많았어?
デパートには ひとが おおかった?
데 파 ー 토 니 와 히 또 가 오 ー 깟 따

응, 매우 많았어.
うん、とても おおかった。
웅 토 떼 모 오 ー 깟 따

2 오사카 여행은 즐거웠어?
おおさかの りょこうは たのしかった?
오 ー 사 까 노 료 꼬 ー 와 타 노 시 깟 따

응, 굉장히 즐거웠어.
うん、すごく たのしかった。
웅 스 고 꾸 타 노 시 깟 따

3 라멘은 맛있었어?
ラーメンは おいしかった?
라 ー 멩 와 오 이 시 깟 따

응, 싸고 정말로 맛있었어.
うん、やすくて ほんとうに おいしかった。
웅 야 스 꾸 떼 혼 또 ー 니 오 이 시 깟 따

★ 학습포인트

1. **い형용사의 어간+かった**: い형용사를 '~았다[았어]'라는 뜻의 과거 반말로 만들려면 い형용사의 어간에 「かった」를 붙이면 됩니다. 반말로 묻고 싶으면 말끝을 올려 「い형용사의 어간+かった(↗)?」라고 하면 '~았어?'라는 의문문이 됩니다.
   TIP 「いい」(좋다)의 과거형은 「よかった」(좋았다)라고 해야 합니다. 「いかった」로 하지 않도록 주의하세요.
   예 きのうの てんきは よかった。 어제 날씨는 좋았다.
2. **い형용사의 어간+くて**: い형용사를 '~고, ~아서'의 형태로 만들려면 い형용사의 어간에 「くて」를 붙이면 됩니다. 사물의 상태, 성질을 열거하거나 뒤에 오는 말의 원인이나 이유를 나타냅니다.
   TIP 「いい」(좋다)는 '좋고, 좋아서'라고 할 때는 「よくて」(좋고, 좋아서)라고 해야 합니다. 「いくて」라고 하지 않도록 주의하세요.
   예1 かれは あたまも よくて やさしい。 그는 머리도 좋고 상냥하다.
   예2 きのうは てんきが よくて きもちが よかった。 어제는 날씨가 좋아서 기분이 좋았다.

단어 デパート 백화점 | ~には ~에는 | ひと(人) 사람 | おお(多)い 많다 | たの(楽)しい 즐겁다 | すごく 굉장히 | かれ(彼) 그, 그 사람 | あたま(頭) 머리 | やさ(優)しい 상냥하다 | きも(気持)ち 기분

POINT 02 ~았어요? / 예, (~고) ~았어요

1 백화점에는 사람이 많았어요?

デパートには ひとが おおかったですか。
데 파 – 토 니 와 히 또 가 오 – 깟 따 데 스 까

예, 매우 많았어요.

はい、とても おおかったです。
하 이 토 떼 모 오 – 깟 따 데 스

2 오사카 여행은 즐거웠어요?

おおさかの りょこうは たのしかったですか。
오 – 사 까 노 료 꼬 – 와 타 노 시 깟 따 데 스 까

예, 굉장히 즐거웠어요.

はい、すごく たのしかったです。
하 이 스 고 꾸 타 노 시 깟 따 데 스

3 라멘은 맛있었어요?

ラーメンは おいしかったですか。
라 – 멩 와 오 이 시 깟 따 데 스 까

예, 싸고 정말로 맛있었어요.

はい、やすくて ほんとうに おいしかったです。
하 이 야 스 꾸 떼 혼 또 – 니 오 이 시 깟 따 데 스

★ 학습포인트

1. **い형용사의 어간+かったです/かったですか**: い형용사를 '~았습니다[았어요]'라는 의미의 과거 존댓말로 만들려면 い형용사의 어간에 「かったです」를 붙이면 됩니다. 여기에 의문을 나타내는 「か」(~까?)를 붙여 「い형용사의 어간+かったですか」라고 하면 '~았습니까?[았어요?]'라는 의문문이 됩니다.

POINT 03 ~았어? / 아니, (~아서) ~지 않았어

1 요리 교실은 재미있었어?
りょうり きょうしつは おもしろかった?
료 -리 쿄 -시쯔와 오모시로 깟 따

아니, 요리가 어려워서 재미있지 않았어.
ううん、りょうりが むずかしくて おもしろくなかった。
우 -웅 료 -리가 무즈까시꾸떼 오모시로꾸나 깟 따

2 저 가게는 좋았어?
あの みせは よかった?
아노 미세와 요 깟 따

아니, 비싸서 좋지 않았어.
ううん、たかくて よくなかった。
우 -웅 타까꾸떼 요꾸나 깟 따

3 저 영화는 무섭지 않았어?
あの えいがは こわくなかった?
아노 에 -가와 코와꾸나 깟 따

응, 무섭지 않았어.
うん、こわくなかった。
웅 코와꾸나 깟 따

★ **학습포인트**

1. **い형용사의 어간+くなかった**: い형용사를 '~지 않았다[지 않았어]'라는 의미의 과거 부정 반말로 만들려면 い형용사의 어간에 「くなかった」를 붙이면 됩니다. 반말로 묻고 싶으면 말끝을 올려 「い형용사의 어간+くなかった(↗)?」라고 하면 '~지 않았어?'라는 의문문이 됩니다.

   TIP 「いい」(좋다)의 과거 부정형은 「よくなかった」(좋지 않았다)라고 해야 합니다. 「いくなかった」라고 하지 않도록 주의하세요.

   예 あの ホテルは よくなかった。 저 호텔은 좋지 않았다.

단어 おもしろ(面白)い 재미있다 | むずか(難)しい 어렵다 | たか(高)い 비싸다 | ホテル 호텔

~았어요? / 아니요, (~아서) ~지 않았어요

1 요리 교실은 재미있었어요?

りょうり きょうしつは おもしろかったですか。
료 -리 쿄 -시쯔와 오모시로 깟 따데스까

아니요, 요리가 어려워서 재미있지 않았어요.

いいえ、りょうりが むずかしくて
이 -에 료 -리가 무즈까시꾸떼

おもしろくなかったです。
오모시로꾸나 깟 따데스

2 저 가게는 좋았어요?

あの みせは よかったですか。
아노 미세와 요 깟 따데스까

아니요, 비싸서 좋지 않았어요.

いいえ、たかくて よくなかったです。
이 -에 타까꾸떼 요꾸나 깟 따데스

3 저 영화는 무섭지 않았어요?

あの えいがは こわくなかったですか。
아노 에 -가와 코와꾸나 깟 따데스까

예, 무섭지 않았어요.

はい、こわくなかったです。
하이 코와꾸나 깟 따데스

★ 학습포인트

1. **い형용사의 어간+くなかったです/くなかったですか**: い형용사를 '~지 않았습니다[지 않았어요]'라는 의미의 과거 부정 존댓말로 만들려면 い형용사의 어간에 「くなかったです」를 붙이면 됩니다. 여기에 의문을 나타내는 「か」(~까?)를 붙여 「い형용사의 어간+くなかったですか」라고 하면 '~지 않았습니까?[지 않았어요?]'라는 의문문이 됩니다. 참고로 「い형용사의 어간+くありませんでした/くありませんでしたか」라고 해도 같은 뜻입니다.

   예 きのうは あつくなかったです。= きのうは あつくありませんでした。 어제는 덥지 않았습니다.

말문 열기 01 카페에서(3)

음원 50

#카페에서 오사카 여행을 다녀온 시아가 유키와 대화를 나눈다.

ゆき USJ(ユーエスジェー)は どうだった?
유끼 유-에스제-와 도- 닷 따

シア すごく たのしかった。
시아 스고꾸 타노시 깟 따

ゆき へえ、うらやましい。
유끼 헤- 우라야마시-

シア のりものが おおくて おもしろかった。
시아 노리모노가 오-꾸떼 오모시로 깟 따

とくに ハリーポッターが よかった。
토꾸니 하리-폿타-가 요 깟 따

ゆき ひとは おおくなかった?
유끼 히또와 오-꾸나 깟 따

シア うん、ひとは そんなに おおくなかったけど、
시아 웅 히또와 손나니 오-꾸나 깟 따께도

ハリーポッターの れつは ながかった。
하리-폿타-노 레쯔와 나가 깟 따

USJ ハリーポッター
유-에스제- 하리-폿타-

유키 USJ는 어땠어?
시아 굉장히 즐거웠어.
유키 와, 부럽다.
시아 놀이기구가 많아서 재미있었어.
특히 해리포터가 좋았어.
유키 사람은 많지 않았어?
시아 응, 사람은 그렇게 많지 않았는데,
해리포터 줄은 길었어.

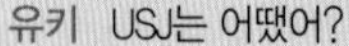

단어 うらや(羨)ましい 부럽다 | の(乗)りもの(物) 탈것, 놀이기구 | とく(特)に 특히 | ハリーポッター 해리포터 *USJ에 있는 어트랙션 중 하나로, 영화 〈해리포터〉를 소재로 만든 것 | ~けど ~인데, ~지만 | れつ(列) 열, 줄 | なが(長)い 길다

말문 열기 02 게스트 하우스에서(2)

#게스트 하우스에서 요리 교실에 다녀온 시아가 엠마와 대화를 나눈다.

エマ シアさん、りょうり きょうしつは おもしろかったですか。
에마 시 아 상 료 - 리 쿄 - 시 쯔 와 오 모 시 로 깟 따 데 스 까

シア いいえ、そんなに おもしろくなかったです。
시아 이 - 에 손 나 니 오 모 시 로 꾸 나 깟 따 데 스

エマ え、どうしてですか。
에마 에 도 - 시 떼 데 스 까

シア りょうりが むずかしくて わたしの りょうりは あまり
시아 료 - 리 가 무 즈 까 시 꾸 떼 와 따 시 노 료 - 리 와 아 마 리

おいしくなかったです。
오 이 시 꾸 나 깟 따 데 스

エマ うーん、でも たいけんは いい おもいでですから。
에마 우 - 웅 데 모 타 이 껭 와 이 - 오 모 이 데 데 스 까 라

シア ええ、そうですね。
시아 에 - 소 - 데 스 네

そういえば いちば ツアーは おもしろかったですね。
소 - 이 에 바 이 찌 바 츠 아 - 와 오 모 시 로 깟 따 데 스 네

アメよこいちば
아 메 요 꼬 이 찌 바

엠마 시아 씨, 요리 교실은 재미있었어요?
시아 아니요, 그렇게 재미있지 않았어요.
엠마 네? 왜요?
시아 요리가 어려워서 제 요리는 별로 맛있지 않았어요.
엠마 음…, 그래도 체험은 좋은 추억이니까요.
시아 네, 그렇죠.
그러고 보니 시장 투어는 재미있었네요.

단어 そんなに 그렇게 | どうして 왜, 어째서 | わたし(私) 나, 저 | でも 하지만 | おも(思)いで(出) 추억 | ~から ~니까 | そういえば 그러고 보니 | いちば(市場) 시장 | ツアー 투어 | アメよこいちば(横市場) 아메요코시장 *도쿄 최대의 재래시장

실력 다지기 **연습문제**

1 빈칸에 알맞은 말을 보기에서 골라 문장을 완성하세요.

보기 a. おもしろくなかった 오모시로꾸나 깟 따 b. こわかった 코와 깟 따 c. たかくて 타 까 꾸 떼

① あの みせは ______________ よくなかったです。 저 가게는 비싸서 좋지 않았어요.
아 노 미 세 와 요 꾸 나 깟 따 데 스

② えいがは ______________? 영화는 무서웠어?
에 - 가 와

③ そんなに ______________ です。 그렇게 재미있지 않았어요.
손 나 니 데 스

2 빈칸에 알맞은 말을 아래에서 골라 대화를 완성하세요.

A: USJ(ユーエスジェー)は ___①___? USJ는 즐거웠어?
유-에스제- 와

B: のりものが ___②___ とても おもしろかった。 놀이기구가 많아서 매우 재미있었어.
노 리 모 노 가 토 떼 모 오 모 시 로 깟 따

A: ひとは ___③___? 사람은 많지 않았어?
히 또 와

B: うん。でも ハリーポッターには れつが ___④___。 응. 하지만 해리포터에는 줄이 길었어
웅 데 모 하 리 - 폿 타 - 니 와 레 쯔 가

① a. たのしかった 타 노 시 깟 따 b. たのしい 타 노 시 -

② a. おおく 오 - 꾸 b. おおくて 오 - 꾸 떼

③ a. おおくない 오 - 꾸 나 이 b. おおくなかった 오 - 꾸 나 깟 따

④ a. ながかった 나 가 깟 따 b. ながい 나 가 이

3 보기와 같이 바꿔 보세요.

보기 A: トンカツは どうでしたか。/ おいしい 돈가스는 어땠어요? / 맛있다
통 카츠와 도-데시따까 오이시-

B1: とても おいしかったです。매우 맛있었어요.
토떼모 오이시깟따데스

B2: あまり おいしくなかったです。별로 맛있지 않았어요.
아마리 오이시꾸나깟따데스

① A: せんしゅうの ツアーは どうでしたか。/ たのしい 지난주 투어는 어땠어요? / 즐겁다
센슈-노 츠아-와 도-데시따까 타노시-

B1: とても ______________。매우 즐거웠어요.
토떼모

② A: きのうの てんきは どうでしたか。/ いい 어제 날씨는 어땠어요? / 좋다
키노-노 텡끼와 도-데시따까 이-

B2: あまり ______________。별로 좋지 않았어요.
아마리

4 음성을 듣고 문장을 따라 쓰고 읽어 보세요.

① 즐겁지 않았어.

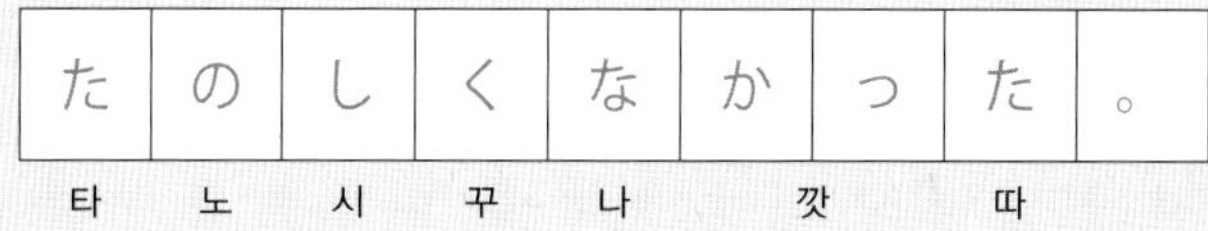

たのしくなかった。

타 노 시 꾸 나 깟 따

② 좋은 추억이니까요.

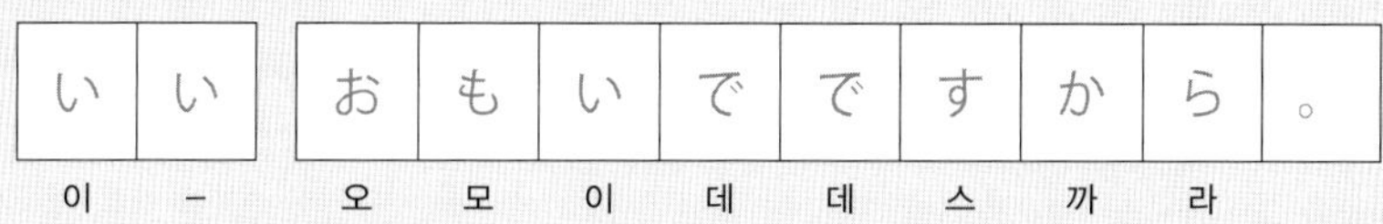

いい おもいでですから。

이 - 오 모 이 데 데 스 까 라

※ 정답은 p.205에 있어요.

③ 투어는 재미있었어.

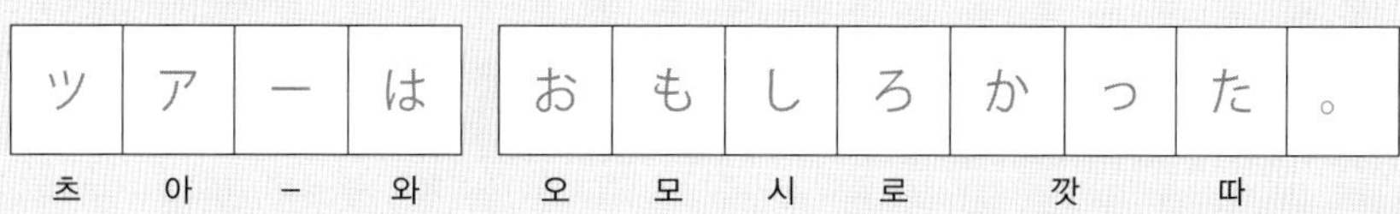

ツアーは おもしろかった。

츠 아 - 와 오 모 시 로 깟 따

단어 トンカツ 돈가스 | せんしゅう(先週) 지난주

Week 2 / Day 2

Check! Check! 핵심포인트 | い형용사

い형용사의 반말을 정리해 볼까요?

<table>
<tr><th rowspan="2"></th><th colspan="2">보통체(반말)</th></tr>
<tr><th>긍정</th><th>부정</th></tr>
<tr><td>현재</td><td>い형용사의 기본형 ~이다
이

ラーメンは おいしい?
라- 멩 와 오 이 시 -
라멘은 맛있어?
うん、おいしい。
웅 오 이 시 -
응, 맛있어.</td><td>い형용사의 어간+くない ~지 않다
이 쿠 나 이

ラーメンは おいしくない?
라- 멩 와 오 이 시 꾸 나 이
라멘은 맛있지 않아?
うん、おいしくない。
웅 오 이 시 꾸 나 이
응, 맛있지 않아.</td></tr>
<tr><td>과거</td><td>い형용사의 어간+かった ~았다
이 캇 따

きのうの ラーメンは おいしかった?
키 노 - 노 라 - 멩 와 오 이 시 깟 따
어제 (먹은) 라멘은 맛있었어?
うん、おいしかった。
웅 오 이 시 깟 따
응, 맛있었어.</td><td>い형용사의 어간+くなかった ~지 않았다
이 쿠 나 깟 따

きのうの ラーメンは おいしくなかった?
키 노 - 노 라 - 멩 와 오 이 시 꾸 나 깟 따
어제 (먹은) 라멘은 맛있지 않았어?
うん、おいしくなかった。
웅 오 이 시 꾸 나 깟 따
응, 맛있지 않았어.</td></tr>
</table>

<table>
<tr><th>명사 수식</th><th>문장 연결</th></tr>
<tr><td>い형용사의 기본형+명사 ~인 ~
이

それは つめたい コーヒーですか。
소 레 와 츠 메 따 이 코 - 히 - 데 스 까
그것은 차가운 커피예요?
はい、これは つめたい コーヒーです。
하 이 코 레 와 츠 메 따 이 코 - 히 - 데 스
예, 이것은 차가운 커피예요.</td><td>い형용사의 어간+くて ~고, ~아서
이 쿠 떼

• この パンは やすくて おいしい。
코 노 팡 와 야 스 꾸 떼 오 이 시 -
이 빵은 싸고 맛있다.
• コーヒーが つめたくて おいしかった。
코 - 히 - 가 츠 메 따 꾸 떼 오 이 시 깟 따
커피가 차가워서 맛있었어.</td></tr>
</table>

단어 つめ(冷)たい 차갑다, 차다

☑ い형용사의 존댓말을 정리해 볼까요?

	정중체(존댓말)	
	긍정	부정
현재	い형용사의 기본형+です ~습니다 이 데 스 い형용사의 기본형+ですか ~습니까? 이 데 스 까 ラーメンは おいしいですか。 라- 멩 와 오 이 시 - 데 스 까 라멘은 맛있어요? はい、おいしいです。 하 이 오 이 시 - 데 스 예, 맛있어요.	い형용사의 어간+くないです ~지 않습니다 이 쿠 나 이 데 스 い형용사의 어간+くないですか ~지 않습니까? 이 쿠 나 이 데 스 까 ラーメンは おいしくないですか。 라 - 멩 와 오 이 시 꾸 나 이 데 스 까 라멘은 맛있지 않아요? はい、おいしくないです。 하 이 오 이 시 꾸 나 이 데 스 예, 맛있지 않아요.
과거	い형용사의 어간+かったです ~았습니다 이 캇 따 데 스 い형용사의 어간+かったですか ~았습니까? 이 캇 따 데 스 까 きのうの ラーメンは おいしかったですか。 키 노 - 노 라 - 멩 와 오 이 시 깟 따 데 스 까 어제 (먹은) 라멘은 맛있었어요? はい、おいしかったです。 하 이 오 이 시 깟 따 데 스 예, 맛있었어요.	い형용사의 어간+くなかったです ~지 않았습니다 이 쿠 나 깟 따 데 스 い형용사의 어간+くなかったですか ~지 않았습니까? 이 쿠 나 깟 따 데 스 까 きのうの ラーメンは おいしくなかったですか。 키 노 - 노 라 - 멩 와 오 이 시 꾸 나 깟 따 데 스 까 어제 (먹은) 라멘은 맛있지 않았어요? はい、おいしくなかったです。 하 이 오 이 시 꾸 나 깟 따 데 스 예, 맛있지 않았어요.

☑ い형용사「いい · よい」를 정리해 볼까요?

'좋다'라는 뜻의 い형용사「いい・よい」는 활용할 때는「よい」만 쓰고, 명사 수식은「い형용사의 기본형+명사」의 형태이므로「いい・よい」둘 다 씁니다.

		보통체(반말)	정중체(존댓말)
현재	긍정	いい・よい 좋다 이 - 요 이	いいです・よいです 좋습니다 이 - 데 스 요 이 데 스
	부정	よくない 좋지 않다 요 꾸 나 이	よくないです 좋지 않습니다 요 꾸 나 이 데 스
과거	긍정	よかった 좋았다 요 깟 따	よかったです 좋았습니다, 다행입니다 요 깟 따 데 스
	부정	よくなかった 좋지 않았다 요 꾸 나 깟 따	よくなかったです 좋지 않았습니다 요 꾸 나 깟 따 데 스

- 명사 수식 いい・よい+명사 좋은 ~
  이 - 요 이
- 문장 연결 よくて 좋고, 좋아서
  요 꾸 떼

UNIT 06

노래도 잘해!

うたも じょうず!
우 따 모 죠 - 즈

| 이번 과의 목표 | な형용사 현재형의 긍정과 부정을 반말과 존댓말로 묻고 답해 봅시다!

내스토리

 ybmjapanese

동영상 7

음원 53

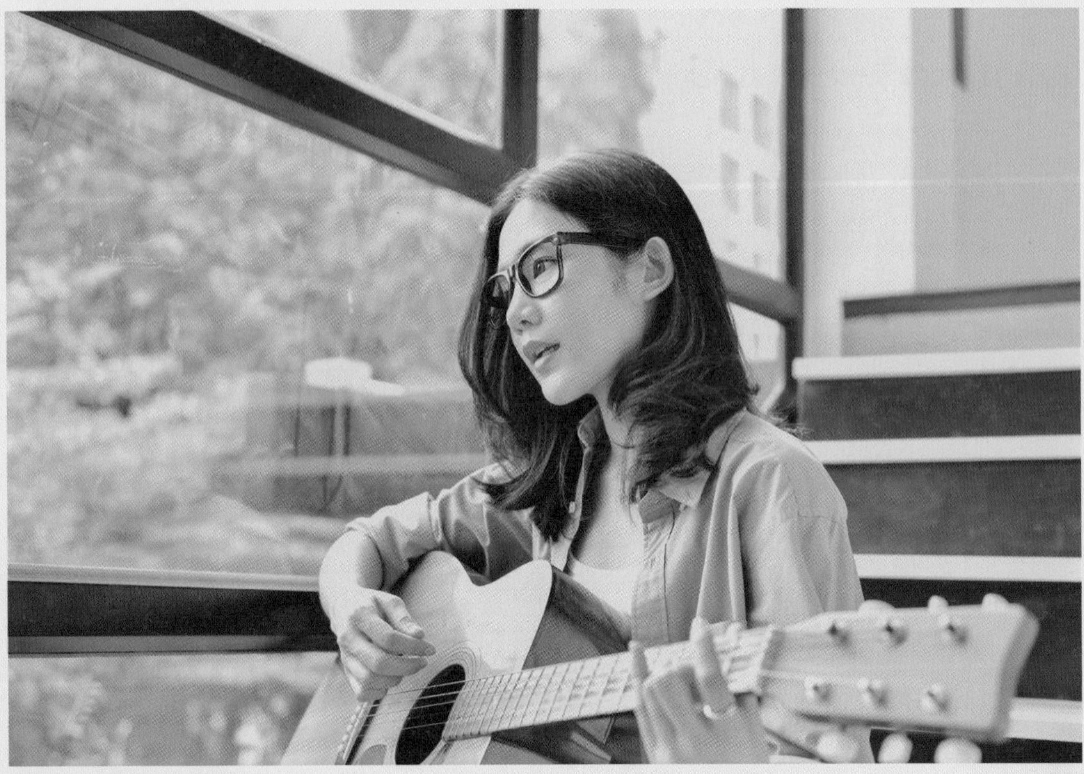

#げんきだ	#うた	#じょうずだ	#ゆうめいだ	#ゆうめいじゃない	#すきな げいのうじん
겡 끼다	우따	죠 - 즈다	유 - 메 - 다	유 - 메 - 쟈 나이	스끼나 게 - 노 - 징
잘 지내다	노래	잘하다	유명하다	유명하지 않다	좋아하는 연예인

★**핵심표현** 미리보기 ★**핵심표현** 확인하기

01 (~을[를]) 좋아하다 (~が) すきだ
가 스끼다
□ (~が) すきだ (　　　)
가 스끼다

02 (~을[를]) 잘하다, 능숙하다 (~が) じょうずだ
가 죠-즈다
□ (~が) じょうずだ (　　　)
가 죠-즈다

03 건강하다, 잘 지내다 げんきだ
겡끼다
□ げんきだ (　　　)
겡끼다

04 ~합니다[해요] 어간+です
데스
□ 어간+です (　　　)
데스

05 ~합니까?[해요?] 어간+ですか
데스까
□ 어간+ですか (　　　)
데스까

06 친절하다 しんせつだ
신세쯔다
□ しんせつだ (　　　)
신세쯔다

07 ① 깨끗하다 ② 예쁘다, 아름답다 きれいだ
키레-다
□ きれいだ (　　　)
키레-다

08 유명하다 ゆうめいだ
유-메-다
□ ゆうめいだ (　　　)
유-메-다

09 ~하지 않다[하지 않아] 어간+じゃない
쟈나이
□ 어간+じゃない (　　　)
쟈나이

10 ~하지 않습니다[하지 않아요]
어간+じゃないです
쟈나이데스
□ 어간+じゃないです
쟈나이데스
(　　　)

11 ~하지 않습니까?[하지 않아요?]
어간+じゃないですか
쟈나이데스까
□ 어간+じゃないですか
쟈나이데스까
(　　　)

12 ~한 ~ 어간+な
나
□ 어간+な (　　　)
나

13 괜찮다 だいじょうぶだ
다이죠-부다
□ だいじょうぶだ (　　　)
다이죠-부다

14 북적이다, 활기차다 にぎやかだ
니기야까다
□ にぎやかだ (　　　)
니기야까다

~해? / 응, ~해

1

김치찌개를 좋아해? **キムチチゲが すき?**
키 무 치 찌 게 가 스 끼

응, 좋아해. **うん、すき。**
웅 스 끼

2

남자 친구는 잘 지내? **かれしは げんき?**
카 레 시 와 겡 끼

응, 잘 지내. **うん、げんき。**
웅 겡 끼

3

그녀는 노래를 잘해? **かのじょは うたが じょうず?**
카 노 죠 와 우 따 가 죠 - 즈

응, 잘해. **うん、じょうず。**
웅 죠 - 즈

★ 학습포인트

1. **な형용사**: な형용사는 い형용사와 마찬가지로, 사물의 성질이나 상태를 나타내는 말입니다. い형용사는 어미가 「い」(~이다)로 끝나지만, な형용사는 어미가 「だ」(~하다)로 끝납니다. い형용사와는 달리 반말로 쓰일 때는 어간으로만 묻고 답합니다. 반말로 묻고 싶을 때는 말끝을 올리면 됩니다. (※な형용사 주요 어휘는 부록 p.193을 참고하세요.)
   TIP **기본형** げんき(어간) だ(어미) 잘 지내다　　げんき(→) → 잘 지내　　げんき(↗)? → 잘 지내?
2. **반드시 조사 「が」와 함께 다니는 な형용사❶**: 우리말의 '~을[를]'에 해당하는 조사는 「を」인데, 「す(好)きだ」(좋아하다)와 「じょうず(上手)だ」는 '~을[를] 좋아하다', '~을[를] 잘하다'라고 할 때 조사 「を」(~을[를])를 쓰지 않고, 반드시 「が」를 씁니다. 묶어서 외워 두세요.

단어 キムチチゲ 김치찌개 | かれし(彼氏) 남자 친구 | げんき(元気)だ 건강하다, 잘 지내다 | かのじょ(彼女) 그녀 | うた(歌) 노래 | じょうず(上手)だ 잘하다, 능숙하다

~해요? / 예, ~해요

1

김치찌개를 좋아해요? **キムチチゲが すきですか。**
키 무 치 찌 게 가 스 끼 데 스 까

예, 좋아해요. **はい、すきです。**
하 이 스 끼 데 스

2

남자 친구는 잘 지내요? **かれしは げんきですか。**
카 레 시 와 겡 끼 데 스 까

예, 잘 지내요. **はい、げんきです。**
하 이 겡 끼 데 스

3

그녀는 노래를 잘해요? **かのじょは うたが じょうずですか。**
카 노 죠 와 우 따 가 죠 – 즈 데 스 까

예, 잘해요. **はい、じょうずです。**
하 이 죠 – 즈 데 스

★ 학습포인트

1. **な형용사의 어간+です/ですか**: な형용사의 어간에 「です」(~입니다[이에요])를 붙이면 '~합니다[해요]'라는 정중한 표현이 됩니다. 여기에 의문을 나타내는 「か」(~까?)를 붙여 「な형용사의 어간+ですか」라고 하면 '~합니까?[해요?]'라는 의문문이 됩니다.

2. **반드시 조사 「が」와 함께 다니는 な형용사❷**

~을[를] 싫어하다	~을[를] 잘 못하다
~が きら(嫌)いだ	~が へた(下手)だ

예 にんじんが きらいです。당근을 싫어합니다.
うたが へたです。노래를 잘 못합니다.

단어 にんじん 당근 | きら(嫌)いだ 싫어하다 | へた(下手)だ 잘 못하다, 서투르다

~해? / 아니, ~하지 않아

1 저 가게는 친절해?
あの みせは しんせつ?
아 노 미 세 와 신 세 쯔

아니, 별로 친절하지 않아.
ううん、あまり しんせつじゃない。
우 - 웅 아 마 리 신 세 쯔 쟈 나 이

2 그 게스트 하우스는 깨끗해?
その ゲストハウスは きれい?
소 노 게 스 토 하 우 스 와 키 레 -

아니, 그렇게 깨끗하지 않아.
ううん、そんなに きれいじゃない。
우 - 웅 손 나 니 키 레 - 쟈 나 이

3 그녀는 유명한 연예인이야?
かのじょは ゆうめいな げいのうじん?
카 노 죠 와 유 - 메 - 나 게 - 노 - 징

아니, 별로 유명하지 않아.
ううん、あまり ゆうめいじゃない。
우 - 웅 아 마 리 유 - 메 - 쟈 나 이

★ 학습포인트

1. **な형용사의 어간+じゃない**: な형용사를 '~하지 않다[하지 않아]'라는 부정 반말로 만들려면 な형용사의 어간에 「じゃない」를 붙이면 됩니다. 반말로 묻고 싶으면 말끝을 올려 「な형용사의 어간+じゃない(↗)?」라고 하면 '~하지 않아?'라는 의문문이 됩니다.
2. **な형용사의 어간+な+명사**: い형용사가 명사를 수식할 때는 기본형 다음에 바로 명사를 이어주기만 하면 되는데, な형용사는 어미 「だ」를 「な」로 바꾸고 명사를 이어줍니다. '~한 ~'라는 뜻입니다.
   예 きらいな たべもの 싫어하는 음식 　 きれいな へや 깨끗한 방
   TIP 예외적으로, 「おなじだ」(같다)는 「おなじな+명사」가 아니라 「おなじ+명사」의 형태를 취하므로 주의해야 합니다.
   예 おなじ がっこう 같은 학교

단어 しんせつ(親切)だ 친절하다 | ゲストハウス 게스트 하우스 | きれいだ ①깨끗하다 ②예쁘다, 아름답다 | ゆうめい(有名)だ 유명하다 | げいのうじん(芸能人) 연예인 | た(食)べもの(物) 음식 | おな(同)じだ 같다 | がっこう(学校) 학교

~해요? / 아니요, ~하지 않아요

1 저 가게는 친절해요?

あの みせは しんせつですか。
아 노 미 세 와 신 세 쯔 데 스 까

아니요, 별로 친절하지 않아요.

いいえ、あまり しんせつじゃないです。
이 - 에 아 마 리 신 세 쯔 쟈 나 이 데 스

2 그 게스트 하우스는 깨끗해요?

その ゲストハウスは きれいですか。
소 노 게 스 토 하 우 스 와 키 레 - 데 스 까

아니요, 그렇게 깨끗하지 않아요.

いいえ、そんなに きれいじゃないです。
이 - 에 손 나 니 키 레 - 쟈 나 이 데 스

3 그녀는 유명한 연예인이에요?

かのじょは ゆうめいな げいのうじんですか。
카 노 죠 와 유 - 메 - 나 게 - 노 - 진 데 스 까

아니요, 별로 유명하지 않아요.

いいえ、あまり ゆうめいじゃないです。
이 - 에 아 마 리 유 - 메 - 쟈 나 이 데 스

★ 학습포인트

1. **な형용사의 어간+じゃないです/じゃないですか**: な형용사를 '~하지 않습니다[하지 않아요]'라는 의미의 부정 존댓말로 만들려면 な형용사의 어간에 「じゃないです」를 붙이면 됩니다. 여기에 의문을 나타내는 「か」(~까?)를 붙여 「な형용사의 어간+じゃないですか」라고 하면 '~하지 않습니까?[하지 않아요?]'라는 의문문이 됩니다. 참고로 「な형용사의 어간+じゃありません/じゃありませんか」라고 해도 같은 뜻입니다.
   예 しずかじゃないです。= しずかじゃありません。 조용하지 않습니다.

단어 しず(静)かだ 조용하다

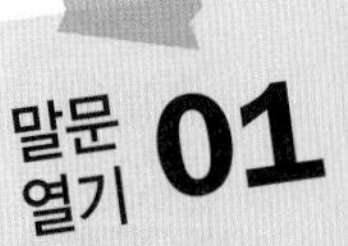

좋아하는 연예인(1)

#유키가 자신이 좋아하는 연예인에 대해 시아와 대화를 나눈다.

シア ゆきちゃん、この ひとは だれ?
시아 유끼 쨩 코노 히또와 다레

ゆき わたしが すきな げいのうじん。
유끼 와따시가 스끼나 게-노-징

シア へえ、ゆうめい?
시아 헤- 유-메-

ゆき まだ ゆうめいじゃないけど、かのじょは ほんとうに まじめだよ。
유끼 마다 유-메-쟈나이께도 카노죠와 혼또-니 마지메다요

しかも うたも じょうず!
시까모 우따모 죠-즈

ゆき どう? じょうずじゃない?
유끼 도- 죠-즈쟈나이

シア うん、ほんとうに じょうず!
시아 웅 혼또-니 죠-즈

わたしも かのじょの うたが すき。
와따시모 카노죠노 우따가 스끼

げいのうじん
게-노-징

시아 유키야, 이 사람은 누구야?
유키 내가 좋아하는 연예인이야.
시아 와, 유명해?
유키 아직 유명하지 않은데, 그녀는 정말로 성실해.
게다가 노래도 잘해!

유키 어때? 잘하지 않아?
시아 응, 정말로 잘한다!
나도 그녀의 노래가 좋아.

단어 だれ(誰) 누구 | まだ 아직 | まじめだ 성실하다 | しかも 게다가

말문 열기 02 게스트 하우스에서(3)

음원 59

#시아가 유키의 또 다른 친구인 아오와 자신이 묵고 있는 게스트 하우스에 대해 대화를 나눈다.

あお　ゲストハウスは どうですか、きれいですか。
아오　게스토하우스와 도-데스까　키레-데스까

シア　いいえ、ひとが おおくて そんなに きれいじゃないです。
시아　이-에　히또가 오-꾸떼 손나니 키레-쟈 나이데스

あお　だいじょうぶですか。
아오　다이죠-부데스까

シア　ええ、だいじょうぶです。
시아　에-　다이죠-부데스

ちょっと きたないですが、しんせつな ひとが おおくて たのしいです。
춋또 키따나이데스가　신세쯔나 히또가 오-꾸떼 타노시-데스

あお　それは よかったですね。
아오　소레와 요깟따데스네

シア　ええ、にぎやかな ふんいきが いいです。
시아　에-　니기야까나 훙이끼가 이-데스

にぎやかな ふんいき
니기야까나 훙이끼

아오　게스트 하우스는 어때요? 깨끗해요?
시아　아니요, 사람이 많아서 그렇게 깨끗하지 않아요.
아오　괜찮아요?
시아　네, 괜찮아요.
좀 더럽지만, 친절한 사람이 많아서 즐거워요.
아오　그건 다행이네요.
시아　네, 북적이는 분위기가 좋아요.

단어　だいじょうぶ(大丈夫)だ 괜찮다 | ちょっと 좀 | きたない 더럽다 | よかった 다행이다 | にぎ(賑)やかだ 북적이다, 활기차다 | ふんいき(雰囲気) 분위기

실력 다지기 연습문제

1 빈칸에 알맞은 말을 보기에서 골라 문장을 완성하세요.

보기 a. すきな 스끼나 b. が 가 c. きれい 키레-

① うた ＿＿＿＿＿＿ じょうずですね。 노래를 잘하네요.
우따 죠-즈데스네

② わたしが ＿＿＿＿＿＿ げいのうじんです。 제가 좋아하는 연예인이에요.
와따시가 게-노-진데스

③ ゲストハウスは ＿＿＿＿＿＿？ 게스트 하우스는 깨끗해?
게스토하우스와

2 빈칸에 알맞은 말을 아래에서 골라 대화를 완성하세요.

A: あの みせは ＿＿①＿＿ ところですか。 저 가게는 유명한 곳이에요?
아노 미세와 토꼬로데스까

B: はい、りょうりが おいしくて とても ＿＿②＿＿ です。 예, 요리가 맛있어서 매우 유명해요.
하이 료-리가 오이시꾸떼 토떼모 데스

A: あの みせの りょうりが ＿＿③＿＿ ですか。 저 가게 요리를 좋아해요?
아노 미세노 료-리가 데스까

B: いいえ、わたしには からくて あまり ＿＿④＿＿ です。 아니요, 저한테는 매워서 별로 좋아하지 않아요.
이-에 와따시니와 카라꾸떼 아마리 데스

① a. ゆうめい 유-메- b. ゆうめいな 유-메-나

② a. ゆうめいだ 유-메-다 b. ゆうめい 유-메-

③ a. すき 스끼 b. すきだ 스끼다

④ a. すきな 스끼나 b. すきじゃない 스끼쟈나이

3 보기와 같이 바꿔 보세요.

보기 きらいだ / すきだ 싫어하다 / 좋아하다
키라이다 스끼다

➲ さかなは きらいじゃないです。すきです。 생선은 싫어하지 않아요. 좋아해요.
사까나와 키라이 쟈 나이데스 스끼데스

① じょうずだ / へただ 잘하다 / 잘 못하다
죠-즈다 헤따다

➲ トムさんは にほんごが ________________。________________。
토무상와 니홍고가
톰 씨는 일본어를 잘하지 않아요. 잘 못해요.

② しずかだ / にぎやかだ 조용하다 / 북적이다
시즈까다 니기야까다

➲ この まちは ________________。________________。
코노 마찌와
이 동네는 조용하지 않아요. 북적여요.

4 음성을 듣고 문장을 따라 쓰고 읽어 보세요.

※ 정답은 p.205에 있어요.

① 깨끗해?

き	れ	い	?
키	레	-	

② 친절하지 않아요.

し ん せ つ じ ゃ な い で す 。
신 세 쯔 쟈 나 이 데 스

③ 북적이는 분위기가 좋아요.

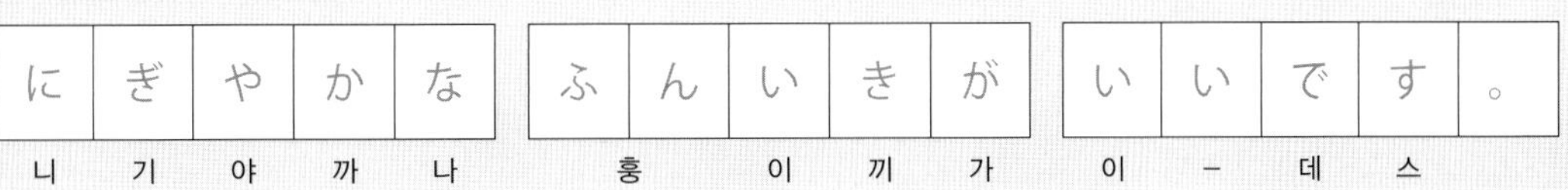

に ぎ や か な
니 기 야 까 나
ふ ん い き が
훙 이 끼 가
い い で す 。
이 - 데 스

단어 にほんご(日本語) 일본어 | まち(町) 동네

Week 2 / Day 4

UNIT 07

조용하고 아름다웠어.

しずかで きれいだった。

시 즈 까 데 키 레 − 닷 따

| 이번 과의 목표 | な형용사 과거형의 긍정과 부정을 반말과 존댓말로 묻고 답해 봅시다!

내스토리

ybmjapanese

동영상 8

음원 61

#まつり	#にぎやかだった	#ふじさん	#しずかで きれいだった	#とざん	#たいへんじゃなかった
마 쯔 리	니 기 야 까 닷 따	후 지 상	시 즈 까 데 키 레 − 닷 따	토 장	타 이 헨 쟈 나 깟 따
축제	북적였다	후지산	조용하고 아름다웠다	등산	힘들지 않았다

★핵심표현 미리보기	★핵심표현 확인하기
01 올해 ことし 코 또 시	□ ことし (　　　) 코 또 시
02 함께, 같이 いっしょに 잇 쇼 니	□ いっしょに (　　　) 잇 쇼 니
03 간단하다, 쉽다 かんたんだ 칸 딴 다	□ かんたんだ (　　　) 칸 딴 다
04 편리하다 べんりだ 벤 리 다	□ べんりだ (　　　) 벤 리 다
05 힘들다, 큰일이다 たいへんだ 타 이 헨 다	□ たいへんだ (　　　) 타 이 헨 다
06 조용하다 しずかだ 시 즈 까 다	□ しずかだ (　　　) 시 즈 까 다
07 잘하다, 자신 있다 とくいだ 토 꾸 이 다	□ とくいだ (　　　) 토 꾸 이 다
08 ~했다[했어] 어간+だった 닷 따	□ 어간+だった (　　　) 닷 따
09 ~했습니다[했어요] 어간+でした 데 시 따	□ 어간+でした (　　　) 데 시 따
10 ~하지 않았다[하지 않았어] 어간+じゃなかった 쟈 나 깟 따	□ 어간+じゃなかった (　　　) 쟈 나 깟 따
11 ~하지 않았습니다[하지 않았어요] 어간+じゃなかったです 쟈 나 깟 따 데 스	□ 어간+じゃなかったです 쟈 나 깟 따 데 스 (　　　)
12 ~하지 않았습니까?[하지 않았어요?] 어간+じゃなかったですか 쟈 나 깟 따 데 스 까	□ 어간+じゃなかったですか 쟈 나 깟 따 데 스 까 (　　　)
13 ~하고, ~해서 어간+で 데	□ 어간+で (　　　) 데
14 ①이번 ②다음번 こんど 콘 도	□ こんど (　　　) 콘 도

~했어? / 응, (~하고) ~했어

1 올해 축제는 북적였어?

ことしの まつりは にぎやかだった?
코 또 시 노 마 쯔 리 와 니 기 야 까 닷 따

응, 북적였어.

うん、にぎやかだった。
웅 니 기 야 까 닷 따

2 후지산은 아름다웠어?

ふじさんは きれいだった?
후 지 상 와 키 레 - 닷 따

응, 매우 조용하고 아름다웠어.

うん、とても しずかで きれいだった。
웅 토 떼 모 시 즈 까 데 키 레 - 닷 따

3 음식은 괜찮았어?

たべものは だいじょうぶだった?
타 베 모 노 와 다 이 죠 -부 닷 따

응, 괜찮았어.

うん、だいじょうぶだった。
웅 다 이 죠 -부 닷 따

★ 학습포인트

1. **な형용사의 어간+だった**: な형용사를 '~했다[했어]'라는 뜻의 과거 반말로 만들려면 な형용사의 어간에 「だった」를 붙이면 됩니다. 반말로 묻고 싶으면 말끝을 올려 「な형용사의 어간+だった(↗)?」라고 하면 '~했어?'라는 의문문이 됩니다.
2. **な형용사의 어간+で**: な형용사를 '~하고, ~해서'의 형태로 만들려면 な형용사의 어간에 「で」를 붙이면 됩니다.

단어 ことし(今年) 올해 | まつ(祭)り 축제 | ふじさん(富士山) 후지산 | しず(静)かだ 조용하다 | た(食)べもの(物) 먹을 것, 음식 | だいじょうぶ(大丈夫)だ 괜찮다

POINT 02 ~했어요? / 예, (~하고) ~했어요

1 올해 축제는 북적였어요?

ことしの まつりは にぎやかでしたか。
코 또 시 노 마 쯔 리 와 니 기 야 까 데 시 따 까

예, 북적였어요.

はい、にぎやかでした。
하 이 니 기 야 까 데 시 따

2 후지산은 아름다웠어요?

ふじさんは きれいでしたか。
후 지 상 와 키 레 - 데 시 따 까

예, 매우 조용하고 아름다웠어요.

はい、とても しずかで きれいでした。
하 이 토 떼 모 시 즈 까 데 키 레 - 데 시 따

3 음식은 괜찮았어요?

たべものは だいじょうぶでしたか。
타 베 모 노 와 다 이 죠 - 부 데 시 따 까

예, 괜찮았어요.

はい、だいじょうぶでした。
하 이 다 이 죠 - 부 데 시 따

★ 학습포인트

1. **な형용사의 어간+でした/でしたか**: な형용사를 '~했습니다[했어요]'라는 의미의 과거 존댓말로 만들려면 な형용사의 어간에 「でした」를 붙이면 됩니다. 여기에 의문을 나타내는 「か」(~까?)를 붙여 「な형용사의 어간+でしたか」라고 하면 '~했습니까?[했어요?]'라는 의문문이 됩니다.

POINT 03 ~했어? / 아니, (~해서) ~하지 않았어

1

수속은 간단했어?

てつづきは かんたんだった?
테 쯔 즈 끼 와 칸 딴 닷 따

아니, 그렇게 간단하지 않았어.

ううん、そんなに かんたんじゃなかった。
우 – 웅 손 나 니 칸 딴 쟈 나 깟 따

2

교통은 편리했어?

こうつうは べんりだった?
코 – 쯔 – 와 벤 리 닷 따

아니, 시골이라서 별로 편리하지 않았어.

ううん、いなかなので あまり べんりじゃなかった。
우 – 웅 이 나 까 나 노 데 아 마 리 벤 리 쟈 나 깟 따

3

등산은 힘들지 않았어?

とざんは たいへんじゃなかった?
토 장 와 타 이 헨 쟈 나 깟 따

응, 가파르지 않아서 [완만해서] 힘들지 않았어.

うん、なだらかで たいへんじゃなかった。
웅 나 다 라 까 데 타 이 헨 쟈 나 깟 따

★ 학습포인트

1. **な형용사의 어간+じゃなかった:** な형용사를 '~하지 않았다[하지 않았어]'라는 의미의 과거 부정 반말로 만들려면 な형용사의 어간에 「じゃなかった」를 붙이면 됩니다. 반말로 묻고 싶으면 말끝을 올려 「な형용사의 어간+じゃなかった(↗)?」라고 하면 '~하지 않았어?'라는 의문문이 됩니다.

단어 てつづ(手続)き 수속 | かんたん(簡単)だ 간단하다 | そんなに 그렇게 | こうつう(交通) 교통 | べんり(便利)だ 편리하다 | いなか(田舎) 시골 | 명사+な+ので ~이기 때문에, ~이라서 | とざん(登山) 등산 | たいへん(大変)だ 힘들다, 큰일이다 | なだらかだ 가파르지 않다, 완만하다

~했어요? / 아니, (~해서) ~하지 않았어요

1 수속은 간단했어요?

てつづきは かんたんでしたか。
테 쯔 즈 끼 와 칸 딴 데 시 따 까

아니요, 그렇게 간단하지 않았어요.

いいえ、そんなに かんたんじゃなかったです。
이 – 에 손 나 니 칸 딴 쟈 나 깟 따 데 스

2 교통은 편리했어요?

こうつうは べんりでしたか。
코 – 쯔 – 와 벤 리 데 시 따 까

아니요, 시골이라서 별로 편리하지 않았어요.

いいえ、いなかなので あまり べんりじゃなかったです。
이 – 에 이 나 까 나 노 데 아 마 리 벤 리 쟈 나 깟 따 데 스

3 등산은 힘들지 않았어요?

とざんは たいへんじゃなかったですか。
토 장 와 타 이 헨 쟈 나 깟 따 데 스 까

예, 가파르지 않아서[완만해서] 힘들지 않았어요.

はい、なだらかで たいへんじゃなかったです。
하 이 나 다 라 까 데 타 이 헨 쟈 나 깟 따 데 스

★ 학습포인트

1. **な형용사의 어간+じゃなかったです/じゃなかったですか**: な형용사를 '~하지 않았습니다[하지 않았어요]'라는 의미의 과거 부정 존댓말로 만들려면 な형용사의 어간에 「じゃなかったです」를 붙이면 됩니다. 여기에 의문을 나타내는 「か」(~까?)를 붙여 「な형용사의 어간+じゃなかったですか」라고 하면 '~하지 않았습니까?[하지 않았어요?]'라는 의문문이 됩니다. 참고로 「な형용사의 어간+じゃありませんでした/じゃありませんでしたか」라고 해도 같은 뜻입니다.

   예 あの みせは しんせつじゃなかったです。= あの みせは しんせつじゃありませんでした。
   저 가게는 친절하지 않았습니다.

말문 열기 01 후지산 등반

#시아가 후지산 등반 경험에 대해 유키의 친구인 젠과 대화를 나눈다.

ぜん シアちゃん、ふじさんの とざんは たいへんだった?
젠 시아 쨩 후지산노 토장와 타이헨 닷따

シア うん、ほんとうに たいへんだった。
시아 웅 혼또-니 타이헨 닷따

わたし、とざんが とくいじゃなかった。
와따시 토장가 토꾸이쟈나깟따

ぜん へえ、いまは だいじょうぶ?
젠 헤- 이마와 다이죠-부

シア うん、だいじょうぶ。
시아 웅 다이죠-부

でも、ふじさんは とても しずかで きれいだった。
데모 후지상와 토떼모 시즈까데 키레- 닷따

ぜん そう? また こんど いっしょに どう?
젠 소- 마따 콘도 잇쇼니 도-

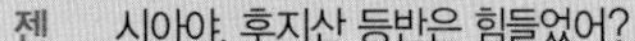

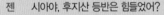

젠 시아야, 후지산 등반은 힘들었어?
시아 응, 정말로 힘들었어.
나 등산을 잘하는 게 아니었어.
젠 허, 지금은 괜찮아?
시아 응, 괜찮아.
하지만 후지산은 매우 조용하고 아름다웠어.
젠 그래? 다음번에 다시 같이 어때?

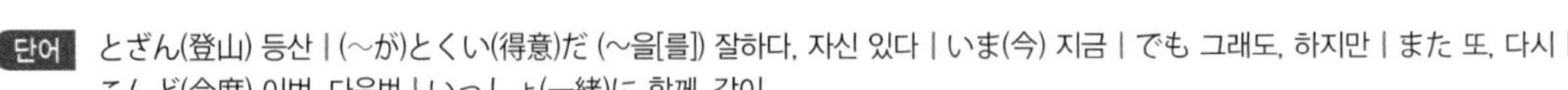

단어 とざん(登山) 등산 | (~が)とくい(得意)だ (~을[를]) 잘하다, 자신 있다 | いま(今) 지금 | でも 그래도, 하지만 | また 또, 다시 | こんど(今度) 이번, 다음번 | いっしょ(一緒)に 함께, 같이

말문 열기 02 게스트 하우스에서(4)

#게스트 하우스에서 시아가 지난주에 다녀온 시골 여행에 대해 엠마와 대화를 나눈다.

エマ シアさん、せんしゅうの りょこうは どうでしたか。
에마 시아상 센슈-노 료꼬-와 도-데시따까

シア ほんとうに たのしかったです。
시아 혼또-니 타노시깟따데스

エマ こうつうは べんりでしたか。
에마 코-쯔-와 벤리데시따까

シア いいえ、いなかなので あまり べんりじゃなかったです。
시아 이-에 이나까나노데 아마리 벤리쟈나깟따데스

でも、みんな しんせつで げんきでした。
데모 민나 신세쯔데 겡끼데시따

エマ へえ、それは よかったですね。
에마 헤- 소레와 요깟따데스네

シア エマさんも こんど いっしょに どうですか。
시아 에마삼모 콘도 잇쇼니 도-데스까

しらかわごう
시라까와고-

엠마 시아 씨, 지난주 여행은 어땠어요?
시아 정말로 즐거웠어요.
엠마 교통은 편리했어요?
시아 아니요, 시골이어서 별로 편리하지 않았어요.
하지만 모두 친절하고 활력이 넘쳤어요.
엠마 와, 그건 다행이네요.
시아 엠마 씨도 다음번에 같이 어때요?

단어 せんしゅう(先週) 지난주 | みんな 모두 | げんき(元気)だ 잘 지내다, 건강하다, 활력이 넘치다 |
しらかわごう(白川郷) 시라카와고 *일본 기후현에 위치한 작은 마을로, 1995년 유네스코 세계유산으로 등재됨

실력 다지기 연습문제

1 빈칸에 알맞은 말을 보기에서 골라 문장을 완성하세요.

보기 a. じゃなかった 쟈 나 깟 따　　b. かんたんで 칸 딴 데　　c. でした 데 시 따

① ふじさんは きれい ______________。 후지산은 아름다웠어요.
후 지 상 와 키 레 -

② たべものは だいじょうぶ ______________ です。 음식은 괜찮지 않았어요.
타 베 모 노 와 다 이 죠 - 부 데 스

③ てつづきが ______________ よかったですね。 수속이 간단해서 다행이네요.
테 쯔 즈 끼 가 요 깟 따 데 스 네

2 빈칸에 알맞은 말을 아래에서 골라 대화를 완성하세요.

A: こうつうは ___①___ か。 교통은 편리했습니까?
코 - 쯔 - 와 까

B: いいえ、あまり ___②___ です。 아니요, 별로 편리하지 않았어요.
이 - 에 아 마 리 데 스

A: ひとは しんせつ ___③___。 사람은 친절했어요?
히 또 와 신 세 쯔

B: はい、___④___ みんな げんきでした。 예, 친절하고 모두 활력이 넘쳤어요.
하 이 민 나 겡 끼 데 시 따

① a. べんりだった 벤 리 닷 따　　b. べんりでした 벤 리 데 시 따

② a. べんりじゃない 벤 리 쟈 나 이　　b. べんりじゃなかった 벤 리 쟈 나 깟 따

③ a. ですか 데 스 까　　b. でしたか 데 시 따 까

④ a. しんせつで 신 세 쯔 데　　b. しんせつ 신 세 쯔

3 보기와 같이 바꿔 보세요.

보기 A: きのうの まつりは どうでしたか。/ にぎやかだ 어제 축제는 어땠어요? / 북적이다
키노 ─노 마쯔리와 도─데시따까 니기야까다

B1: とても <u>にぎやかでした</u>。 매우 <u>북적였어요</u>.
토떼모 니기야까데시따

B2: あまり <u>にぎやかじゃなかったです</u>。 별로 <u>북적이지 않았어요</u>.
아마리 니기야까 쟈나 깟따데스

① A: さしみは どうでしたか。/ しんせんだ 회는 어땠어요? / 신선하다
사시미와 도─데시따까 신셴다

B1: とても ________________________。 매우 <u>신선했어요</u>.
토떼모

② A: ホテルは どうでしたか。/ きれいだ 호텔은 어땠어요? / 깨끗하다
호테루와 도─데시따까 키레─다

B2: あまり ________________________。 별로 <u>깨끗하지 않았어요</u>.
아마리

4 음성을 듣고 문장을 따라 쓰고 읽어 보세요.

① 음식은 괜찮았어?

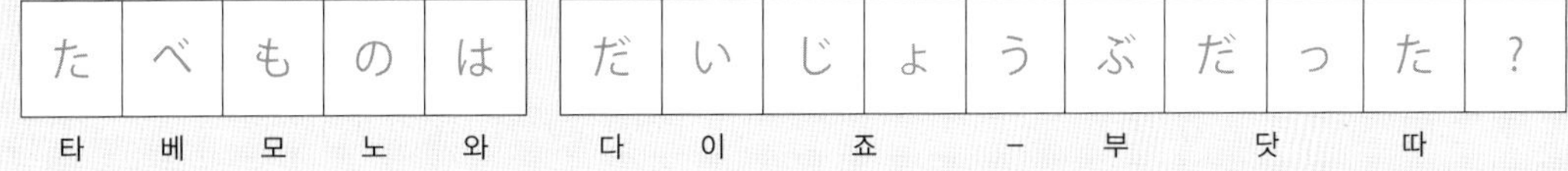

たべものは だいじょうぶだった?

타베모노와 다이죠─부닷따

② 정말로 힘들었어.

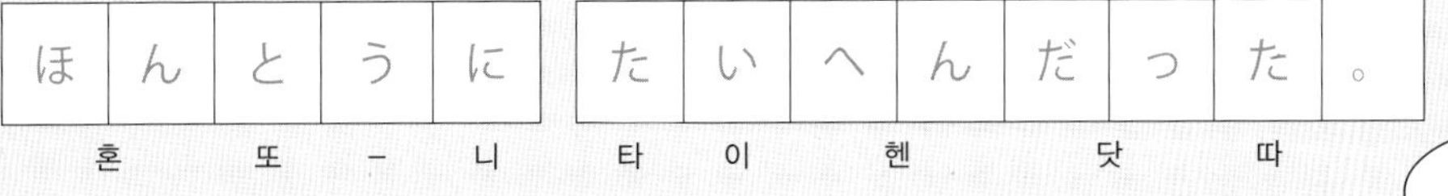

ほんとうに たいへんだった。

혼또─니 타이헨닷따

③ 잘하는 게 아니었어요.

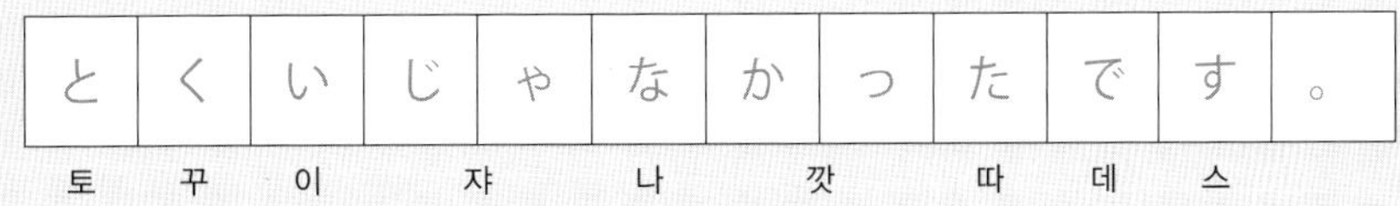

とくいじゃなかったです。

토꾸이쟈나깟따데스

※ 정답은 p.205에 있어요.

단어 さしみ(刺身) 회 | しんせん(新鮮)だ 신선하다 | ホテル 호텔

Week 2 / Day 5

Check! Check! 핵심포인트 | な형용사

な형용사의 반말을 정리해 볼까요?

	보통체(반말)	
	긍정	부정
현재	**な**형용사의 기본형 ~하다 나 • こうつうは べんりだ。 교통은 편리하다. 코 – 쯔 – 와 벤 리 다 こうつうは べんり? 교통은 편리해? 코 – 쯔 – 와 벤 리 うん、べんり。 응, 편리해. 웅 벤 리	**な**형용사의 어간+**じゃない** ~하지 않다 나 쟈 나 이 こうつうは べんりじゃない? 코 – 쯔 – 와 벤 리 쟈 나 이 교통은 편리하지 않아? うん、べんりじゃない。 웅 벤 리 쟈 나 이 응, 편리하지 않아.
과거	**な**형용사의 어간+**だった** ~했다 나 닷 따 こうつうは べんりだった? 코 – 쯔 – 와 벤 리 닷 따 교통은 편리했어? うん、べんりだった。 웅 벤 리 닷 따 응, 편리했어.	**な**형용사의 어간+**じゃなかった** ~하지 않았다 나 쟈 나 깟 따 こうつうは べんりじゃなかった? 코 – 쯔 – 와 벤 리 쟈 나 깟 따 교통은 편리하지 않았어? うん、べんりじゃなかった。 웅 벤 리 쟈 나 깟 따 응, 편리하지 않았어.

명사 수식	문장 연결
な형용사의 어간+**な**+명사 ~한 ~ 나 나 それは すきな たべものですか。 소 레 와 스 끼 나 타 베 모 노 데 스 까 그것은 좋아하는 음식이에요? はい、これは すきな たべものです。 하 이 코 레 와 스 끼 나 타 베 모 노 데 스 예, 이것은 좋아하는 음식이에요.	**な**형용사의 어간+**で** ~하고, ~해서 나 데 • しぜんが きれいで とても よかったです。 시 젱 가 키 레 – 데 토 떼 모 요 깟 따 데 스 자연이 아름다워서 매우 좋았어요. • こうつうも べんりで とても よかったです。 코 – 쯔 – 모 벤 리 데 토 떼 모 요 깟 따 데 스 교통도 편리하고 매우 좋았어요.

단어 しぜん(自然) 자연

☑ な형용사의 존댓말을 정리해 볼까요?

	정중체(존댓말)	
	긍정	부정
현재	な형용사의 어간+です ~합니다 나 데스 な형용사의 어간+ですか ~합니까? 나 데스까 こうつうは べんりですか。 코-쯔-와 벤리데스까 교통은 편리해요? はい、こうつうは べんりです。 하이 코-쯔-와 벤리데스 예, 교통은 편리해요.	な형용사의 어간+じゃないです ~하지 않습니다 나 쟈나이데스 な형용사의 어간+じゃないですか ~하지 않습니까? 나 쟈나이데스까 こうつうは べんりじゃないですか。 코-쯔-와 벤리쟈나이데스까 교통은 편리하지 않아요? はい、こうつうは べんりじゃないです。 하이 코-쯔-와 벤리쟈나이데스 예, 교통은 편리하지 않아요.
과거	な형용사의 어간+でした ~했습니다 나 데시따 な형용사의 어간+でしたか ~했습니까? 나 데시따까 こうつうは べんりでしたか。 코-쯔-와 벤리데시따까 교통은 편리했어요? はい、こうつうは べんりでした。 하이 코-쯔-와 벤리데시따 예, 교통은 편리했어요.	な형용사의 어간+じゃなかったです ~하지 않았습니다 나 쟈나깟따데스 な형용사의 어간+じゃなかったですか ~하지 않았습니까? 나 쟈나깟따데스까 こうつうは べんりじゃなかったですか。 코-쯔-와 벤리쟈나깟따데스까 교통은 편리하지 않았어요? はい、こうつうは べんりじゃなかったです。 하이 코-쯔-와 벤리쟈나깟따데스 예, 교통은 편리하지 않았어요.

☑ 조사 「が」와 함께 쓰는 な형용사를 정리해 볼까요?

우리말의 '~을[를]'에 해당하는 조사는 「を」인데, 다음 な형용사들은 조사 「を」(~을[를])를 쓰지 않고, 반드시 「が」를 씁니다.

- **すきだ** 좋아하다 (스끼다) — わたしは パンが すきです。 저는 빵을 좋아합니다. (와따시와 팡가 스끼데스)
- **きらいだ** 싫어하다 (키라이다) — わたしは パンが きらいです。 저는 빵을 싫어합니다. (와따시와 팡가 키라이데스)
- **じょうずだ** 잘하다, 능숙하다 (죠-즈다) — かのじょは うたが じょうずです。 그녀는 노래를 잘합니다. (카노죠와 우따가 죠-즈데스)
- **へただ** 잘 못하다, 서투르다 (헤따다) — わたしは うたが へたです。 저는 노래를 잘 못합니다. (와따시와 우따가 헤따데스)
- **とくいだ** 잘하다, 자신 있다 (토꾸이다) — わたしは とざんが とくいです。 저는 등산을 잘합니다. (와따시와 토장가 토꾸이데스)
- **にがてだ** 잘 못하다, 서투르다 (니가떼다) — わたしは とざんが にがてです。 저는 등산을 잘 못합니다. (와따시와 토장가 니가떼데스)

UNIT 08

화장실은 1층에 있어?

トイレは 1階(いっかい)に ある?

토 이 레 와 익 까이 니 아 루

| 이번 과의 목표 | 사물이나 식물, 무생물의 존재를 나타내는 동사를 반말과 존댓말로 묻고 답해 봅시다!

내스토리

 ybmjapanese

동영상 9

음원 69

#塩(しお)パン	#ある	#一(ひと)つ	#二(ふた)つ	#三(みっ)つ	#トイレ	#1階(いっかい)	#あります	#ない	#後(うし)ろ	#ありません
시오 팡	아 루	히또 쯔	후따 쯔	밋 쯔	토 이 레	익 까이	아 리 마 스	나 이	우시 로	아 리 마 셍
소금빵	있다	하나, 한 개	둘, 두 개	셋, 세 개	화장실	1층	있습니다	없다	뒤, 뒤쪽	없습니다

★**핵심표현** 미리보기

01	~층 / 몇 층 ~階(かい) / 何階(なんかい·なんがい) ※층수를 세는 표현 카이 낭까이·낭가이	□ ~階(かい) / 何階(なんがい·なんかい) ( ) 카이 낭가이·낭까이
02	하나, 한 개 一つ(ひと) 히또 쯔	□ 一つ(ひと) ( ) 히또 쯔
03	셋, 세 개 三つ(みっ) 밋 쯔	□ 三つ(みっ) ( ) 밋 쯔
04	식당 食堂(しょくどう) 쇼꾸도-	□ 食堂(しょくどう) ( ) 쇼꾸도-
05	(사물·식물 등이) 있다[있어] ある 아 루	□ ある ( ) 아 루
06	(사물·식물 등이) 없다[없어] ない 나 이	□ ない ( ) 나 이
07	(사물·식물 등이) 있습니다[있어요] あります 아 리 마 스	□ あります ( ) 아 리 마 스
08	(사물·식물 등이) 없습니다[없어요] ありません 아 리 마 셍	□ ありません ( ) 아 리 마 셍
09	화장실 トイレ 토 이 레	□ トイレ ( ) 토 이 레
10	뒤, 뒤쪽 後ろ(うし) 우시 로	□ 後ろ(うし) ( ) 우시 로
11	옆, 이웃 隣(となり) 토나리	□ 隣(となり) ( ) 토나리
12	주세요 ください 쿠 다 사 이	□ ください ( ) 쿠 다 사 이
13	가게 안 店内(てんない) 텐 나이	□ 店内(てんない) ( ) 텐 나이
14	포장 持(も)ち帰(かえ)り 모 찌 까에 리	□ 持(も)ち帰(かえ)り ( ) 모 찌 까에 리

★**핵심표현** 확인하기 (right column above)

[개수 · 층 · 위치] ~있어? / 응, (~에) ~있어

1 소금빵은 있어?
塩(しお)パンは ある?
시오 팡 와 아 루

응, 세 개 있어.
うん、三(みっ)つ ある。
웅 밋 쯔 아 루

2 여성복은 2층에 있어?
婦人服(ふじんふく)は 2階(にかい)に ある?
후 징 후꾸 와 니 까이 니 아 루

응, 2층에 있어.
うん、2階(にかい)に ある。
웅 니 까이 니 아 루

3 식당은 건물 안에 있어?
食堂(しょくどう)は 構内(こうない)に ある?
쇼꾸도- 와 코- 나이 니 아 루

응, 건물 안에 있어.
うん、構内(こうない)に ある。
웅 코- 나이 니 아 루

★ 학습포인트

1. **ある**: '있다[있어]'라는 뜻의 동사로, 사물이나 장소, 건물, 꽃, 나무와 같이 생명은 있지만 스스로 움직이지 못하는 존재를 나타낼 때 씁니다. 기본형 자체로 반말 표현이 되고, 반말로 묻고 싶을 때는 말끝을 올리면 됩니다. (※동사 주요 어휘는 부록 p.194를 참고하세요.)

   TIP **기본형** あ(어간) る(어미) (사물 · 식물 등이) 있다

   ある(→) → (사물 · 식물 등이) 있어　　ある(↗)? → (사물 · 식물 등이) 있어?

2. **숫자❷**

하나 한 개 (一つ)	둘 두 개 (二つ)	셋 세 개 (三つ)	넷 네 개 (四つ)	다섯 다섯 개 (五つ)	여섯 여섯 개 (六つ)	일곱 일곱 개 (七つ)	여덟 여덟 개 (八つ)	아홉 아홉 개 (九つ)	열 열 개 (十)	몇 개
ひとつ	ふたつ	みっつ	よっつ	いつつ	むっつ	ななつ	やっつ	ここのつ	とお	いくつ

단어 塩(しお)パン 소금빵 | 三(みっ)つ 세 개 | 婦人服(ふじんふく) 여성복 | 2階(にかい) 2층 | ~に ~에 | 食堂(しょくどう) 식당 | 構内(こうない) 구내, 건물 안

[개수 · 층 · 위치] ~있어요? / 예, (~에) ~있어요

1 소금빵은 있어요?

しお
塩パンは ありますか。
시오 팡 와 아 리 마 스 까

예, 세 개 있어요.

みっ
はい、三つ あります。
하 이 밋 쯔 아 리 마 스

2 여성복은 2층에 있어요?

ふ じんふく にかい
婦人服は 2階に ありますか。
후 징 후꾸 와 니 까이 니 아 리 마 스 까

예, 2층에 있어요.

にかい
はい、2階に あります。
하 이 니 까이 니 아 리 마 스

3 식당은 건물 안에 있어요?

しょくどう こうない
食堂は 構内に ありますか。
쇼꾸 도- 와 코- 나이 니 아 리 마 스 까

예, 건물 안에 있어요.

こうない
はい、構内に あります。
하 이 코- 나이 니 아 리 마 스

★ 학습포인트

1. **あります/ありますか**: 「あります」는 '있습니다[있어요]'라는 뜻으로, 「ある」((사물 · 식물 등이) 있다[있어])의 정중한 표현입니다. 여기에 의문을 나타내는 「か」(~까?)를 붙여 「ありますか」라고 하면 '있습니까?[있어요?]'라는 의문문이 됩니다.

2. **위치**

위 (上)	아래 (下)	안 (中)	앞 (前)	뒤, 뒤쪽 (後ろ)	옆, 이웃 (隣)	옆 (横)	맞은편 (向こう)	오른쪽 (右)	왼쪽 (左)
うえ	した	なか	まえ	うしろ	となり	よこ	むこう	みぎ	ひだり

3. **숫자+階(かい・がい)**: '~층'을 나타내는 말입니다.

1층(1階)	いっかい	2층(2階)	にかい	3층(3階)	さんがい
4층(4階)	よんかい	5층(5階)	ごかい	6층(6階)	ろっかい
7층(7階)	ななかい	8층(8階)	はちかい はっかい	9층(9階)	きゅうかい
10층(10階)	じ(ゅ)っかい	몇 층(何階)	なんかい・なんがい		

[개수 · 층 · 위치] ~있어? / 아니, (~에) ~없어

1

치즈버거 세트는 있어? 　チーズバーガーセットは ある?
치 - 즈 바 - 가 - 셋 토 와 아 루

아니, 없어. 　ううん、ない。
우 - 웅 나 이

2

화장실은 1층에 있어? 　トイレは 1階(いっかい)に ある?
토 이 레 와 익 까 이 니 아 루

아니, 1층에 없어. 　ううん、1階(いっかい)に ない。
우 - 웅 익 까 이 니 나 이

3

티슈는 뒤쪽 테이블에 없어? 　ティッシュは 後(うし)ろの テーブルに ない?
팃 슈 와 우 시 로 노 테 - 부 루 니 나 이

응, 뒤쪽 테이블에 없어. 　うん、後(うし)ろの テーブルに ない。
웅 우 시 로 노 테 - 부 루 니 나 이

★ 학습포인트

1. **ない**: '(사물 · 식물 등이) 없다[없어]'라는 뜻으로, 「ある」((사물 · 식물 등이) 있다[있어])의 부정 표현입니다. 반말로 묻고 싶을 때는 말끝을 올리면 됩니다.

   TIP な(어간) い(어미) (사물 · 식물 등이) 없다

   ない(→) → (사물 · 식물 등이) 없어 　ない(↗)? → (사물 · 식물 등이) 없어?

2. **주요 조사❶**

~은[는]	~이[가]	~에	~을[를]	~와[과]
~は	~が	~に	~を	~と

단어 チーズバーガー 치즈버거 | セット 세트 | トイレ 화장실 | 1階(いっかい) 1층 | ティッシュ 티슈 | 後(うし)ろ 뒤, 뒤쪽 | テーブル 테이블

POINT 04 [개수 · 층 · 위치] ~있어요? / 아니요, (~에) ~없어요

1 치즈버거 세트는 있어요?

チーズバーガーセットは ありますか。
치 - 즈 바 - 가 - 셋 토 와 아 리 마 스 까

아니요, 없어요.

いいえ、ありません。
이 - 에 아 리 마 셍

2 화장실은 1층에 있어요?

トイレは 1階(いっかい)に ありますか。
토 이 레 와 익까이니 아 리 마 스 까

아니요, 1층에 없어요.

いいえ、1階(いっかい)に ありません。
이 - 에 익까이니 아 리 마 셍

3 티슈는 뒤쪽 테이블에 없어요?

ティッシュは 後(うし)ろの テーブルに ありませんか。
팃 슈 와 우시로 노 테 - 부 루 니 아 리 마 셍 까

예, 뒤쪽 테이블에 없어요.

はい、後(うし)ろの テーブルに ありません。
하 이 우시 로 노 테 - 부 루 니 아 리 마 셍

★ 학습포인트

1. **ありません/ありませんか**: 「ありません」은 '(사물 · 식물 등이) 없습니다[없어요]'라는 뜻으로, 「あります」((사물 · 식물 등이) 있습니다[있어요])의 부정 표현입니다. 여기에 의문을 나타내는 「か」(~까?)를 붙여 「ありませんか」라고 하면 '없습니까?[없어요?]'라는 의문문이 됩니다.

2. **주요 조사❷**

~부터	~까지	~의	~도	~에서
~から	~まで	~の	~も	~で

쇼핑몰에서

#옷과 구두를 사러 쇼핑몰에 온 시아와 유키가 층별 안내도를 보며 대화를 나눈다.

シア 婦人服(ふじんふく)は 何階(なんがい)に ある?
시아 후 징후꾸와 낭 가이니 아 루

ゆき あ、2階(にかい)に ある。
유끼 아 니까이니 아 루

シア 靴(くつ)も 2階(にかい)に ある?
시아 쿠쯔모 니까이니 아 루

ゆき ううん、靴(くつ)は 2階(にかい)に ない。
유끼 우 ー 웅 쿠쯔와 니까이니 나 이

靴(くつ)や 財布(さいふ)などは 隣(となり)の ビルの 3階(さんがい)に ある。
쿠쯔야 사이후나도와 토나리노 비 루 노 상가이니 아 루

シア じゃ、2階(にかい)から ショッピングは どう?
시아 쟈 니까이까라 숍 핑 구와 도 ー

ゆき うん、いいよ。
유끼 웅 이 ー 요

ショッピングモール
숍 핑 구 모 ー 루

시아 여성복은 몇 층에 있어?
유키 아, 2층에 있어.
시아 구두도 2층에 있어?
유키 아니, 구두는 2층에 없어.
구두랑 지갑 등은 옆 건물 3층에 있어.
시아 그럼, 2층부터 쇼핑하는 건 어때?
유키 응, 좋아.

단어 靴(くつ) 신발, 구두 | ～や ～(이)랑 | 財布(さいふ) 지갑 | ～など ～등 | 3階(さんがい) 3층 | じゃ 그럼 | ショッピング 쇼핑 | いい 좋다

말문 열기 02 패스트푸드점에서

#패스트푸드점에서 시아가 유키, 젠과 함께 먹을 햄버거를 주문한다.

シア チーズバーガーセットを 三(みっ)つ ください。
시아 치 - 즈 바 - 가 - 셋 토 오 밋쯔 쿠 다 사 이

てんいん すみません。チーズバーガーセットは 一(ひと)つしか ありません。
텡 잉 스 미 마 셍 치 - 즈 바 - 가 - 셋 토 와 히또쯔 시 까 아 리 마 셍

シア じゃ、チーズバーガーセット 一(ひと)つと エビカツバーガーセットを 二(ふた)つ ください。
시아 쟈 치 - 즈 바 - 가 - 셋 토 히또쯔 또 에 비 카 츠 바 - 가 - 셋 토 오 후따 쯔 쿠 다 사 이

てんいん はい。店内(てんない)ですか、お持(も)ち帰(かえ)りですか。
텡 잉 하 이 텐나이 데 스 까 오 모 찌 까에리 데 스 까

シア 店内(てんない)です。あの、ティッシュは どこに ありますか。
시아 텐나이 데 스 아 노 팃 슈 와 도 꼬 니 아 리 마 스 까

てんいん 後(うし)ろの テーブルに あります。
텡 잉 우시로 노 테 - 부 루 니 아 리 마 스

シア ありがとうございます。
시아 아 리 가 또 - 고 자 이 마 스

チーズバーガーセット
치 - 즈 바 - 가 - 셋 토

시아 치즈버거 세트를 세 개 주세요.
점원 죄송합니다. 치즈버거 세트는 한 개밖에 없어요.
시아 그럼, 치즈버거 세트 한 개와 새우가스버거 세트를 두 개 주세요.
점원 예. 매장에서 드세요? 포장이세요?
시아 매장에서요. 저기, 티슈는 어디에 있어요?
점원 뒤쪽 테이블에 있어요.
시아 감사합니다.

단어 すみません 죄송합니다 | ~しか (부정어 수반) ~밖에 | エビカツバーガー 새우가스버거 | 二(ふた)つ 두 개 | 店内(てんない) 가게 안 | 持(も)ち帰(かえ)り 포장 | あの 저, 저기 *생각이나 말이 막혔을 때 내는 소리

실력 다지기 연습문제

1 보기와 같이 우리말 뜻을 써 보세요.

보기 a. ひとつ ➡ 하나, 한 개
히 또 쯔

① よっつ ➡ ____________
욧 쯔

② とお ➡ ____________
토 –

③ ろっかい ➡ ____________
록 까 이

2 빈칸에 알맞은 말을 아래에서 골라 대화를 완성하세요.

A: 塩(しお)パンは どこに ___①___。 소금빵은 어디에 있어요?
시오 팡 와 도꼬니

B: 塩(しお)パンは その ___②___ に あります。 소금빵은 그 뒤에 있어요.
시오 팡 와 소노 니 아리마스

A: 塩(しお)パンを ___③___ ください。メロンパンは どこに ありますか。
시오 팡 오 쿠다사이 메롱 팡 와 도꼬니 아리마스까
소금빵을 두 개 주세요. 멜론빵은 어디에 있어요?

B: すみません、メロンパンは 今(いま) ___④___。 죄송합니다, 멜론빵은 지금 없어요.
스미마셍 메롱 팡 와 이마

① a. ありませんか　　b. ありますか
아리마셍까　　아리마스까

② a. うしろ　　b. まえ
우시로　　마에

③ a. ふたつ　　b. みっつ
후따쯔　　밋쯔

④ a. あります　　b. ありません
아리마스　　아리마셍

단어 すみません 죄송합니다

3 밑줄 친 부분을 보기와 같이 바꿔 보세요.

보기 레스토랑은 편의점 옆에 <u>있다</u>. ➡ レストランは コンビニの 隣(となり)に <u>ある</u>。
레 스 토 랑 와 콤 비 니 노 토나리니 아 루

① 빵은 테이블 위에 <u>없다</u>. ➡ パンは テーブルの 上(うえ)に ________________。
팡 와 테 - 부 루 노 우에니

② 초밥집은 3층에 <u>있습니다</u>. ➡ 寿司屋(すしや)は 3階(さんがい)に ________________。
스 시 야 와 상가이니

③ 스마트폰은 가방 안에 <u>없습니다</u>. ➡ スマホは かばんの 中(なか)に ________________。
스 마 호 와 카 반 노 나까니

4 음성을 듣고 문장을 따라 쓰고 읽어 보세요.

① 식당은 어디에 있어?

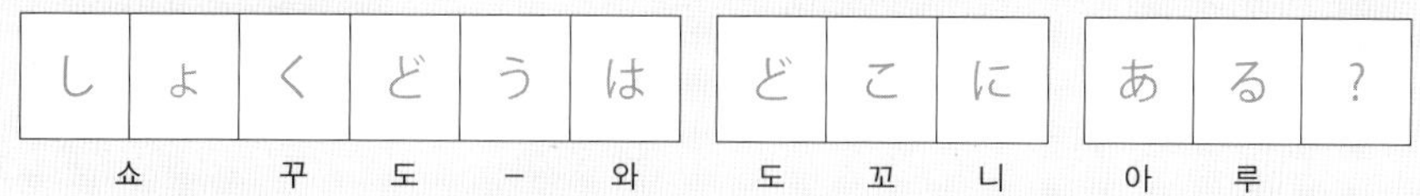

しょくどうは どこに ある？

쇼 꾸 도 - 와 도 꼬 니 아 루

② 다섯 개 주세요.

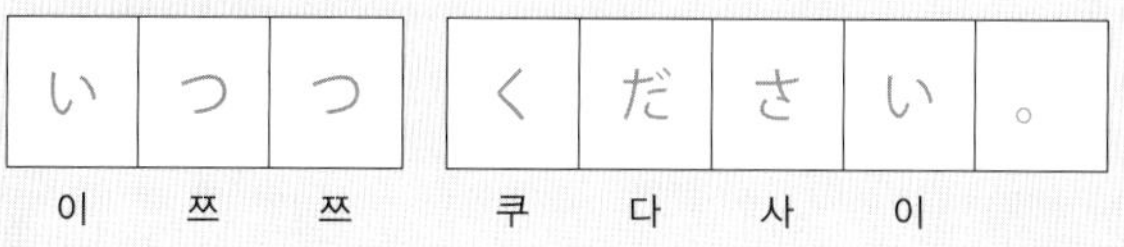

いつつ ください。

이 쯔 쯔 쿠 다 사 이

③ 포장이세요?

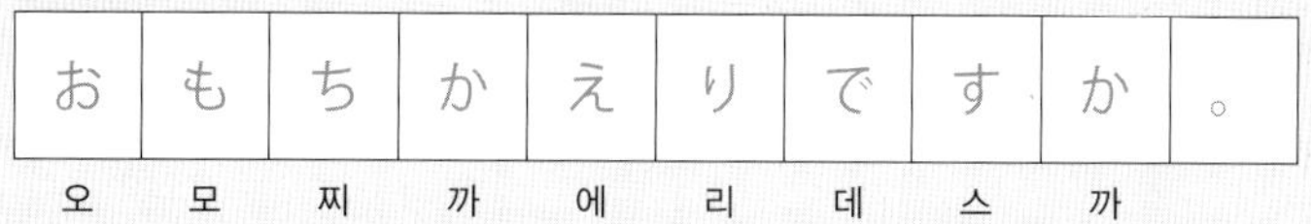

おもちかえりですか。

오 모 찌 까 에 리 데 스 까

※ 정답은
p.205에 있어요.

단어 レストラン 레스토랑 | コンビニ 편의점 | 寿司屋(すしや) 초밥집 | スマホ 스마트폰 | かばん 가방

UNIT 09

오빠가 한 명 있어.

あに　　ひとり
兄が 一人 いる。
아니 가　히또리　이 루

| 이번 과의 목표 | 사람이나 동물 등의 존재를 나타내는 동사를 반말과 존댓말로 묻고 답해 봅시다!

내스토리

ybmjapanese

かぞく	あに	ひとり			ちち	はは		にひき		
#家族	#兄	#一人	#いる	#いない	#父	#母	#ペット	#2匹	#います	#いません
카조꾸	아니	히또리	이 루	이 나 이	치찌	하하	펫 토	니히끼	이 마 스	이 마 셍
가족	오빠, 형	한 명	있다	없다	아빠	엄마	반려동물	두 마리	있습니다	없습니다

★핵심표현 미리보기		★핵심표현 확인하기
01	형제 兄弟(きょうだい) 쿄- 다이	□ 兄弟(きょうだい) ( ) 쿄- 다이
02	외동 一人(ひとり)っ子(こ) 히또릭 꼬	□ 一人(ひとり)っ子(こ) ( ) 히또릭 꼬
03	반려동물 ペット 펫 토	□ ペット ( ) 펫 토
04	개 犬(いぬ) 이누	□ 犬(いぬ) ( ) 이누
05	고양이 猫(ねこ) 네꼬	□ 猫(ねこ) ( ) 네꼬
06	~명 / 몇 명 ~人(にん) / 何人(なんにん) ※사람 수를 세는 표현 닝 난 닝	□ ~人(にん) / 何人(なんにん) ( ) 닝 난 닝
07	~마리 / 몇 마리 ~ 匹(ひき·びき·ぴき) / 何匹(なんびき) ※동물 수를 세는 표현 히끼·비끼·삐끼 남 비끼	□ ~ 匹(ひき·びき·ぴき) / 何匹(なんびき) ( ) 히끼·비끼·삐끼 남 비끼
08	(사람 · 동물 등이) 있다[있어] いる 이 루	□ いる ( ) 이 루
09	(사람 · 동물 등이) 없다[없어] いない 이 나 이	□ いない ( ) 이 나 이
10	(사람 · 동물 등이) 있습니다[있어요] います 이 마 스	□ います ( ) 이 마 스
11	(사람 · 동물 등이) 없습니다[없어요] いません 이 마 셍	□ いません ( ) 이 마 셍
12	가족 家族(かぞく) 카 조꾸	□ 家族(かぞく) ( ) 카 조꾸
13	아버지 父(ちち) / お父(とう)さん 치찌 오 또- 상	□ 父(ちち) / お父(とう)さん ( ) 치찌 오 또- 상
14	어머니 母(はは) / お母(かあ)さん 하하 오 까- 상	□ 母(はは) / お母(かあ)さん ( ) 하하 오 까- 상

POINT 01 [가족 · 사람 수 · 동물 수] ~있어? / 응, ~있어

1

형제는 있어? — 兄弟(きょうだい)は いる?
쿄-다이와 이루

응, 오빠가 한 명 있어. — うん、兄(あに)が 一人(ひとり) いる。
웅 아니가 히또리 이루

2

반려동물은 있어? — ペットは いる?
펫토와 이루

응, 개가 한 마리 있어. — うん、犬(いぬ)が 一匹(いっぴき) いる。
웅 이누가 입삐끼 이루

★ 학습포인트

1. **가족 호칭**: 일본에서는 상대방에게 내 가족에 대해 말할 때는 낮춰서 표현하고, 상대방 가족에 대해 말할 때는 높여서 표현합니다. 하지만 내 '아버지', '어머니'를 직접 보면서 말할 때는 「お父(とう)さん」, 「お母(かあ)さん」이라고 높여서 말합니다. (*이외의 가족 호칭은 부록 p.202~203을 참고하세요.)

관계	남에게 말할 때	남의 가족을 말할 때	직접 보면서 말할 때
아버지	父(ちち)	お父(とう)さん	お父(とう)さん
어머니	母(はは)	お母(かあ)さん	お母(かあ)さん
오빠, 형	兄(あに)	お兄(にい)さん	お兄(にい)さん
언니, 누나	姉(あね)	お姉(ねえ)さん	お姉(ねえ)さん
남동생	弟(おとうと)	弟(おとうと)さん	이름
여동생	妹(いもうと)	妹(いもうと)さん	이름

2. **いる**: '있다[있어]'라는 뜻의 동사로, 사람이나 동물 등 생명이 있고 스스로 움직이는 것을 나타낼 때 씁니다. 기본형 자체로 반말 표현이 되고, 반말로 묻고 싶을 때는 말끝을 올리면 됩니다.

단어 兄弟(きょうだい) 형제 | 兄(あに) 오빠, 형 | 一人(ひとり) 한 명 | ペット 반려동물 | 犬(いぬ) 개 | 一匹(いっぴき) 한 마리

POINT 02 [가족 · 사람 수 · 동물 수] ~있어요? / 예, ~있어요

1

형제는 있어요?

兄弟(きょうだい)は いますか。
쿄-다이와 이마스까

예, 오빠가 한 명 있어요.

はい、兄(あに)が 一人(ひとり) います。
하이 아니가 히또리 이마스

2

반려동물은 있어요?

ペットは いますか。
펫 토 와 이 마 스 까

예, 개가 한 마리 있어요.

はい、犬(いぬ)が 一匹(いっぴき) います。
하이 이누가 입삐끼 이마스

★ 학습포인트

1. **います/いますか**: 「います」는 '있습니다[있어요]'라는 뜻으로, 「いる」((사람 · 동물 등이) 있다[있어])의 존댓말 표현입니다. 여기에 의문을 나타내는 「か」(~까?)를 붙여 「いますか」라고 하면 '있습니까?[있어요?]'라는 의문문이 됩니다.
2. **사람 수**: 사람 수를 말할 때는 「숫자+人(にん)」(~명)으로 말합니다. 다만, '한 명, 두 명'은 읽는 법이 다르고, '네 명'은 「よんにん」이 아닌 「よにん」이라고 하니 주의해야 합니다.

한 명(一人)	두 명(二人)	세 명(三人)	네 명(四人)
ひとり	ふたり	さんにん	よにん
다섯 명(五人)	여섯 명(六人)	일곱 명(七人)	여덟 명(八人)
ごにん	ろくにん	しちにん	はちにん
아홉 명(九人)	열 명(十人)	몇 명(何人)	
きゅうにん	じゅうにん	なんにん	

[가족 · 사람 수 · 동물 수] ~있어? / 아니, ~없어

1 형제는 있어?

兄弟(きょうだい)は いる?
쿄-다이와 이루

아니, 형제는 없어. 외동이야.

ううん、兄弟(きょうだい)は いない。一人(ひとり)っ子(こ)だよ。
우-웅 쿄-다이와 이나이 히또릭 꼬다요

2 반려동물에 고양이는 있어?

ペットに 猫(ねこ)は いる?
펫토니 네꼬와 이루

아니, 개는 한 마리 있는데, 고양이는 없어.

ううん、犬(いぬ)は 一匹(いっぴき) いるけど、猫(ねこ)は いない。
우-웅 이누와 입삐끼 이루께도 네꼬와 이나이

★ 학습포인트

1. **いない**: '(사람 · 동물 등이) 없다[없어]'라는 뜻으로, 「いる」((사람 · 동물 등이) 있다[있어])의 부정 반말 표현입니다. 반말로 묻고 싶을 때는 말끝을 올리면 됩니다.
2. **숫자+匹(ひき・びき・ぴき)**: '~마리'를 나타내는 말입니다.

한 마리(一匹)	두 마리(二匹)	세 마리(三匹)	네 마리(四匹)
いっぴき	にひき	さんびき	よんひき
다섯 마리(五匹)	여섯 마리(六匹)	일곱 마리(七匹)	여덟 마리(八匹)
ごひき	ろっぴき	ななひき	はっぴき
아홉 마리(九匹)	열 마리(十匹)	몇 마리(何匹)	
きゅうひき	じ(ゅ)っぴき	なんびき	

단어 一人(ひとり)っ子(こ) 외동 | 猫(ねこ) 고양이 | ~けど ~인데, ~지만

[가족 · 사람 수 · 동물 수] ~있어요? / 아니요, ~없어요

1 형제는 있어요?

きょうだい
兄弟は いますか。
쿄-다이와 이마스까

아니요, 형제는 없어요. 외동이에요.

きょうだい　ひとり　こ
いいえ、**兄弟は** いません。**一人っ子です。**
이-에 쿄-다이와 이마셍 히또릭 꼬데스

2 반려동물에 고양이는 있어요?

ねこ
ペットに **猫は** いますか。
펫토니 네꼬와 이마스까

아니요, 개는 한 마리 있는데, 고양이는 없어요.

いぬ　いっぴき　ねこ
いいえ、**犬は 一匹** いるけど、**猫は** いません。
이-에 이누와 입삐끼 이루께도 네꼬와 이마셍

★ 학습포인트

1. **いません/いませんか**: 「いません」은 '(사람 · 동물 등이) 없습니다[없어요]'라는 뜻으로, 「います」((사람 · 동물 등이) 있습니다[있어요])의 부정 표현입니다. 여기에 의문을 나타내는 「か」(~까?)를 붙여 「いませんか」라고 하면 '없습니까?[없어요?]'라는 의문문이 됩니다.

2. **반려동물**

개(犬)	고양이(猫)	토끼	햄스터	앵무새	금붕어(金魚)
いぬ	ねこ	ウサギ	ハムスター	オウム	きんぎょ

말문 열기 01 가족 소개(1)

#시아와 유키가 서로의 가족에 대해 대화를 나눈다.

ゆき シアちゃんは 何人(なんにん) 家族(かぞく)?
유끼 시 아 쨩 와 난 닝 카조꾸

シア 父(ちち)と 母(はは)と 兄(あに)と 私(わたし)の 4人(よにん) 家族(かぞく)。
시아 치찌또 하하 또 아니또 와따시노 요 닝 카 조꾸

ゆきちゃんは 兄弟(きょうだい) いる?
유 끼 쨩 와 쿄-다이 이 루

ゆき ううん、兄弟(きょうだい)は いない。
유끼 우 - 응 쿄-다이와 이 나 이

シア それは ちょっと 寂(さび)しいね。
시아 소 레 와 촛 또 사비시 - 네

ゆき うん、一人(ひとり)っ子(こ)だから 兄弟(きょうだい)が いる 人(ひと)が とても うらやましい。
유끼 웅 히또릭 꼬 다 까 라 쿄-다이가 이 루 히또가 토 떼 모 우 라 야 마 시 -

4人(よにん) 家族(かぞく)
요 닝 카 조꾸

유키 시아는 가족이 몇 명이야?
시아 아빠와 엄마와 오빠와 나 4인 가족이야.
유키는 형제 있어?
유키 아니, 형제는 없어.
시아 그건 좀 외롭겠네.
유키 응, 외동이라서 형제가 있는 사람이 너무 부러워.

단어 何人(なんにん) 몇 명 | 家族(かぞく) 가족 | ~と ~와[과] | さび(寂)しい 외롭다 | 명사+だ+から ~니까, ~이라서, ~이기 때문에

말문 열기 02 가족 소개(2)

#시아와 엠마가 엠마의 가족 사진을 보며 대화를 나눈다.

シア　あ、エマさんの ご家族(かぞく)ですか。
시아　아　에 마 산 노　고 까 조꾸 데 스 까

エマ　はい、父(ちち)と 母(はは)です。
에마　하 이　치찌 또　하하 데 스

そして ペットが 2匹(にひき) います。
소 시 떼　펫 토 가　니 히끼　이 마 스

シア　ペットは 犬(いぬ)ですか。
시아　펫 토 와　이누 데 스 까

エマ　いいえ、犬(いぬ)は いません。
에마　이 ー 에　이누 와　이 마 셍

猫(ねこ)だけ 2匹(にひき) います。名前(なまえ)は 「イリス」と 「レナ」です。
네꼬 다 께　니 히끼　이 마 스　나 마에 와　이 리 스 또　레 나 데 스

シア　かわいい 名前(なまえ)ですね。
시아　카 와 이 ー　나 마에 데 스 네

猫(ねこ) 2匹(にひき)
네꼬 니히끼

시아　아, 엠마 씨의 가족분이에요?
엠마　예, 아빠와 엄마예요.
그리고 반려동물이 두 마리 있어요.
시아　반려동물은 개예요?
엠마　아니요, 개는 없어요.
고양이만 두 마리 있어요. 이름은 '이리스'와 '레나'예요.
시아　귀여운 이름이네요.

단어　ご～ 단어 앞에 붙어서 존경의 뜻을 나타냄 | そして 그리고 | ～だけ ～만, ～뿐 | 名前(なまえ) 이름 | かわいい 귀엽다

실력 다지기 연습문제

1 보기와 같이 우리말 뜻을 써 보세요.

보기 よにん ➡ 네 명, 4명
요 닝

① ふたり ➡ ______
후 따 리

② さんびき ➡ ______
삼 비 끼

③ ろっぴき ➡ ______
롭 삐 기

2 빈칸에 알맞은 말을 아래에서 골라 대화를 완성하세요.

A: ___①___ 家族(かぞく)ですか。 가족은 몇 명이에요?
카 조꾸 데 스 까

B: 父(ちち)と 母(はは)と ___②___ と 私(わたし)の 4人(よにん) 家族(かぞく)です。 아버지와 어머니와 남동생과 저 4인 가족이에요.
치찌 또 하하 또 또 와따시 노 요 닝 카 조꾸 데 스

A: ペットは ___③___。 반려동물은 없어요?
펫 토 와

B: 犬(いぬ)が ___④___ います。 개가 한 마리 있어요.
이누 가 이 마 스

① a. なんにん (난 닝) b. なんびき (남 비 끼)

② a. いもうと (이 모 – 또) b. おとうと (오 또 – 또)

③ a. いませんか (이 마 셍 까) b. いますか (이 마 스 까)

④ a. いっぴき (입 삐 끼) b. にひき (니 히 끼)

3 밑줄 친 부분을 보기와 같이 바꿔 보세요.

보기 레스토랑에 손님이 여덟 명 있다. ➔ レストランに お客(きゃく)さんが 8人(はちにん) いる。
레스토 란니 오꺅상가 하찌닝 이루

① 카페에 고양이가 한 마리 있습니다. ➔ カフェに 猫(ねこ)が 一匹(いっぴき) ＿＿＿＿＿＿＿＿。
카 훼 니 네꼬가 입삐끼

② 라멘집에는 손님이 한 명도 없습니다. ➔ ラーメン屋(や)には お客(きゃく)さんが 一人(ひとり)も ＿＿＿＿＿＿＿＿。
라 - 멩 야니와 오꺅 상 가 히또리모

③ 백화점 앞에는 사람이 두 명 있다. ➔ デパートの 前(まえ)には 人(ひと)が 二人(ふたり) ＿＿＿＿＿＿＿＿。
데 파 - 토 노 마에니와 히또가 후따리

4 음성을 듣고 문장을 따라 쓰고 읽어 보세요.

① 몇 마리 있어요?

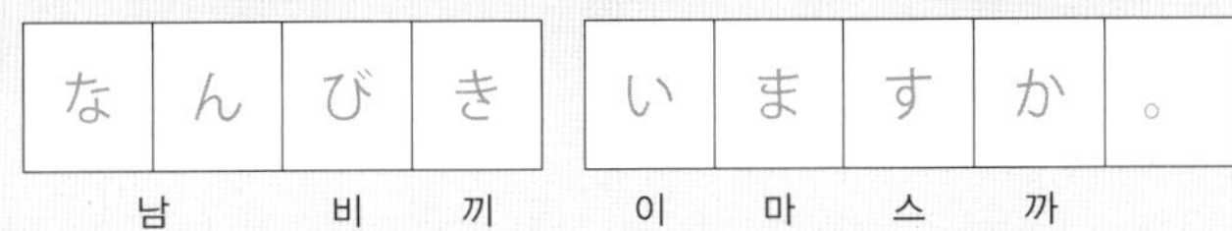

② 반려동물은 없어.

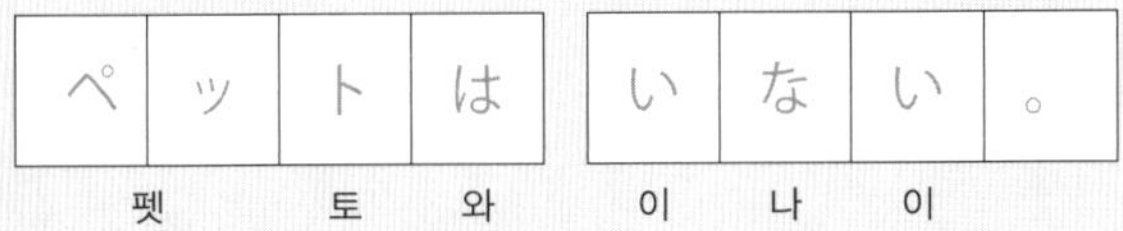

③ 언니는 없어요?

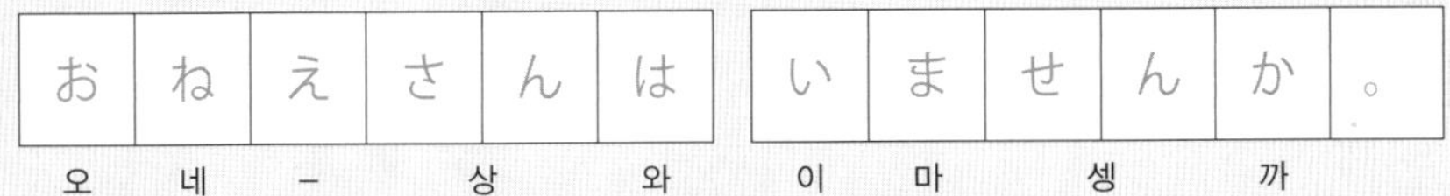

おねえさんは いませんか。
오 네 - 상 와 이 마 셍 까

※ 정답은 p.206에 있어요.

단어 ラーメン屋(や) 라멘집

Week 3 / Day 3

UNIT 10

내일 요코하마에 가?

明日(あした) 横浜(よこはま)に 行(い)く?

아시따 요꼬 하마 니 이 꾸

| 이번 과의 목표 | 1그룹 동사 현재형의 긍정과 부정을 반말과 존댓말로 묻고 답해 봅시다!

내스토리

ybmjapanese

동영상 11

음원 85

#横浜(よこはま) #行(い)く #ビールを 飲(の)む #ラーメンを 作(つく)る #観覧車(かんらんしゃ)に 乗(の)らない #中華街(ちゅうかがい)には 行(い)かない

요꼬하마 이 꾸 비 – 루 오 노 무 라 – 멩 오 츠꾸루 칸 란 샤 니 노 라 나 이 츄–까가이니와 이 까 나 이

요코하마 가다 맥주를 마시다 라멘을 만들다 관람차를 타지 않다 차이나타운에는 가지 않다

★**핵심표현** 미리보기		★**핵심표현** 확인하기
01	가다 行く(いく) 이꾸	□ 行く(いく) 이꾸 (　　　)
02	마시다 飲む(のむ) 노무	□ 飲む(のむ) 노무 (　　　)
03	사다 買う(かう) 카우	□ 買う(かう) 카우 (　　　)
04	만들다 作る(つくる) 츠꾸루	□ 作る(つくる) 츠꾸루 (　　　)
05	(~을[를]) 만나다 (~に) 会う(あう) 니 아우	□ (~に) 会う(あう) 니 아우 (　　　)
06	(~을[를]) 타다 (~に) 乗る(のる) 니 노루	□ (~に) 乗る(のる) 니 노루 (　　　)
07	~합니다[해요] ~ます 마스	□ ~ます 마스 (　　　)
08	~합니까?[해요?] ~ますか 마스까	□ ~ますか 마스까 (　　　)
09	~하지 않다[하지 않아, 안 ~해] ~ない 나이	□ ~ない 나이 (　　　)
10	~하지 않습니다[하지 않아요, 안 ~해요] ~ません 마셍	□ ~ません 마셍 (　　　)
11	볼일이 있다 用(よう)が ある 요-가 아루	□ 用(よう)が ある 요-가 아루 (　　　)
12	이번 今回(こんかい) 콩까이	□ 今回(こんかい) 콩까이 (　　　)
13	~지만, ~인데 ~が 가	□ ~が 가 (　　　)
14	~에 대해서 ~に ついて 니 츠이떼	□ ~に ついて 니 츠이떼 (　　　)

~해? / 응, ~해

1

내일 요코하마에 가?
明日(あした) 横浜(よこはま)に 行(い)く?
아시따 요꼬하마 니 이 꾸

응, 요코하마에 가.
うん、横浜(よこはま)に 行(い)く。
웅 요꼬하마 니 이 꾸

2

함께 맥주를 마실래?
一緒(いっしょ)に ビールを 飲(の)む?
잇 쇼 니 비 – 루 오 노 무

응, 마실래.
うん、飲(の)む。
웅 노 무

3

새 가방을 살 거야?
新(あたら)しい かばんを 買(か)う?
아따라 시 – 카 방 오 카 우

응, 살 거야.
うん、買(か)う。
웅 카 우

★ 학습포인트

1. **1그룹 동사**: 일본어의 동사는 세 종류가 있습니다. 모든 동사는 어미가 「う」단(う、く、ぐ、す、つ、ぬ、ぶ、む、る), 즉 [u]모음으로 끝나는데요, 어미 모양에 따라 1그룹, 2그룹, 3그룹으로 나뉩니다. 이 중 1그룹 동사는 두 가지 유형으로 나눌 수 있습니다. (※1그룹 동사의 주요 어휘는 부록 p.194를 참고하세요.)

① 기본형 어미가 「る」로 끝나지 않는 동사			
会(あ)う 만나다	行(い)く 가다	泳(およ)ぐ 수영하다	話(はな)す 이야기하다
待(ま)つ 기다리다	死(し)ぬ 죽다	遊(あそ)ぶ 놀다	飲(の)む 마시다

② 기본형 어미가 「る」로 끝나고, 「る」 바로 앞이 [a], [u], [o]모음인 동사		
ある (사물·식물 등이) 있다	作(つく)る 만들다	乗(の)る (탈것에) 타다

기본형 자체로 반말 표현이 되고, 반말로 묻고 싶을 때는 말끝을 올리면 됩니다. 또한 일본어에는 미래형이 없기 때문에 현재형이 미래를 대신합니다. 문맥에 따라 '~해, ~할래, ~할 거야' 등으로 해석할 수 있습니다.

TIP **기본형** 会(あ)(어간) う(어미) 만나다　　会(あ)う(→) → 만나, 만날래, 만날 거야　　会(あ)う(↗)? → 만나?, 만날래?, 만날 거야?

~해요? / 예, ~해요

1

내일 요코하마에 가요?

明日(あした) 横浜(よこはま)に 行(い)きますか。
아시따 요꼬하마니 이끼마스까

예, 요코하마에 가요.

はい、横浜(よこはま)に 行(い)きます。
하이 요꼬하마니 이끼마스

2

함께 맥주를 마실래요?

一緒(いっしょ)に ビールを 飲(の)みますか。
잇쇼니 비-루오 노미마스까

예, 마실래요.

はい、飲(の)みます。
하이 노미마스

3

새 가방을 살 거예요?

新(あたら)しい かばんを 買(か)いますか。
아따라시- 카방오 카이마스까

예, 살 거예요.

はい、買(か)います。
하이 카이마스

★ 학습포인트

1. **1그룹 동사의 ます/ますか**: 1그룹 동사에 「ます」를 붙이면 '~합니다[해요]'라는 의미의 정중한 표현이 됩니다. 1그룹 동사의 ます형 만드는 방법은 다음과 같습니다.

기본형 어미 [u]모음을 [i]모음으로 바꾸고+「ます」					
行(い)く 가다	→	行きます 갑니다	飲(の)む 마시다	→	飲みます 마십니다
乗(の)る (탈것에) 타다	→	乗ります (탈것에) 탑니다			

「ます」에 의문을 나타내는 「か」(~까?)를 붙여 「ますか」라고 하면 '~합니까?[해요?]'라는 의문문이 됩니다. ます형도 현재형이 미래를 대신합니다. 문맥에 따라 '~하겠습니다, ~할 겁니다[할 거예요], ~할래요' 등으로 해석할 수 있습니다.

2. **예외 1그룹 동사**: 모양은 2그룹(p.138 참고)이지만, 예외적으로 1그룹으로 취급하는 동사를 말합니다. 이런 동사들은 나올 때마다 외우는 수밖에 없습니다.

예 帰(かえ)る 돌아가[오]다 入(はい)る 들어가[오]다 知(し)る 알다 走(はし)る 달리다 切(き)る 자르다

단어 明日(あした) 내일 | 横浜(よこはま) 요코하마 *지명 | 行(い)く 가다 | ビール 맥주 | 飲(の)む 마시다 | 新(あたら)しい 새롭다 | 買(か)う 사다

~해? / 아니, ~하지 않아

1 라멘 박물관에서 라멘을 만들어?

ラーメン博物館(はくぶつかん)で ラーメンを 作(つく)る?
라 – 멩 하꾸부쯔깡 데 라 – 멩 오 츠꾸루

아니, 안 만들어.

ううん、作(つく)らない。
우 – 웅 츠꾸라 나 이

2 밤에 관람차를 타?

夜(よる)に 観覧車(かんらんしゃ)に 乗(の)る?
요루니 칸 란 샤 니 노 루

아니, 무서우니까 안 타.

ううん、怖(こわ)いから 乗(の)らない。
우 – 웅 코와 이 까 라 노 라 나 이

3 내일 친구를 만나?

明日(あした) 友(とも)だちに 会(あ)う?
아시따 토모 다 찌 니 아 우

아니, 내일은 일이 있어서 안 만나.

ううん、明日(あした)は 用(よう)が あるから 会(あ)わない。
우 – 웅 아시따 와 요– 가 아 루 까 라 아 와 나 이

★ 학습포인트

1. **1그룹 동사의 ない형[부정형]**: 1그룹 동사에 「ない」를 붙이면 '~하지 않다[하지 않아, 안 ~해]'라는 의미의 부정 표현이 됩니다. 1그룹 동사의 ない형 만드는 방법은 다음과 같습니다.

기본형 어미 [u]모음을 [a]모음으로 바꾸고+「ない」		
行(い)く 가다	→	行(い)かない 가지 않다
飲(の)む 마시다	→	飲(の)まない 마시지 않다
乗(の)る (탈것에) 타다	→	乗(の)らない (탈것에) 타지 않다

TIP 「会(あ)う」(만나다)와 같이 어미가 「う」로 끝나는 동사는 「あ」가 아니라 「わ」로 바꾸고 「ない」를 붙입니다.

예 会(あ)う 만나다 → 会(あ)わない 만나지 않다　　買(か)う 사다 → 買(か)わない 사지 않다

반말로 묻고 싶을 때는 말끝을 올리면 됩니다. 문맥에 따라 '~하지 않을래?[안 ~할래?]'라는 권유 표현이 되기도 합니다.

예 一緒(いっしょ)に 行(い)かない(↗)? 같이 안 가?, 같이 안 갈래?

~해요? / 아니요, ~하지 않아요

1 라멘 박물관에서 라멘을 만들어요?

ラーメン博物館で ラーメンを 作りますか。
라 – 멩 하꾸부쯔깐 데 라 – 멩 오 츠꾸리 마 스 까

아니요, 안 만들어요.

いいえ、作りません。
이 – 에 츠꾸리 마 셍

2 밤에 관람차를 타요?

夜に 観覧車に 乗りますか。
요루니 칸 란 샤 니 노 리 마 스 까

아니요, 무서우니까 안 타요.

いいえ、怖いから 乗りません。
이 – 에 코와 이 까 라 노 리 마 셍

3 내일 친구를 만나요?

明日 友だちに 会いますか。
아시따 토모 다 찌 니 아 이 마 스 까

아니요, 일이 있어서 안 만나요.

いいえ、用が あるから 会いません。
이 – 에 요– 가 아 루 까 라 아 이 마 셍

★ 학습포인트

1. 1그룹 동사+ません/ませんか: 「ます」(~합니다[해요])를 '~하지 않습니다[하지 않아요, 안 ~해요]'라는 의미의 부정 존댓말로 만들려면 「ます」 대신 「ません」만 붙이면 됩니다.

行く 가다	→	行きます 갑니다	→	行きません 가지 않습니다
飲む 마시다	→	飲みます 마십니다	→	飲みません 마시지 않습니다
乗る (탈것에) 타다	→	乗ります (탈것에) 탑니다	→	乗りません (탈것에) 타지 않습니다

「ません」에 의문을 나타내는 「か」(~까?)를 붙여 「ませんか」라고 하면 '~하지 않습니까?[하지 않아요? 안 ~해요?]'라는 의문문이 됩니다. 문맥에 따라 '~하지 않을래요?[안 ~할래요?]'라는 권유 표현이 되기도 합니다.

예 一緒に 行きませんか。 같이 안 가요?, 같이 안 갈래요?

단어 博物館(はくぶつかん) 박물관 | ~で ~에서 | 作(つく)る 만들다 | 夜(よる) 밤 | 観覧車(かんらんしゃ) 관람차 | 乗(の)る (탈것에) 타다 *반드시 조사 「に」와 함께 쓰이고 이때는 '~을[를]'로 해석됨 | 友(とも)だち 친구, 친구들 | 会(あ)う 만나다 *반드시 조사 「に」와 함께 쓰이고 이때는 '~을[를]'로 해석됨 | 用(よう) 용건, 볼일

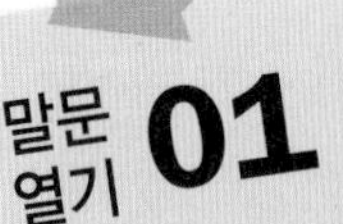

말문 열기 01 여행 계획(1)

음원 90

#내일 요코하마에 놀러 가는 시아가 유키와 대화를 나눈다.

ゆき シアちゃん、明日(あした) 横浜(よこはま)に 行(い)く?
유끼 시 아 쨩 아시따 요꼬하마니 이 꾸

シア うん、行(い)く。
시아 웅 이 꾸

ゆき じゃ、中華街(ちゅうかがい)にも 行(い)く?
유끼 쟈 츄-까가이니 모 이 꾸

シア ううん、中華街(ちゅうかがい)には 行(い)かない。
시아 우 - 웅 츄- 까가이니 와 이 까 나 이
今回(こんかい)は ビール 工場(こうじょう)で ビールを 飲(の)む つもりだよ。
콩 까이 와 비 - 루 코-죠- 데 비 - 루 오 노 무 츠 모 리 다 요

ゆき いいね。観覧車(かんらんしゃ)は 乗(の)らない?
유끼 이 - 네 칸 란 샤 와 노 라 나 이

シア あ、それも いいね。夜(よる)に 観覧車(かんらんしゃ)に 乗(の)る。
시아 아 소 레 모 이 - 네 요루니 칸 란 샤 니 노 루

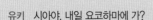

横浜(よこはま) 中華街(ちゅうかがい)
요꼬하마 츄- 까가이

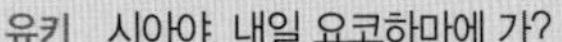

유키 시아야, 내일 요코하마에 가?
시아 응, 가.
유키 그럼, 차이나타운에도 가?
시아 아니, 차이나타운에는 안 가.
이번에는 맥주 공장에서 맥주를 마실 생각이야.
유키 좋네. 관람차는 안 타?
시아 아, 그것도 좋겠네. 밤에 관람차를 탈래.

단어 中華街(ちゅうかがい) 차이나타운 | 今回(こんかい) 이번 | ビール 맥주 | 工場(こうじょう) 공장 | つもり (~할) 생각, 작정

말문 열기 02 여행 계획(2)

#내일 요코하마에 놀러 가는 시아가 게스트 하우스에서 엠마와 대화를 나눈다.

エマ シアさん、明日(あした) 横浜(よこはま)に 行(い)きますか。
에마 시 아 상 아시따 요꼬하마니 이 끼 마 스 까

シア はい、行(い)きます。
시아 하 이 이 끼 마 스

エマ じゃ、ラーメン博物館(はくぶつかん)で ラーメンを 作(つく)りますか。
에마 쟈 라 - 멘 하꾸부쯔깐 데 라 - 멘 오 츠꾸리 마 스 까

シア いいえ、作(つく)りませんが、それは 何(なん)ですか。
시아 이 - 에 츠꾸리 마 셍 가 소 레 와 난 데 스 까

エマ 隣(となり)の 部屋(へや)の 人(ひと)が それ、おもしろいと。
에마 토나리노 헤 야 노 히또가 소 레 오 모 시 로 이 또

じゃ、赤(あか)レンガ倉庫(そうこ)には 行(い)きますか。
쟈 아까 렝 가 소-꼬 니 와 이 끼 마 스 까

シア そこは どこですか。私(わたし) 横浜(よこはま)に ついて
시아 소 꼬 와 도 꼬 데 스 까 와따시 요꼬하마니 츠 이 떼

知(し)らない ことが 多(おお)いですね。
시 라 나 이 코 또 가 오- 이 데 스 네

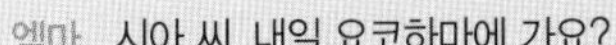

엠마 시아 씨, 내일 요코하마에 가요?
시아 예, 가요.
엠마 그럼, 라멘 박물관에서 라멘을 만들어요?
시아 아니요, 안 만드는데요, 그건 뭐예요?
엠마 옆방 사람이 그거 재미있다고.
그럼, 아카렌가소코에는 가요?
시아 거긴 어디예요? 저 요코하마에 대해
모르는 게 많네요.

단어 ～と ～라고 | 赤(あか)レンガ倉庫(そうこ) 아카렌가소코 *요코하마 명소 중 한 곳. '빨간 벽돌 창고'라는 뜻으로, 과거 화물을 보관하던 창고였는데, 2002년에 쇼핑몰로 리뉴얼하여 오픈함. 1호관은 전시관이고 2호관은 쇼핑 상점몰로 사용되고 있음 | ～について ～에 대해서 | 知(し)る 알다 | ～こと ～것

실력 다지기 연습문제

1 보기와 같이 1그룹 동사를 ない형으로 바꿔 보세요.

보기 作(つく)る 만들다 ➡ 作(つく)らない 만들지 않다
츠꾸루 / 츠꾸라 나 이

① 買(か)う 사다 ➡ ________ 사지 않다
카 우

② 話(はな)す 이야기하다 ➡ ________ 이야기하지 않다
하나스

③ 遊(あそ)ぶ 놀다 ➡ ________ 놀지 않다
아소부

2 빈칸에 알맞은 말을 아래에서 골라 대화를 완성하세요.

A: 今日(きょう) シアちゃん ___①___ 会(あ)う? 오늘 시아를 만나?
쿄- 시 아 쨩 아 우

B: ううん、今日(きょう)は 用(よう)が あるから ___②___。 아니, 오늘은 일이 있어서 안 만나.
우 - 웅 쿄- 와 요-가 아 루 까 라

明日(あした) シアちゃんと 公園(こうえん)を ___③___ つもりだよ。 내일 시아와 공원을 걸을 생각이야.
아시따 시 아 쨘 또 코-엥 오 츠 모 리 다 요

よかったら 一緒(いっしょ)に ___④___? 괜찮으면 같이 걷지 않을래?
요 깟 따 라 잇 쇼 니

① a. を (오) b. に (니)

② a. 会(あ)わない (아 와 나 이) b. 待(ま)たない (마 따 나 이)

③ a. 歩(ある)く (아루 꾸) b. 遊(あそ)ぶ (아소부)

④ a. 歩(ある)かない (아루 까 나 이) b. 遊(あそ)ばない (아소바 나 이)

단어 待(ま)つ 기다리다 | 歩(ある)く 걷다 | よかったら 괜찮으면

3 밑줄 친 부분을 보기와 같이 바꿔 보세요.

보기 A: 今日(きょう)は 地下鉄(ちかてつ)に <u>乗(の)る</u>? 오늘은 지하철을 <u>타</u>?
　　　교- 와 치 까 테 쯔 니 노 루

B1: はい、<u>乗(の)ります</u>。 예, <u>타요</u>.
　　하 이 노 리 마 스

B2: いいえ、<u>乗(の)りません</u>。 아니요, <u>안 타요</u>.
　　이 - 에 노 리 마 셍

① A: お酒(さけ)は <u>飲(の)む</u>? 술은 <u>마셔</u>?
　　오 사께 와 노 무

B1: はい、＿＿＿＿＿＿＿＿＿＿。 예, <u>마셔요</u>.
　　하 이

② A: カードは <u>使(つか)う</u>? 카드는 <u>써</u>?
　　카 - 도 와 츠까 우

B2: いいえ、＿＿＿＿＿＿＿＿＿＿。 아니요, <u>안 써요</u>.
　　이 - 에

4 음성을 듣고 문장을 따라 쓰고 읽어 보세요.

① 요코하마에 가요.

よ	こ	は	ま	に		い	き	ま	す	。
요	꼬	하	마	니		이	끼	마	스	

② 같이 안 갈래?

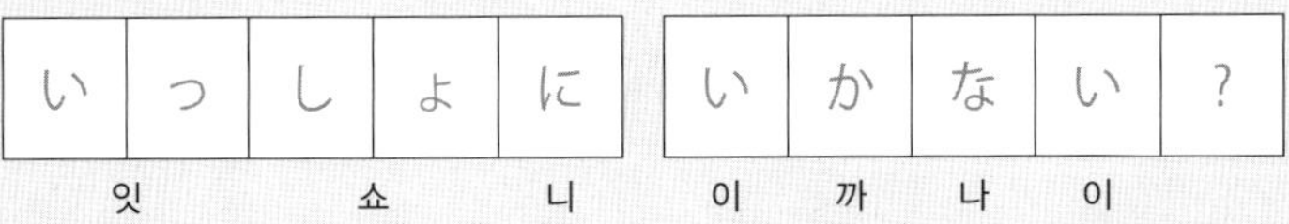

③ 관람차는 안 탈래.

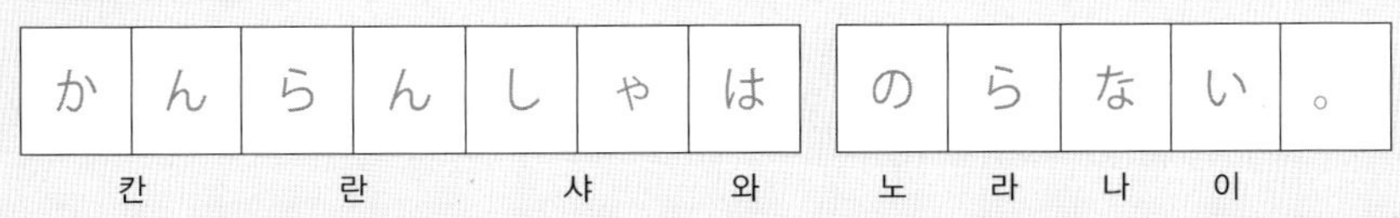

か ん ら ん し ゃ は の ら な い 。
칸 란 샤 와 노 라 나 이

단어 地下鉄(ちかてつ) 지하철 | お酒(さけ) 술 | カード 카드 | 使(つか)う 쓰다, 사용하다

UNIT 11

같이 불꽃놀이를 볼래?

一緒に(いっしょ) 花火(はなび)を 見(み)る?

잇 쇼 니 하나 비 오 미 루

| 이번 과의 목표 | 2그룹 동사 현재형의 긍정과 부정을 반말과 존댓말로 묻고 답해 봅시다!

내스토리

 ybmjapanese

동영상 12

음원 93

#花火(はなび)	#見(み)る	#寿司(すし)を 食(た)べる	#早(はや)く 起(お)きる	#ラーメンを 食(た)べない	#ちょっと 寝(ね)る
하나비	미 루	스 시 오 타 베 루	하야꾸 오 끼 루	라 – 멩 오 타 베 나 이	춋 또 네 루
불꽃놀이	보다	초밥을 먹다	일찍 일어나다	라멘을 먹지 않다	좀 자다

★**핵심표현** 미리보기	★**핵심표현** 확인하기
01 보다 **見る**(み) 미 루	□ **見る**(み) 미 루 (　　)
02 먹다 **食べる**(た) 타 베 루	□ **食べる**(た) 타 베 루 (　　)
03 일어나다, 기상하다 **起きる**(お) 오 끼 루	□ **起きる**(お) 오 끼 루 (　　)
04 나가다, 외출하다 **出かける**(で) 데 까 께 루	□ **出かける**(で) 데 까 께 루 (　　)
05 샤워를 하다 **シャワーを 浴びる**(あ) 샤 와 – 오 아 비 루	□ **シャワーを 浴びる**(あ) 샤 와 – 오 아 비 루 (　　)
06 빌리다 **借りる**(か) 카 리 루	□ **借りる**(か) 카 리 루 (　　)
07 자다 **寝る**(ね) 네 루	□ **寝る**(ね) 네 루 (　　)
08 그 후 **その後**(あと) 소 노 아또	□ **その後**(あと) 소 노 아또 (　　)
09 미안 **ごめん** 고 멩	□ **ごめん** 고 멩 (　　)
10 모레 **明後日**(あさって) 아삿떼	□ **明後日**(あさって) 아삿떼 (　　)
11 아침 일찍 **朝 早く**(あさ はや) 아사 하야 꾸	□ **朝 早く**(あさ はや) 아사 하야 꾸 (　　)
12 몸 상태, 컨디션 **体調**(たいちょう) 타이 쬬–	□ **体調**(たいちょう) 타이 쬬– (　　)
13 지금부터, 이제부터 **今から**(いま) 이마 까 라	□ **今から**(いま) 이마 까 라 (　　)
14 푹 쉬세요 **ゆっくり 休みなさい**(やす) 육 꾸 리 야스 미 나 사 이	□ **ゆっくり 休みなさい**(やす) 육 꾸 리 야스 미 나 사 이 (　　)

~해? / 응, ~해

1 내일 같이 불꽃놀이를 볼래?

明日(あした) 一緒(いっしょ)に 花火(はなび)を 見(み)る?
아시따 잇 쇼 니 하나 비 오 미 루

응, 볼래.

うん、見(み)る。
웅 미 루

2 오늘은 초밥을 먹을래?

今日(きょう)は 寿司(すし)を 食(た)べる?
쿄- 와 스 시 오 타 베 루

응, 먹을래.

うん、食(た)べる。
웅 타 베 루

3 내일 일찍 일어나?

明日(あした) 早(はや)く 起(お)きる?
아시따 하야 꾸 오 끼 루

응, 일찍 일어나.

うん、早(はや)く 起(お)きる。
웅 하야 꾸 오 끼 루

★ 학습포인트

1. **2그룹 동사**: 어미가「る」로 끝나고,「る」바로 앞이 [i], [e]모음인 동사입니다. (※2그룹 동사의 주요 어휘는 부록 p.195를 참고하세요.)

見(み)る 보다	着(き)る (옷을) 입다	寝(ね)る 자다
食(た)べる 먹다	借(か)りる 빌리다	降(お)りる (탈것에서) 내리다
起(お)きる 일어나다, 기상하다	開(あ)ける 열다	閉(し)める 닫다
出(で)かける 나가다, 외출하다	覚(おぼ)える 기억하다, 외우다	教(おし)える 가르치다, 일러 주다

기본형 자체로 반말 표현이 되고, 반말로 묻고 싶을 때는 말끝을 올리면 됩니다. 또한 일본어에는 미래형이 없기 때문에 현재형이 미래를 대신합니다. 문맥에 따라 '~해, ~할래, ~할 거야' 등으로 해석할 수 있습니다.

TIP **기본형** 食(た)べ(어간) る(어미) 먹다　食(た)べる(→) → 먹어, 먹을래, 먹을 거야　食(た)べる(↗)? → 먹어?, 먹을래?, 먹을 거야?

~해요? / 예, ~해요

음원 95

1 내일 같이 불꽃놀이를 볼래요?

明日(あした) 一緒(いっしょ)に 花火(はなび)を 見(み)ますか。
아시따 잇 쇼 니 하나 비 오 미 마 스 까

예, 볼래요.

はい、見(み)ます。
하 이 미 마 스

2 오늘은 초밥을 먹을래요?

今日(きょう)は 寿司(すし)を 食(た)べますか。
쿄- 와 스 시 오 타 베 마 스 까

예, 먹을래요.

はい、食(た)べます。
하 이 타 베 마 스

3 내일 일찍 일어나요?

明日(あした) 早(はや)く 起(お)きますか。
아시따 하야 꾸 오 끼 마 스 까

예, 일찍 일어나요.

はい、早(はや)く 起(お)きます。
하 이 하야 꾸 오 끼 마 스

★ 학습포인트

1. **2그룹 동사의 ます/ますか**: 2그룹 동사에 「ます」를 붙이면 '~합니다[해요]'라는 의미의 정중한 표현이 됩니다. 2그룹 동사의 ます형 만드는 방법은 다음과 같습니다.

기본형 어미 「る」를 떼고+「ます」		
見(み)る 보다	→	見(み)ます 봅니다
食(た)べる 먹다	→	食(た)べます 먹습니다
起(お)きる 일어나다	→	起(お)きます 일어납니다

「ます」에 의문을 나타내는 「か」(~까?)를 붙여 「ますか」라고 하면 '~합니까?[해요?]'라는 의문문이 됩니다. ます형도 현재형이 미래를 대신합니다. 문맥에 따라 '~하겠습니다, ~할 겁니다[할 거예요], ~할래요' 등으로 해석할 수 있습니다.

단어 花火(はなび) 불꽃놀이 | 見(み)る 보다 | 寿司(すし) 초밥 | 食(た)べる 먹다 | 早(はや)く 일찍, 빨리 | 起(お)きる 일어나다, 기상하다

~해? / 아니, ~하지 않아

1

오늘도 일찍 나가?

今日(きょう)も 早(はや)く 出(で)かける?
쿄- 모 하야꾸 데까께루

아니, 오늘은 일찍 안 나가.

ううん、今日(きょう)は 早(はや)く 出(で)かけない。
우-웅 쿄- 와 하야꾸 데까께나이

2

지금 샤워할 거야?

今(いま) シャワー 浴(あ)びる?
이마 샤 와- 아비루

아니, 지금은 안 할 거야.

ううん、今(いま)は 浴(あ)びない。
우-웅 이마와 아비나이

3

가이드북 빌릴 거야?

ガイドブック 借(か)りる?
가이도 북 쿠 카리루

아니, 안 빌릴 거야.

ううん、借(か)りない。
우-웅 카리나이

★ 학습포인트

1. **2그룹 동사의 ない형[부정형]**: 2그룹 동사에 「ない」를 붙이면 '~하지 않다[하지 않아, 안 ~해]'라는 의미의 부정 표현이 됩니다. 2그룹 동사의 ない형 만드는 방법은 다음과 같습니다.

기본형 어미 「る」를 떼고+「ない」		
見(み)る 보다	→	見(み)ない 보지 않다
食(た)べる 먹다	→	食(た)べない 먹지 않다
起(お)きる 일어나다	→	起(お)きない 일어나지 않다

반말로 묻고 싶을 때는 말끝을 올리면 됩니다. 문맥에 따라 '~하지 않을래?[안 ~할래?]'라는 권유 표현이 되기도 합니다.

예 一緒(いっしょ)に 食(た)べない(↗)? 같이 안 먹어?, 같이 안 먹을래?

단어 出(で)かける 나가다, 외출하다 | シャワーを 浴(あ)びる 샤워를 하다 | ガイドブック 가이드북 | 借(か)りる 빌리다

~해요? / 아니요, ~하지 않아요

음원 97

1 오늘도 일찍 나가요?

今日(きょう)も 早(はや)く 出(で)かけますか。
쿄– 모 하야꾸 데 까 께 마 스 까

아니요, 오늘은 일찍 안 나가요.

いいえ、今日(きょう)は 早(はや)く 出(で)かけません。
이 – 에 쿄– 와 하야꾸 데 까 께 마 셍

2 지금 샤워할 거예요?

今(いま) シャワー 浴(あ)びますか。
이마 샤 와 – 아 비 마 스 까

아니요, 지금은 안 할 거예요.

いいえ、今(いま)は 浴(あ)びません。
이 – 에 이마 와 아 비 마 셍

3 가이드북 빌릴 거예요?

ガイドブック 借(か)りますか。
가 이 도 북 쿠 카 리 마 스 까

아니요, 안 빌릴 거예요.

いいえ、借(か)りません。
이 – 에 카 리 마 셍

★ 학습포인트

1. **2그룹 동사의 ません/ませんか**: 「ます」(~합니다[해요])를 '~하지 않습니다[하지 않아요, 안 ~해요]'라는 의미의 부정 존댓말로 만들려면 「ます」 대신 「ません」만 붙이면 됩니다.

見(み)る 보다	→	見(み)ます 봅니다	→	見(み)ません 보지 않습니다
食(た)べる 먹다	→	食(た)べます 먹습니다	→	食(た)べません 먹지 않습니다
起(お)きる 일어나다	→	起(お)きます 일어납니다	→	起(お)きません 일어나지 않습니다

「ません」에 의문을 나타내는 「か」(~까?)를 붙여 「ませんか」라고 하면 '~하지 않습니까?[하지 않아요?, 안 ~해요?]'라는 의문문이 됩니다. 문맥에 따라 '~하지 않을래요?[안 ~할래요?]'라는 권유 표현이 되기도 합니다.

예 一緒(いっしょ)に 食(た)べませんか。 같이 안 먹어요?, 같이 안 먹을래요?

말문 열기 01 약속 잡기

#시아와 유키가 주말 일정에 대해 전화로 대화를 나눈다.

ゆき もしもし、シアちゃん。今(いま)、電話(でんわ) 大丈夫(だいじょうぶ)?
유끼 모 시 모 시 시 아 쨩 이마 뎅 와 다이죠–부

シア うん、いいよ。
시아 웅 이 – 요

ゆき 週末(しゅうまつ) ぜん君(くん)に 会(あ)うけど、一緒(いっしょ)に 花火(はなび)を 見(み)る?
유끼 슈–마쯔 젠 꾼 니 아 우 께 도 잇 쇼 니 하나비 오 미 루

シア うん、いいよ。私(わたし) 行(い)く!
시아 웅 이 – 요 와따시 이 꾸

ゆき その後(あと) 焼(や)きそばを 食(た)べない?
유끼 소 노 아또 야 끼 소 바 오 타 베 나 이

シア ごめん、私(わたし)は 食(た)べない。
시아 고 멩 와따시 와 타 베 나 이

明後日(あさって) 朝(あさ) 早(はや)く 起(お)きる つもりだから 先(さき)に 帰(かえ)るね。
아삿떼 아사 하야꾸 오 끼 루 츠 모 리 다 까 라 사끼니 카에 루 네

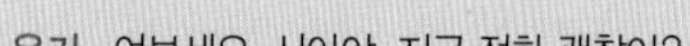

焼(や)きそば
야 끼 소 바

유키 여보세요, 시아야. 지금 전화 괜찮아?
시아 응, 괜찮아.
유키 주말에 젠을 만날 건데, 같이 불꽃놀이를 볼래?
시아 응, 좋아. 나 갈래!
유키 그다음에 야키소바를 안 먹을래?
시아 미안, 난 안 먹을래.
모레 아침 일찍 일어날 생각이라 먼저 돌아갈게.

단어 もしもし 여보세요 | 今(いま) 지금 | 電話(でんわ) 전화 | 週末(しゅうまつ) 주말 | ～君(くん) ～군 *주로 남성에 대해서 씀 | その後(あと) 그다음, 그 뒤 | 焼(や)きそば 야키소바 *메밀국수를 고기·야채와 함께 기름에 볶은 요리 | ごめん 미안 | 明後日(あさって) 모레 | 朝(あさ) 아침 | 先(さき)に 먼저 | 帰(かえ)る 돌아가[오]다

말문 열기 02 게스트 하우스에서(5)

#게스트 하우스에서 시아와 엠마가 오늘 일정에 대해 대화를 나눈다.

エマ シアさん、今日(きょう)も 早(はや)く 出(で)かけますか。
에마 시 아 상 쿄- 모 하야꾸 데 까 께 마 스 까

シア いいえ、今日(きょう)は 体調(たいちょう)が 悪(わる)くて 出(で)かけません。
시아 이 - 에 쿄- 와 타이쬬-가 와루 꾸 떼 데 까 께 마 셍

エマ 大丈夫(だいじょうぶ)ですか。今(いま)から 親子丼(おやこどん)を 作(つく)りますけど、
에마 다이죠-부 데 스 까 이마까 라 오야 꼬 동 오 츠꾸리 마 스 께 도

シアさんも 食(た)べますか。
시 아 삼 모 타 베 마 스 까

シア いいえ、食(た)べません。ありがとうございます。
시아 이 - 에 타 베 마 셍 아 리 가 또 - 고 자 이 마 스

私(わたし) ちょっと 寝(ね)ます。
와따시 춋 또 네 마 스

エマ はい、ゆっくり 休(やす)みなさい。
에마 하 이 육 꾸 리 야스미 나 사 이

엠마 시아 씨, 오늘도 일찍 나가요?
시아 아니요, 오늘은 컨디션이 안 좋아서 안 나가요.
엠마 괜찮아요? 지금부터 오야코동을 만들 건데,
시아 씨도 먹을래요?
시아 아니요, 안 먹을래요. 고마워요.
저 좀 잘게요.
엠마 예, 푹 쉬세요.

단어 出(で)かける 나가다, 외출하다 | 体調(たいちょう) 몸 상태, 컨디션 | 悪(わる)い 나쁘다 | 今(いま)から 이제부터, 지금부터 | 親子丼(おやこどん) 오야코동, 닭고기 계란덮밥 | 作(つく)る 만들다 | ちょっと 조금, 좀, 잠깐 | 寝(ね)る 자다 | ゆっくり 푹 | 休(やす)みなさい 쉬세요

1 보기와 같이 2그룹 동사를 ない형으로 바꿔 보세요.

보기 寝(ね)る 자다 (네루) ➡ ___寝(ね)ない___ 자지 않다 (네나이)

① 借(か)りる 빌리다 (카리루) ➡ ________ 빌리지 않다

② 着(き)る (옷을) 입다 (키루) ➡ ________ (옷을) 입지 않다

③ 閉(し)める 닫다 (시메루) ➡ ________ 닫지 않다

2 빈칸에 알맞은 말을 아래에서 골라 대화를 완성하세요.

A: 今日(きょう)も 早(はや)く ___①___? 오늘도 일찍 나가?
(쿄- 모 하야꾸)

B: ううん、今日(きょう)は 早(はや)く___②___。 아니, 오늘은 일찍 안 나가.
(우 - 웅 쿄- 와 하야꾸)

A: 私(わたし) 親子丼(おやこどん) 作(つく)るから 一緒(いっしょ)に ___③___? 내가 오야코동 만들 테니까 같이 먹지 않을래?
(와따시 오야 꼬 동 츠꾸 루 까 라 잇 쇼 니)

B: ごめん。体調(たいちょう)が 悪(わる)くて ___④___。 미안. 컨디션이 안 좋아서 안 먹을래.
(고 멩 타이쬬-가 와루 꾸 떼)

① a. 覚(おぼ)える (오보에루) b. 出(で)かける (데 까 께 루)

② a. 覚(おぼ)えない (오보에 나 이) b. 出(で)かけない (데 까 께 나 이)

③ a. 食(た)べる (타 베 루) b. 食(た)べない (타 베 나 이)

④ a. 食(た)べる (타 베 루) b. 食(た)べない (타 베 나 이)

단어 着(き)る (옷을) 입다 | 閉(し)める 닫다 | 覚(おぼ)える 기억하다, 외우다

3 밑줄 친 부분을 보기와 같이 바꿔 보세요.

보기 A: 今日(きょう)は そばを 食(た)べる? 오늘은 메밀국수를 먹을래?
　　　　코- 와 소바오 타베루

B1: はい、食(た)べます。 예, 먹을래요.
　　하이 타베마스

B2: いいえ、食(た)べません。 아니요, 안 먹을래요.
　　이-에 타베마셍

① A: 一緒(いっしょ)に 映画(えいが)を 見(み)る? 같이 영화를 볼래?
　　잇쇼니 에-가오 미루

B1: はい、＿＿＿＿＿＿＿＿＿＿＿。 예, 볼래요.
　　하이

② A: 明日(あした) 早(はや)く 起(お)きる? 내일 일찍 일어나?
　　아시따 하야꾸 오끼루

B2: いいえ、早(はや)く ＿＿＿＿＿＿＿＿＿＿＿。 아니요, 일찍 안 일어나요.
　　이-에 하야꾸

4 음성을 듣고 문장을 따라 쓰고 읽어 보세요.

① 라멘을 먹을래요?

ラ	ー	メ	ン	を		た	べ	ま	す	か	。
라	ー	멩		오		타	베	마	스	까	

② 아니, 안 먹을래.

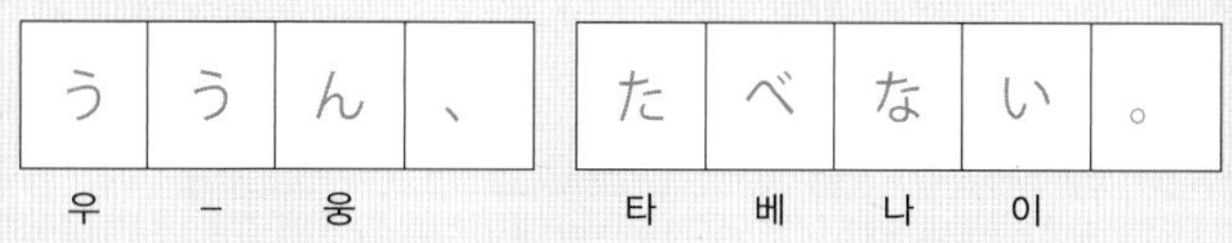

③ 푹 쉬세요.

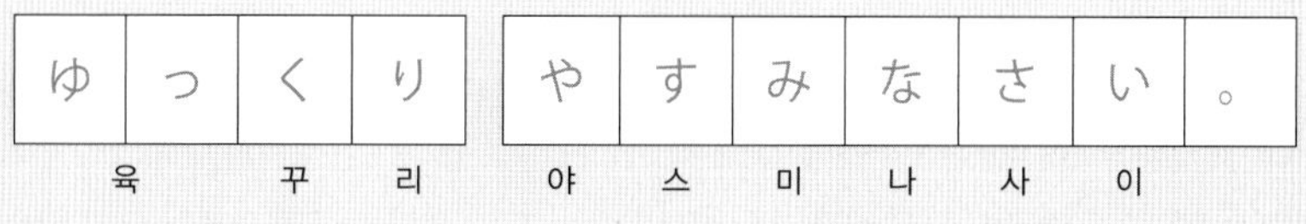

ゆっくり やすみなさい。
육 꾸 리 야 스 미 나 사 이

UNIT 12

이제부터 쇼핑할래?

これから 買(か)い物(もの)する?

코 레 까 라 카 이 모노 스 루

| 이번 과의 목표 | 3그룹 동사 현재형의 긍정과 부정을 반말과 존댓말로 묻고 답해 봅시다!

내스토리

 ybmjapanese

동영상 13

음원 101

#買(か)い物(もの)する	#花火(はなび)に 来(く)る	#SNS(エスエヌエス)を しない	#食事会(しょくじかい)に 来(こ)ない	#エマさんは 来(き)ません
카 이 모노 스 루	하나 비 니 쿠 루	에스에누에스 오 시 나 이	쇼꾸 지 까이 니 코 나 이	에 마 상 와 키 마 셍
쇼핑하다	불꽃놀이에 오다	SNS를 하지 않다	식사 모임에 오지 않다	엠마 씨는 오지 않습니다

★**핵심표현** 미리보기	★**핵심표현** 확인하기
01 하다 **する** 스루	□ **する** 스루 (　　)
02 하지 않다[하지 않아, 안 해] **しない** 시나이	□ **しない** 시나이 (　　)
03 합니다[해요] **します** 시마스	□ **します** 시마스 (　　)
04 합니까?[해요?] **しますか** 시마스까	□ **しますか** 시마스까 (　　)
05 하지 않습니다[하지 않아요, 안 해요] **しません** 시마셍	□ **しません** 시마셍 (　　)
06 오다 **来る**(く) 쿠루	□ **来る**(く) 쿠루 (　　)
07 오지 않다[오지 않아, 안 와] **来ない**(こ) 코나이	□ **来ない**(こ) 코나이 (　　)
08 옵니다[와요] **来ます**(き) 키마스	□ **来ます**(き) 키마스 (　　)
09 옵니까?[와요?] **来ますか**(き) 키마스까	□ **来ますか**(き) 키마스까 (　　)
10 오지 않습니다[오지 않아요, 안 와요] **来ません**(き) 키마셍	□ **来ません**(き) 키마셍 (　　)
11 이제부터, 지금부터 **これから** 코레까라	□ **これから** 코레까라 (　　)
12 유카타 **浴衣**(ゆかた) 유까따 ※면으로 된 얇은 홑옷으로, 여름 평상복	□ **浴衣**(ゆかた) 유까따 (　　)
13 (~을[를]) 갖고 싶다 **(~が) ほしい** 가 호시-	□ **(~が) ほしい** 가 호시- (　　)
14 점심 (식사) **お昼**(ひる) 오히루	□ **お昼**(ひる) 오히루 (　　)

~해? / 응, ~해

1 이제부터 쇼핑할래?

これから 買(か)い物(もの)する?
코레까라 카이모노스루

응, 할래.

うん、する。
웅 스루

2 공원에서 산책할래?

公園(こうえん)で 散歩(さんぽ)する?
코–엔데 삼뽀스루

응, 할래.

うん、する。
웅 스루

3 주말 불꽃놀이에 톰 씨도 와?

週末(しゅうまつ)の 花火(はなび)に トムさんも 来(く)る?
슈–마쯔노 하나비니 토무삼모 쿠루

응, 와.

うん、来(く)る。
웅 쿠루

★ 학습포인트

1. **3그룹 동사**: 불규칙적으로 활용하는 동사로, 「する」(하다), 「来(く)る」(오다) 두 개밖에 없습니다.

する 하다	来(く)る 오다

기본형 자체로 반말 표현이 되고, 반말로 묻고 싶을 때는 말끝을 올리면 됩니다. 또한 일본어에는 미래형이 없기 때문에 현재형이 미래를 대신합니다. 문맥에 따라 '~해, ~할래, ~할 거야' 등으로 해석할 수 있습니다.

TIP する(→) → 해, 할래, 할 거야　　する(↗)? → 해?, 할래?, 할 거야?
来(く)る(→) → 와, 올래, 올 거야　　来(く)る(↗)? → 와?, 올래?, 올 거야?

2. **명사(한자어)+する**: 「する」(하다)는 동작성이 있는 한자어와 결합하여 '~하다'라는 동사를 만들어 냅니다. 3그룹 동사로 취급합니다.

한자어+する				
買(か)い物(もの)する 쇼핑하다	散歩(さんぽ)する 산책하다	食事(しょくじ)する 식사하다	料理(りょうり)する 요리하다	招待(しょうたい)する 초대하다

~해요? / 예, ~해요

1 이제부터 쇼핑할래요?

これから 買(か)い物(もの)しますか。
코 레 까 라　카 이 모노 시 마 스 까

예, 할래요.

はい、します。
하 이　시 마 스

2 공원에서 산책할래요?

公園(こうえん)で 散歩(さんぽ)しますか。
코- 엔 데　삼 뽀 시 마 스 까

예, 할래요.

はい、します。
하 이　시 마 스

3 주말 불꽃놀이에 톰 씨도 와요?

週末(しゅうまつ)の 花火(はなび)に トムさんも 来(き)ますか。
슈- 마쯔 노　하나 비 니　토 무 삼　모　키 마 스 까

예, 와요.

はい、来(き)ます。
하 이　키 마 스

★ 학습포인트

1. **3그룹 동사의 ます/ますか**: 3그룹 동사는 불규칙적으로 활용하는 동사이므로, '~합니다[해요]'라는 의미의 ます형도 각각 외워야 합니다.

する 하다 → します 합니다	来(く)る 오다 → 来(き)ます 옵니다

「ます」에 의문을 나타내는 「か」(~까?)를 붙여 「ますか」라고 하면 '~합니까?[해요?]'라는 의문문이 됩니다. ます형도 마찬가지로 현재형이 미래를 대신합니다. 문맥에 따라 '~하겠습니다, ~할 겁니다[할 거예요], ~할래요' 등으로 해석할 수 있습니다.

2. **명사(가타카나어)+する**: 「する」(하다)는 가타카나어와 결합하여 '~하다'라는 동사를 만들어 냅니다. 3그룹 동사로 취급합니다.

가타카나어+する		
ショッピングする 쇼핑하다	ドライブする 드라이브하다	アップロードする 업로드하다

단어 これから 이제부터, 지금부터 | 買(か)い物(もの) 쇼핑 | 公園(こうえん) 공원 | ~で ~에서 | 散歩(さんぽ) 산책

POINT 03 ~해? / 아니, ~하지 않아

1 SNS는 해? SNS(エスエヌエス)は する? 에스에누에스 와 스 루

아니, 안 해. ううん、しない。 우 - 웅 시 나 이

2 오늘 식사 모임에 시아도 와? 今日(きょう)の 食事会(しょくじかい)に シアちゃんも 来(く)る? 쿄- 노 쇼꾸지까이니 시 아 짱 모 쿠 루

아니, 오늘은 바빠서 안 와. ううん、今日(きょう)は 忙(いそが)しくて 来(こ)ない。 우 - 웅 쿄- 와 이소가시 꾸 떼 코 나 이

3 오늘 같이 드라이브 안 할래? 今日(きょう) 一緒(いっしょ)に ドライブしない? 쿄- 잇 쇼 니 도 라 이 부 시 나 이

응, 약속이 있어서 안 할래. うん、約束(やくそく)が あるから しない。 웅 약소꾸가 아 루 까 라 시 나 이

★ 학습포인트

1. **3그룹 동사의 ない형[부정형]**: 3그룹 동사는 불규칙적으로 활용하는 동사이므로, '~하지 않다[하지 않아, 안 ~해]'라는 의미의 부정 표현도 각각 외워야 합니다.

する 하다 → しない 하지 않다	来(く)る 오다 → 来(こ)ない 오지 않다

반말로 묻고 싶을 때는 말끝을 올리면 됩니다. 문맥에 따라 '~하지 않을래?[안 ~할래?]'라는 권유 표현이 됩니다.

예 一緒(いっしょ)に 散歩(さんぽ)しない(↗)? 같이 산책 안 해?, 같이 산책 안 할래?
食事会(しょくじかい)に 来(こ)ない(↗)? 식사 모임에 안 와?, 식사 모임에 안 올래?

단어 SNS(エスエヌエス) SNS | 食事会(しょくじかい) 식사 모임 | 忙(いそが)しい 바쁘다 | ドライブする 드라이브하다

~해요? / 아니요, ~하지 않아요

1 SNS는 해요?

SNS(エスエヌエス)は しますか。
에스에누에스 와 시 마 스 까

아니요, 안 해요.

いいえ、しません。
이 ー 에 시 마 셍

2 오늘 식사 모임에 시아도 와요?

今日(きょう)の 食事会(しょくじかい)に シアちゃんも 来(き)ますか。
쿄ー 노 쇼꾸지 까이니 시 아 쨩 모 키마스까

아니요, 오늘은 바빠서 안 와요.

いいえ、今日(きょう)は 忙(いそが)しくて 来(き)ません。
이 ー 에 쿄ー 와 이소가시 꾸 떼 키 마 셍

3 오늘 같이 드라이브 안 할래요?

今日(きょう) 一緒(いっしょ)に ドライブしませんか。
쿄ー 잇쇼니 도 라 이 부 시 마 셍 까

예, 약속이 있어서 안 할래요.

はい、約束(やくそく)が あるから しません。
하 이 약 소꾸가 아 루 까 라 시 마 셍

★ 학습포인트

1. **3그룹 동사+ません/ませんか**: 3그룹 동사는 불규칙적으로 활용하는 동사이므로, '~하지 않습니다[하지 않아요, 안 ~해요]'라는 의미의 「ません」도 각각 외워야 합니다.

する 하다	→	します 합니다	→	しません 하지 않습니다
来(く)る 오다	→	来(き)ます 옵니다	→	来(き)ません 오지 않습니다

「ません」에 의문을 나타내는 「か」(~까?)를 붙여 「ませんか」라고 하면 '~하지 않습니까?[하지 않아요?, 안 ~해요?]'라는 의문문이 됩니다. 문맥에 따라 '~하지 않을래요?[안 ~할래요?]'라는 권유 표현이 되기도 합니다.

예 一緒(いっしょ)に 散歩(さんぽ)しませんか。같이 산책 안 해요?, 같이 산책 안 할래요?
食事会(しょくじかい)に 来(き)ませんか。식사 모임에 안 와요?, 식사 모임에 안 올래요?

쇼핑 계획

#시아와 유키가 불꽃놀이에 입고 갈 유카타를 사러 가기로 한다.

ゆき シアちゃん、花火(はなび)に エマさんも 来(く)る?
유끼 시아 쨩 하나비 니 에 마 삼 모 쿠루

シア 明後日(あさって) 大阪(おおさか)に 行(い)くから たぶん 来(こ)ないと 思(おも)う。
시아 아삿떼 오-사까니 이 꾸 까 라 타 붕 코 나 이 또 오모우

ゆき あ、そう? 残念(ざんねん)だね。
유끼 아 소- 잔 넨 다 네

シア これから 買(か)い物(もの)しない? 明日(あした) 着(き)る 浴衣(ゆかた)が ほしい。
시아 코 레 까 라 카 이모노 시 나 이 아시따 키 루 유까따 가 호 시 -

ゆき うん、いいよ。私(わたし)も 新(あたら)しい 浴衣(ゆかた)が ほしいな。
유끼 웅 이 - 요 와따시모 아따라 시 - 유까따 가 호 시 - 나

着物屋(きものや)
키모노야

유키 시아야, 불꽃놀이에 엠마 씨도 와?
시아 모레 오사카에 가기 때문에 아마 안 올 거라고 생각해.
유키 아, 그래? 아쉽네.
시아 이제부터 쇼핑 안 할래?
내일 입을 유카타를 갖고 싶어.
유키 응, 좋아. 나도 새 유카타를 갖고 싶네.

단어 ~から ~니까, ~이라서, ~이기 때문에 | たぶん (추측의 말 수반) 아마 | ~と 思(おも)う ~라고 생각하다 | 残念(ざんねん)だ 유감스럽다, 아쉽다 | 浴衣(ゆかた) 유카타 *면으로 된 홑옷으로, 여름 평상복 | ほしい 갖고 싶다 *주로 조사 「が」와 함께 쓰이고 이때는 '~을[를]'로 해석됨 | 新(あたら)しい 새롭다 | ~な ~하네 *약간의 다짐과 함께 원하는 마음을 나타냄 | 着物屋(きものや) 기모노 가게 *일본 전통 의상인 기모노를 파는 가게

게스트 하우스에서(6)

#시아는 엠마와 점심을 먹으러 가면서 주말에 있는 불꽃놀이에 올 수 있는지 엠마에게 묻는다.

エマ　シアさん、お昼(ひる) 一緒(いっしょ)に しませんか。
에마　시 아 상　오히루 잇 쇼 니 시 마 셍 까

シア　ええ、いいです。何(なに)に しますか。
시아　에 -　이 - 데 스　나니니 시 마 스 까

エマ　冷(つめ)たい そばは どうですか。
에마　츠메 따 이 소 바 와 도 - 데 스 까

シア　いいですね。
시아　이 - 데 스 네

シア　エマさん、大阪(おおさか)から 東京(とうきょう)には いつ 来(き)ますか。
시아　에 마 상　오-사까 까 라 토-꾜- 니 와 이 쯔 키 마 스 까

週末(しゅうまつ) ゆきちゃんと 花火(はなび)を 見(み)るけど、来(き)ませんか。
슈-마쯔 유 끼 짠 또 하나비 오 미 루 께 도 키 마 셍 까

エマ　あ、土曜日(どようび)に 帰(かえ)るから 難(むずか)しいと 思(おも)いますね。
에마　아 도 요- 비 니 카에루 까 라 무즈까시 - 또 오모이 마 스 네

そば
소바

엠마 시아 씨, 점심 같이 안 할래요?
시아 네, 좋아요. 뭘로 할래요?
엠마 냉소바는 어때요?
시아 좋죠.

시아 엠마 씨, 오사카에서 도쿄에는 언제 와요?
주말에 유키와 불꽃놀이를 볼 건데, 안 올래요?
엠마 아, 토요일에 돌아오니까 어려울 것 같네요.

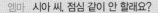

단어 お昼(ひる) 점심 (식사) | 冷(つめ)たい 차갑다 | そば 소바, 메밀국수 | 土曜日(どようび) 토요일 | 難(むずか)しい 어렵다

실력 다지기 연습문제

1 보기와 같이 3그룹 동사를 ない형으로 바꿔 보세요.

보기 運動(うんどう)する 운동하다 (운도-스 루) ➡ 運動(うんどう)しない 운동하지 않다 (운도-시 나 이)

① 来(く)る 오다 (쿠 루) ➡ ________ 오지 않다

② 食事(しょくじ)する 식사하다 (쇼꾸지 스 루) ➡ ________ 식사하지 않다

③ デートする 데이트하다 (데 - 토 스 루) ➡ ________ 데이트하지 않다

2 빈칸에 알맞은 말을 아래에서 골라 대화를 완성하세요.

A: 花火(はなび)に エマさんも ___①___? 불꽃놀이에 엠마 씨도 와?
하나비 니 에 마 삼 모

B: ううん、大阪(おおさか)に 行(い)くから たぶん ___②___ ___③___ 思(おも)う。
우 - 웅 오-사까니 이 꾸 까 라 타 붕 오모 우
아니, 오사카에 가기 때문에 아마 안 올 거 라고 생각해.

A: あ、残念(ざんねん)だね。じゃ、これから 浴衣(ゆかた)の 買(か)い物(もの) ___④___?
아 잔 넨 다 네 쟈 코 레 까 라 유까따 노 카 이모노
아, 아쉽네. 그럼, 이제부터 유카타 쇼핑 안 할래?

B: うん、いいよ。私(わたし)も 新(あたら)しい 浴衣(ゆかた)が ほしいな。응, 좋아. 나도 새 유카타를 갖고 싶네.
웅 이 - 요 와따시모 아따라시 - 유까따 가 호 시 - 나

① a. 来(く)る (쿠 루) b. 来(こ)ない (코 나 이)

② a. 来(く)る (쿠 루) b. 来(こ)ない (코 나 이)

③ a. から (까 라) b. と (또)

④ a. しない (시 나 이) b. する (스 루)

3 밑줄 친 부분을 보기와 같이 바꿔 보세요.

보기 A: 今日(きょう)は ゲストハウスで <u>料理(りょうり)する</u>? 오늘은 게스트 하우스에서 <u>요리할 거야</u>?
쿄- 와 게 스 토 하 우 스 데 료-리 스 루

B1: はい、<u>料理(りょうり)します</u>。 예, <u>요리할 거예요</u>.
하 이 료- 리 시 마 스

B2: いいえ、<u>料理(りょうり)しません</u>。 아니요, <u>요리하지 않을 거예요</u>.
이 - 에 료- 리 시 마 셍

① A: この 写真(しゃしん)を <u>アップロードする</u>? 이 사진을 <u>업로드할 거야</u>?
코 노 샤 싱 오 압 푸 로 - 도 스 루

B1: はい、__________________。 예, <u>업로드할 거예요</u>.
하 이

② A: 彼女(かのじょ)も 明日(あした)の ツアーに <u>来(く)る</u>? 그녀도 내일 투어에 <u>와</u>?
카노죠 모 아시따 노 츠 아 - 니 쿠 루

B2: いいえ、体調(たいちょう)が 悪(わる)くて __________________。 아니요, 컨디션이 나빠서 <u>안 와요</u>.
이 - 에 타이쬬-가 와루 꾸 떼

4 음성을 듣고 문장을 따라 쓰고 읽어 보세요.

① 쇼핑 안 할래?

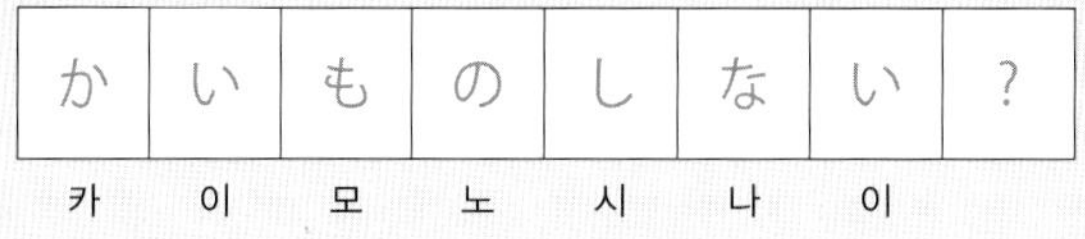
か い も の し な い ?

카 이 모 노 시 나 이

※ 정답은 p.206에 있어요.

② 아마 안 올 거라고 생각해.

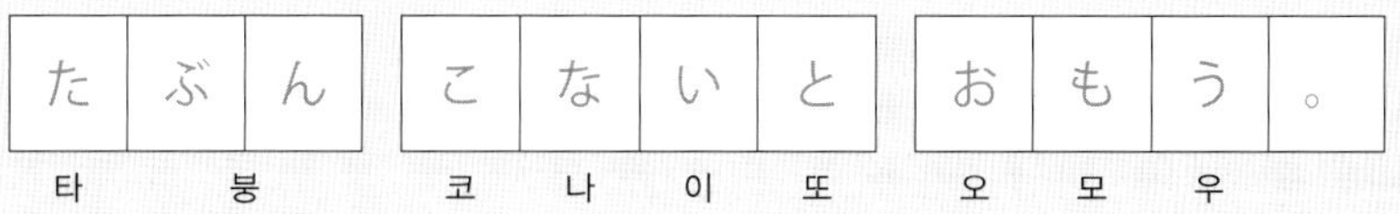
た ぶ ん こ な い と お も う 。

타 붕 코 나 이 또 오 모 우

③ 식사 모임에 안 올래요?

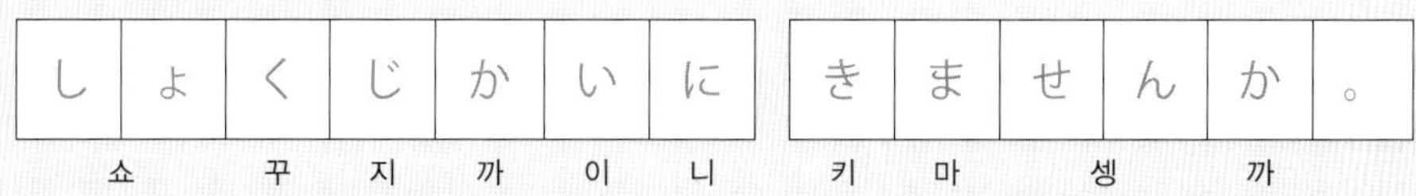
し ょ く じ か い に き ま せ ん か 。

쇼 꾸 지 까 이 니 키 마 셍 까

단어 運動(うんどう)する 운동하다 | デートする 데이트하다

Week 4 / Day 1

Check! Check! 핵심포인트 | 동사❶

☑ 존재를 나타내는 동사「ある · いる」를 정리해 볼까요?

존재 동사		긍정	부정
ある 아 루 (사물 · 식물)	보통체 (반말)	ある(있다) 아 루 • 食堂(しょくどう)は 3階(さんがい)に ある。 식당은 3층에 있다. 쇼꾸도-와 상가이니 아 루	ない(없다) 나 이 • 食堂(しょくどう)は 3階(さんがい)に ない。 식당은 3층에 없다. 쇼꾸도-와 상가이니 나 이
	정중체 (존댓말)	あります(있습니다) 아 리 마 스 • 食堂(しょくどう)は 3階(さんがい)に あります。 쇼꾸도-와 상가이니 아 리 마 스 식당은 3층에 있습니다.	ありません(없습니다) 아 리 마 셍 • 食堂(しょくどう)は 3階(さんがい)に ありません。 쇼꾸도-와 상가이니 아 리 마 셍 식당은 3층에 없습니다.
いる 이 루 (사람 · 동물)	보통체 (반말)	いる(있다) 이 루 • 兄(あに)が 一人(ひとり) いる。 형이 한 명 있다. 아니가 히또리 이 루	いない(없다) 이 나 이 • 兄(あに)は いない。 형은 없다. 아니와 이 나 이
	정중체 (존댓말)	います(있습니다) 이 마 스 • 兄(あに)が 一人(ひとり) います。 형이 한 명 있습니다. 아니가 히또리 이 마 스	いません(없습니다) 이 마 셍 • 兄(あに)は いません。 형은 없습니다. 아니와 이 마 셍

☑ 동사의 기본형(반말)과 종류를 정리해 볼까요?

	동사의 종류			
1그룹 동사	① 기본형 어미가「る」로 끝나지 않는 동사			
	会(あ)う 만나다 아 우	行(い)く 가다 이 꾸	泳(およ)ぐ 수영하다 오요 구	話(はな)す 이야기하다 하나 스
	待(ま)つ 기다리다 마 쯔	死(し)ぬ 죽다 시 누	遊(あそ)ぶ 놀다 아소 부	飲(の)む 마시다 노 무
	② 기본형 어미가「る」로 끝나고,「る」 바로 앞이 [a], [u], [o]모음인 동사			
	ある (사물 · 식물 등이) 있다 아루	作(つく)る 만들다 츠꾸 루	乗(の)る (탈것에) 타다 노 루	
2그룹 동사	기본형 어미가「る」로 끝나고,「る」 바로 앞이 [i], [e]모음인 동사			
	見(み)る 보다 미 루	食(た)べる 먹다 타 베 루	起(お)きる 일어나다, 기상하다 오 끼 루	

3그룹 동사	*불규칙적으로 활용하는 동사로 두 개밖에 없음 する 하다 (스루)　　来(く)る 오다 (쿠루)

동사의 ない형[부정형]을 정리해 볼까요?

	동사의 ない형[부정형]
1그룹 동사	기본형 어미 [u]모음을 [a]모음으로 바꾸고+「ない」 飲(の)む → 飲(の)[ま]ない 마시다 → 마시지 않다 노무　노마나이
2그룹 동사	기본형 어미「る」를 떼고+「ない」 食(た)べる → 食(た)べない 먹다 → 먹지 않다 타베루　타베나이
3그룹 동사 *불규칙	する → しない 하다 → 하지 않다 (스루　시나이) 来(く)る → 来(こ)ない 오다 → 오지 않다 (쿠루　코나이)

동사의 ます형(존댓말)을 정리해 볼까요?

	동사의 ます형		
	긍정		부정
1그룹 동사	기본형 어미 [u]모음을 [i]모음으로 바꾸고+「ます」		「ます」 대신「ません」만 붙이면 됨
	行(い)く 가다 (이꾸)	行(い)[き]ます 갑니다 (이끼마스)	行(い)[き]ません 가지 않습니다 (이끼마셍)
	飲(の)む 마시다 (노무)	飲(の)[み]ます 마십니다 (노미마스)	飲(の)[み]ません 마시지 않습니다 (노미마셍)
	乗(の)る (탈것에) 타다 (노루)	乗(の)[り]ます (탈것에) 탑니다 (노리마스)	乗(の)[り]ません (탈것에) 타지 않습니다 (노리마셍)
2그룹 동사	기본형 어미「る」를 떼고+「ます」		「ます」 대신「ません」만 붙이면 됨
	見(み)る 보다 (미루)	見(み)ます 봅니다 (미마스)	見(み)ません 보지 않습니다 (미마셍)
	食(た)べる 먹다 (타베루)	食(た)べます 먹습니다 (타베마스)	食(た)べません 먹지 않습니다 (타베마셍)
3그룹 동사 *불규칙	する 하다 (스루)	します 합니다 (시마스)	しません 하지 않습니다 (시마셍)
	来(く)る 오다 (쿠루)	来(き)ます 옵니다 (키마스)	来(き)ません 오지 않습니다 (키마셍)

UNIT 13

지금 비가 오고 있어?

今(いま)、雨(あめ)が 降(ふ)って いる?

이마 아메 가 훗 떼 이 루

| 이번 과의 목표 | 1그룹 동사의 문장 연결형&과거형의 긍정과 부정을 반말과 존댓말로 묻고 답해 봅시다!

내스토리

ybmjapanese

동영상 14

#雨(あめ)が 降(ふ)って いる #お茶(ちゃ)を 飲(の)んで いる #沖縄(おきなわ)に 行(い)った ことが ある #お茶(ちゃ)を 飲(の)んでも いい

아메가 훗 떼 이 루 / 오 쨔 오 논 데 이 루 / 오끼나와니 잇 따 코 또 가 아 루 / 오 쨔 오 논 데 모 이 –

비가 오고 있다 / 차를 마시고 있다 / 오키나와에 간 적이 있다 / 차를 마셔도 된다

	★**핵심표현** 미리보기		★**핵심표현** 확인하기
01	비가 오다	**雨(あめ)が 降(ふ)る** 아메 가 후 루	☐ 雨(あめ)が 降(ふ)る 아메 가 후 루 (　　　　)
02	바람이 불다	**風(かぜ)が 吹(ふ)く** 카제 가 후 꾸	☐ 風(かぜ)が 吹(ふ)く 카제 가 후 꾸 (　　　　)
03	편지를 쓰다	**手紙(てがみ)を 書(か)く** 테 가미오 카 꾸	☐ 手紙(てがみ)を 書(か)く 테 가미오 카 꾸 (　　　　)
04	사진을 찍다	**写真(しゃしん)を 撮(と)る** 샤 싱 오 토 루	☐ 写真(しゃしん)を 撮(と)る 샤 싱 오 토 루 (　　　　)
05	~하고, ~해서	**~て** 테	☐ ~て 테 (　　　　)
06	~하고 있다[하고 있어]	**~て いる** 테 이 루	☐ ~て いる 테 이 루 (　　　　)
07	~하고 있습니다[하고 있어요]	**~て います** 테 이 마 스	☐ ~て います 테 이 마 스 (　　　　)
08	~해도 된다[해도 돼]	**~ても いい** 테 모 이 -	☐ ~ても いい 테 모 이 - (　　　　)
09	~해도 됩니다[해도 돼요]	**~ても いいです** 테 모 이 - 데 스	☐ ~ても いいです 테 모 이 - 데 스 (　　　　)
10	~하지 않았다[하지 않았어, 안 ~했어]	**~なかった** 나 깟 따	☐ ~なかった 나 깟 따 (　　　　)
11	~했습니다[했어요]	**~ました** 마 시 따	☐ ~ました 마 시 따 (　　　　)
12	~하지 않았습니다[하지 않았어요, 안 ~했어요]	**~ませんでした** 마 센 데 시 따	☐ ~ませんでした 마 센 데 시 따 (　　　　)
13	~한 적이 있다[한 적이 있어]	**~た ことが ある** 타 코또가 아 루	☐ ~た ことが ある 타 코또가 아 루 (　　　　)
14	~한 적은 없다[한 적은 없어]	**~た ことは ない** 타 코또와 나 이	☐ ~た ことは ない 타 코또와 나 이 (　　　　)

① ~하고 있어(요)? / ~하고 있어(요) ② ~해서

1

지금 비가 오고 있어?
今(いま)、雨(あめ)が 降(ふ)って いる?
이마 아메가 훗 떼 이루

응, 비가 오고 바람도 불고 있어.
うん、雨(あめ)が 降(ふ)って 風(かぜ)も 吹(ふ)いて いる。
웅 아메가 훗 떼 카제모 후이떼 이루

바람이 불어서 좀 추워.
風(かぜ)が 吹(ふ)いて ちょっと 寒(さむ)い。
카제가 후이떼 춋 또 사무이

2

편지를 쓰고 있어요?
手紙(てがみ)を 書(か)いて いますか。
테가미오 카이떼 이마스까

아니요, 엽서를 쓰고 있어요.
いいえ、葉書(はがき)を 書(か)いて います。
이-에 하가끼오 카이떼 이마스

엽서를 써서 집에 부칠 거예요.
葉書(はがき)を 書(か)いて 家(いえ)に 出(だ)します。
하가끼오 카이떼 이에니 다시마스

★ 학습포인트

1. **1그룹 동사의 て형**: 동사에 「て」를 붙이면 '~하고, ~해서'라는 뜻으로, 동작을 나열하거나 뒤에 오는 말의 원인·이유를 나타내는 표현을 만들 수 있습니다. 1그룹 동사의 て형을 만드는 방법은 다음과 같습니다.

어미가 「く、ぐ」로 끝나는 동사 → 「いて、いで」	
書(か)く (글씨·글을) 쓰다 → 書(か)いて (글씨·글을) 쓰고, 써서	泳(およ)ぐ 수영하다 → 泳(およ)いで 수영하고, 수영해서
어미가 「う、つ、る」로 끝나는 동사 → 「って」	
買(か)う 사다 → 買(か)って 사고, 사서 乗(の)る (탈것에) 타다 → 乗(の)って (탈것에) 타고, 타서	待(ま)つ 기다리다 → 待(ま)って 기다리고, 기다려서
어미가 「ぬ、ぶ、む」로 끝나는 동사 → 「んで」	
死(し)ぬ 죽다 → 死(し)んで 죽고, 죽어서 飲(の)む 마시다 → 飲(の)んで 마시고, 마셔서	遊(あそ)ぶ 놀다 → 遊(あそ)んで 놀고, 놀아서

TIP 「行(い)く」(가다)는 어미가 「く」로 끝나지만 예외적으로 「行(い)って」(가고, 가서)로 바뀝니다. 그리고 「話(はな)す」(이야기하다)와 같이 어미가 「す」로 끝나는 동사는 「す」를 「して」로 바꿉니다.

~해도 돼(요)? / ~해도 돼(요)

1 이 차를 마셔도 돼?
この お茶(ちゃ)を 飲(の)んでも いい?
코노 오쨔오 논데모 이-

응, 마셔도 돼.
うん、飲(の)んでも いいよ。
웅 논데모 이-요

2 이 차를 마셔도 돼요?
この お茶(ちゃ)を 飲(の)んでも いいですか。
코노 오쨔오 논데모 이-데스까

예, 마셔도 돼요.
はい、飲(の)んでも いいですよ。
하이 논데모 이-데스요

3 이 차를 마셔도 돼요?
この お茶(ちゃ)を 飲(の)んでも いいですか。
코노 오쨔오 논데모 이-데스까

죄송하지만, 그건 좀….
すみませんが、それは ちょっと…。
스미마셍가 소레와 춋또

★ 학습포인트

1. **~て いる/~て います**: 동사의 て형에 「て いる」를 붙이면 '~하고 있다[하고 있어]'라는 의미로 동작의 진행을 나타내거나, '~해 있다[해 있어]'라는 의미로 완료된 상태를 나타냅니다. 그리고 「て います」를 붙이면 '~하고 있습니다[하고 있어요], ~해 있습니다[해 있어요]'라는 정중한 표현이 됩니다.
   예 雨(あめ)が 降(ふ)って います。비가 오고 있습니다. *동작의 진행
   花(はな)が 咲(さ)いて います。꽃이 피어 있습니다[피었습니다]. *완료된 상태
2. **~ても いい?/~ても いいですか**: 동사의 て형에 「ても いい?」를 붙이면 '~해도 돼?'라는 뜻으로 상대방에게 허락을 구하는 표현이 됩니다. 그리고 「ても いいですか」를 붙이면 '~해도 됩니까?[해도 돼요?]'라는 정중한 표현이 됩니다. 허락을 할 때는 「ても いい/ても いいです」(~해도 된다[해도 돼]/~해도 됩니다[해도 돼요])라고 하면 됩니다. 거절해야 하는 상황이라면 「ごめん、ちょっと…/すみませんが、ちょっと…」(미안, 좀…/죄송하지만, 좀…)라고 말끝을 흐려서 완곡하게 거절하는 것이 좋습니다.

단어 雨(あめ) 비 | 降(ふ)る (비 · 눈 등이) 내리다, 오다 | 風(かぜ) 바람 | 吹(ふ)く (바람이) 불다 | 手紙(てがみ) 편지 | 書(か)く (글씨 · 글을) 쓰다 | 葉書(はがき) 엽서 | 家(いえ) 집, (자기) 집 | 出(だ)す (편지 등을) 부치다

~했어(요)? / ~하지 않았어(요)

1

스가 신사 계단에서 사진을 찍었어?

須賀神社(すがじんじゃ)の 階段(かいだん)で 写真(しゃしん)を 撮(と)った?
스 가 진 쟈 노 카이단 데 샤 싱 오 톳 따

응, 찍었어.

うん、撮(と)った。
웅 톳 따

아니, 안 찍었어.

ううん、撮(と)らなかった。
우 - 웅 토 라 나 깟 따

2

스가 신사 계단에서 사진을 찍었어요?

須賀神社(すがじんじゃ)の 階段(かいだん)で 写真(しゃしん)を 撮(と)りましたか。
스 가 진 쟈 노 카이단 데 샤 싱 오 토 리 마 시 따 까

예, 찍었어요.

はい、撮(と)りました。
하 이 토 리 마 시 따

아니요, 안 찍었어요.

いいえ、撮(と)りませんでした。
이 - 에 토 리 마 센 데 시 따

★ 학습포인트

1. **1그룹 동사의 た형[과거형]**: 동사에 「た」를 붙이면 '~했다[했어]'라는 의미로, 동작의 과거 · 완료의 뜻을 나타냅니다. 1그룹 동사의 た형 만드는 방법은 て형과 같습니다.

어미가 「く、ぐ」로 끝나는 동사 → 「いた、いだ」
書(か)く (글씨 · 글을) 쓰다 → 書(か)いた (글씨 · 글을) 썼다　　泳(およ)ぐ 수영하다 → 泳(およ)いだ 수영했다
어미가 「う、つ、る」로 끝나는 동사 → 「った」
買(か)う 사다 → 買(か)った 샀다　　待(ま)つ 기다리다 → 待(ま)った 기다렸다 乗(の)る (탈것에) 타다 → 乗(の)った (탈것에) 탔다
어미가 「ぬ、ぶ、む」로 끝나는 동사 → 「んだ」
死(し)ぬ 죽다 → 死(し)んだ 죽었다　　遊(あそ)ぶ 놀다 → 遊(あそ)んだ 놀았다　　飲(の)む 마시다 → 飲(の)んだ 마셨다

TIP 「行(い)く」(가다)는 어미가 「く」로 끝나지만 예외적으로 「行(い)った」(갔다)로 바뀝니다. 그리고 「話(はな)す」(이야기하다)와 같이 어미가 「す」로 끝나는 동사는 「す」를 「した」로 바꿉니다.

た형 자체로 반말 표현이 되고, 반말로 묻고 싶을 때는 말끝을 올리면 됩니다. 부정하고 싶으면 ない형[부정형]으로 바꾸고 어간에 「かった」(~았다[았어])를 붙이면 됩니다.

TIP 会(あ)う 만나다　　会(あ)った(→) → 만났어　　会(あ)った(↗)? → 만났어?　　会(あ)わなかった 만나지 않았어

POINT 04 ~한 적이 있어(요)? / ① ~한 적이 있어(요) ② ~한 적은 없어(요)

음원 113

1

오키나와에 간 적이 있어?	沖縄(おきなわ)に 行(い)った ことが ある? 오끼나와니 잇 따 코 또가 아 루
응, 한 번 간 적이 있어.	うん、一度(いちど) 行(い)った ことが ある。 웅 이찌도 잇 따 코 또가 아 루
아니, 한 번도 간 적은 없어.	ううん、一度(いちど)も 行(い)った ことは ない。 우 – 웅 이찌도모 잇 따 코 또와 나 이

2

오키나와에 간 적이 있어요?	沖縄(おきなわ)に 行(い)った ことが ありますか。 오끼나와니 잇 따 코 또가 아 리 마 스 까
예, 한 번 간 적이 있어요.	はい、一度(いちど) 行(い)った ことが あります。 하 이 이찌도 잇 따 코 또가 아 리 마 스
아니요, 한 번도 간 적은 없어요.	いいえ、一度(いちど)も 行(い)った ことは ありません。 이 – 에 이찌도모 잇 따 코 또와 아 리 마 셍

★ 학습포인트

1. **1그룹 동사+ました**: 「ます」(~합니다[해요])를 '~했습니다[했어요]'라는 의미의 과거 존댓말로 만들려면 「ます」 대신 「ました」를 붙이면 됩니다. 「ました」에 의문을 나타내는 「か」(~까?)를 붙여 「ましたか」라고 하면 '~했습니까?[했어요?]'라는 의문문이 됩니다. 그리고 '~하지 않았습니다[하지 않았어요, 안 ~했어요]'라는 의미의 과거 부정 존댓말로 만들려면 「ます」 대신 「ませんでした」를 붙이면 됩니다.
2. **~た ことが ある/~た ことが あります**: 동사의 た형에 「た ことが ある」를 붙이면 '~한 적이 있다[한 적이 있어]'라는 의미로 과거의 경험을 나타냅니다. '~한 적은 없다[한 적은 없어]/~한 적은 없습니다[한 적은 없어요]'라고 할 때는 「た ことは ない/た ことは ありません」이라고 하면 됩니다.

단어 須賀神社(すがじんじゃ) 스가 신사 *영화 〈君(きみ)の名(な)は。〉(너의 이름은.)의 배경이 된 곳 | 階段(かいだん) 계단 | 写真(しゃしん) 사진 | 撮(と)る (사진을) 찍다 | 一度(いちど) 한 번 | 一度(いちど)も (부정어 수반) 한 번도

도쿄 여행

#시아가 하고 싶은 것에 대해 유키와 대화를 나눈다.

ゆき 今日(きょう)は どこへ 行(い)っても いいから 好(す)きな ところに どうぞ。
유끼 쿄- 와 도꼬에 잇 떼 모 이 - 까 라 스 끼 나 토 꼬 로 니 도 - 조

シア 本当(ほんとう)? じゃ、渋谷(しぶや)で 靴(くつ)を 買(か)って、その後(あと)、須賀神社(すがじんじゃ)の 階段(かいだん)で 写真(しゃしん)を 撮(と)って 戻(もど)る つもりだけど、一緒(いっしょ)に どう?
시아 혼 또- 쟈 시부 야 데 쿠쯔 오 캇 떼 소 노 아또 스 가 진 쟈 노 카이단 데 샤 싱 오 톳 떼 모도루 츠 모 리 다 께 도 잇 쇼 니 도 -

ゆき 須賀神社(すがじんじゃ)に 行(い)った こと ない?
유끼 스 가 진 쟈 니 잇 따 코 또 나 이

シア うん、行(い)った こと ないよ。
시아 웅 잇 따 코 또 나 이 요

ゆき うーん、わかった。渋谷(しぶや)の 後(あと) 須賀神社(すがじんじゃ)だね。
유끼 우 - 웅 와 깟 따 시부야 노 아또 스 가 진 쟈 다 네

渋谷(しぶや)
시부야

유키 오늘은 어디에 가도 좋으니까, 좋아하는 곳에 가자.
시아 정말? 그럼, 시부야에서 신발을 사고 그 후에 스가 신사 계단에서 사진을 찍고 돌아올 생각인데, 같이 어때?
유키 스가 신사에 간 적 없어?
시아 응, 간 적 없어.
유키 음…, 알았어. 시부야 다음 스가 신사지?

단어 ~へ ~(으)로 *장소의 방향을 나타냄 | 戻(もど)る 되돌아가[오]다 | わかる 알다, 이해하다

말문 열기 02 게스트 하우스에서(7)

#게스트 하우스에서 차를 마시고 있는 시아를 보고 엠마가 말을 건다.

エマ　シアさん、何(なに)を 飲(の)んで いますか。
에마　시 아 상　나니오　논　데　이 마 스 까

シア　昨日(きのう) 茶道(さどう) 教室(きょうしつ)で もらった お茶(ちゃ)を 飲(の)んで います。
시아　키노-　사 도-　쿄-시쯔 데　모　랏　따　오 쨔 오　논　데　이 마 스

エマ　へえ、いい 香(かお)りですね。
에마　헤 -　이 -　카오 리 데 스 네

シア　エマさんは お茶(ちゃ)を 飲(の)んだ ことが ありますか。
시아　에 마 상 와 오 쨔 오　논 다　코 또 가　아 리 마 스 까

エマ　いいえ、まだ 飲(の)んだ ことは ありません。
에마　이 - 에　마 다　논　다　코 또 와 아 리 마 셍

シア　じゃ、エマさんも どうぞ。おいしいですよ。
시아　쟈　에 마 삼 모　도 - 조　오 이 시 - 데 스 요

お茶(ちゃ)
오 쨔

엠마　시아 씨, 뭘 마시고 있어요?
시아　어제 다도 교실에서 받은 차를 마시고 있어요.
엠마　와, 향이 좋네요.
시아　엠마 씨는 차를 마신 적이 있어요?
엠마　아니요, 아직 마신 적은 없어요.
시아　그럼, 엠마 씨도 드셔 보세요. 맛있어요.

단어　茶道(さどう) 다도 | もらう (남에게) 받다 | 香(かお)り 향기, 좋은 냄새 | まだ 아직

실력 다지기 연습문제

1 보기와 같이 1그룹 동사를 て형과 た형으로 바꿔 보세요.

보기 会う(あ) 만나다 (아 우) ➡ 会って(あ) (앗 떼) 만나고, 만나서 / 会った(あ) (앗 따) 만났다

① 書く(か) 쓰다 (카 꾸) ➡ ________ 쓰고, 써서 / ________ 썼다

② 待つ(ま) 기다리다 (마 쯔) ➡ ________ 기다리고, 기다려서 / ________ 기다렸다

③ 話す(はな) 이야기하다 (하나스) ➡ ________ 이야기하고, 이야기해서 / ________ 이야기했다

2 빈칸에 알맞은 말을 아래에서 골라 대화를 완성하세요.

A: 今日(きょう)は 渋谷(しぶや)で 靴(くつ)を ___①___、その後(あと)、須賀神社(すがじんじゃ)の 階段(かいだん)で 写真(しゃしん)を ___②___ 戻(もど)る つもりだけど、一緒(いっしょ)に どう?
(쿄– 와 시부야 데 쿠쯔오 소 노아또 스 가 진 쟈 노 카이단 데 샤 싱 오 모도루 츠 모 리 다 께 도 잇 쇼 니 도–)
오늘은 시부야에서 신발을 사고 그 후에 스가 신사 계단에서 사진을 찍고 돌아올 생각인데, 같이 어때?

B: 須賀神社(すがじんじゃ)に ___③___ こと ない? 스가 신사에 간 적 없어?
(스 가 진 쟈 니 코 또 나 이)

A: うん、まだ ___③___ こと ない。 응, 아직 간 적 없어.
(웅 마 다 코 또 나 이)

B: あ、そうだったんだ。 ___④___。 아, 그랬구나. 알았어.
(아 소– 닷 딴 다)

① a. 買(か)って (캇 떼) b. 買(か)った (캇 따)

② a. 撮(と)って (톳 떼) b. 撮(と)った (톳 따)

③ a. 行(い)く (이 꾸) b. 行(い)った (잇 따)

④ a. わかる (와 까 루) b. わかった (와 깟 따)

3 밑줄 친 부분을 보기와 같이 바꿔 보세요.

보기 A: 温泉(おんせん)に 行(い)った ことが ありますか。 온천에 간 적이 있어요?
온 센 니 잇 따 코 또 가 아 리 마 스 까

B1: はい、行(い)った ことが あります。 예, 간 적이 있어요.
하 이 잇 따 코 또 가 아 리 마 스

B2: いいえ、行(い)った ことは ありません。 아니요, 간 적은 없어요.
이 – 에 잇 따 코 또 와 아 리 마 셍

① A: ワインを 飲(の)んだ ことが ありますか。 와인을 마신 적이 있어요?
와 잉 오 논 다 코 또 가 아 리 마 스 까

B1: はい、____________________。 예, 마신 적이 있어요.
하 이

② A: この 歌(うた)を 聞(き)いた ことが ありますか。 이 노래를 들은 적이 있어요?
코 노 우따오 키 – 따 코 또 가 아 리 마 스 까

B2: いいえ、____________________。 아니요, 들은 적은 없어요.
이 – 에

4 음성을 듣고 문장을 따라 쓰고 읽어 보세요.

① 지금 비가 오고 있어?

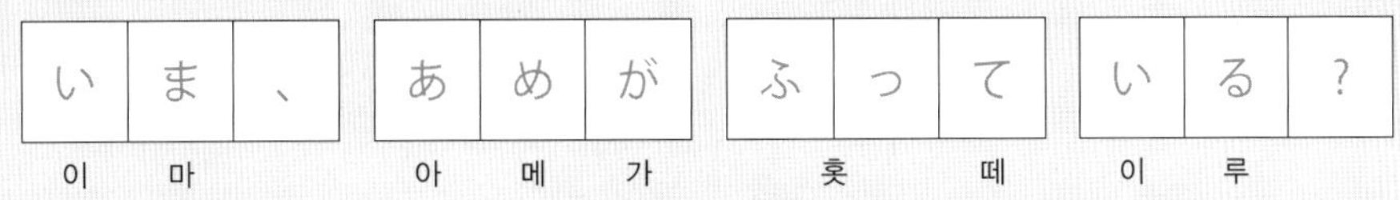

いま、 あめが ふってい る？
이 마 아 메 가 훗 떼 이 루

② 한 번도 간 적 없어.

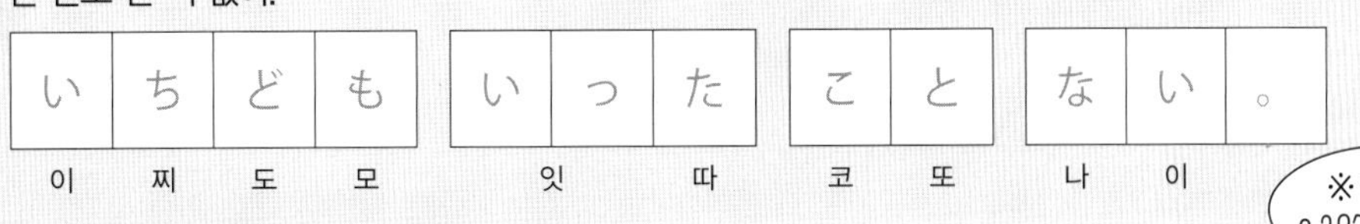

いちども いった こと ない。
이 찌 도 모 잇 따 코 또 나 이

※ 정답은 p.207에 있어요.

③ 차를 마시고 있어요.

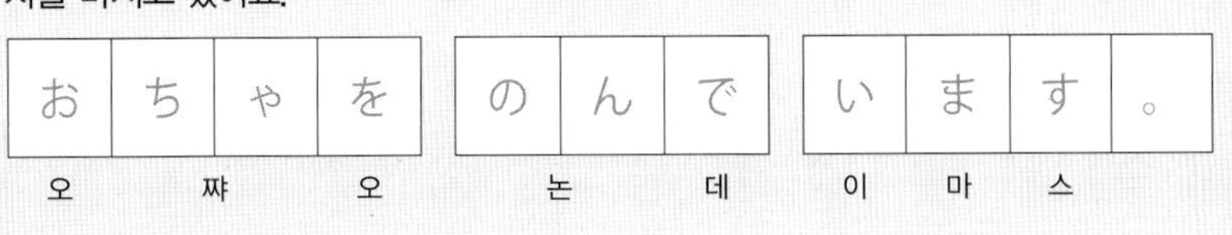

おちゃを のんで います。
오 쨔 오 논 데 이 마 스

단어 温泉(おんせん) 온천 | ワイン 와인 | 歌(うた) 노래 | 聞(き)く 듣다

Week 4 / Day 3

UNIT 14

아침밥은 먹는 편이 좋아.

朝ご飯は 食べた ほうが いい。

あさ はん た

아사 고 항 와 타 베 따 호 - 가 이 -

| 이번 과의 목표 | 2그룹 동사의 문장 연결형&과거형의 긍정과 부정을 반말과 존댓말로 묻고 답해 봅시다!

내스토리

 ybmjapanese

동영상 15

음원 117

#旅館(りょかん)	#調(しら)べて いる	#浴衣(ゆかた)	#着(き)て みる	#持(も)てなかった	#朝(あさ)ご飯(はん)は 食(た)べた ほうが いい
료 깡	시라 베 떼 이 루	유까따	키 떼 미 루	모 떼 나 깟 따	아사 고 항 와 타 베 따 호 - 가 이 -
료칸, 여관	알아보고 있다	유카타	입어 보다	인기 없었다	아침밥은 먹는 편이 좋다

	★**핵심표현** 미리보기	★**핵심표현** 확인하기
01	~하지 않고 있다[하지 않고 있어, 안 ~하고 있어] **~て いない** 떼 이나이	□ **~て いない** 떼 이나이 (　　　)
02	~하지 않고 있습니다[하지 않고 있어요, 안 ~하고 있어요] **~て いません** 떼 이마 셍	□ **~て いません** 떼 이마 셍 (　　　)
03	조사하다, 알아보다 **調(しら)べる** 시라베 루	□ **調(しら)べる** (　　　) 시라베 루
04	(옷을) 입다 **着(き)る** 키 루	□ **着(き)る** (　　　) 키 루
05	인기가 있다 **持(も)てる** 모 떼 루	□ **持(も)てる** (　　　) 모 떼 루
06	갈아입다 **着替(きが)える** 키 가 에 루	□ **着替(きが)える** (　　　) 키 가 에 루
07	달다, 붙이다 **つける** 츠 께 루	□ **つける** (　　　) 츠 께 루
08	~해 보다 **~て みる** 테 미 루	□ **~て みる** (　　　) 테 미 루
09	~해 봅니다[해 보겠습니다, 해 볼래요] **~て みます** 테 미 마 스	□ **~て みます** (　　　) 테 미 마 스
10	~하는 편이 좋다 **~た ほうが いい** 타 호-가 이-	□ **~た ほうが いい** (　　　) 타 호-가 이-
11	~하는 편이 좋습니다 **~た ほうが いいです** 타 호-가 이-데 스	□ **~た ほうが いいです** (　　　) 타 호-가 이-데 스
12	료칸, 여관 **旅館(りょかん)** ※일본의 전통적인 숙소 료 깡	□ **旅館(りょかん)** (　　　) 료 깡
13	잘 어울리다 **よく 似合(にあ)って いる** 요 꾸 니 앗 떼 이 루	□ **よく 似合(にあ)って いる** (　　　) 요 꾸 니 앗 떼 이 루
14	귀엽다, 예쁘다 **かわいい** 카 와 이 -	□ **かわいい** (　　　) 카 와 이 -

~하고 있어(요)? / ①~하고 있어(요) ②~하지 않고 있어(요)

1

다음 주에 갈 여관을 알아보고 있어?
来週(らいしゅう)に 行(い)く 旅館(りょかん)を 調(しら)べて いる?
라이슈-니 이꾸 료깡오 시라베떼 이루

응, 지금 알아보고 있어.
うん、今(いま) 調(しら)べて いる。
웅 이마 시라베떼 이루

아니, 아직 안 알아보고 있어.
ううん、まだ 調(しら)べて いない。
우-웅 마다 시라베떼 이나이

2

다음 주에 갈 여관을 알아보고 있어요?
来週(らいしゅう)に 行(い)く 旅館(りょかん)を 調(しら)べて いますか。
라이슈-니 이꾸 료깡오 시라베떼 이마스까

예, 지금 알아보고 있어요.
はい、今(いま) 調(しら)べて います。
하이 이마 시라베떼 이마스

아니요, 아직 안 알아보고 있어요.
いいえ、まだ 調(しら)べて いません。
이-에 마다 시라베떼 이마셍

★ 학습포인트

1. **2그룹 동사의 て형**: 동사에 「て」를 붙이면 '~하고, ~해서'라는 의미로, 동작을 나열하거나 뒤에 오는 말의 원인·이유를 나타냅니다. 2그룹 동사의 て형을 만드는 방법은 다음과 같습니다.

기본형의 어미 「る」를 떼고+「て」		
見(み)る 보다	→	見(み)て 보고, 봐서
食(た)べる 먹다	→	食(た)べて 먹고, 먹어서
起(お)きる 일어나다	→	起(お)きて 일어나고, 일어나서

2. **~て いない/て いません**: 「て いる/て います」(~하고 있다[하고 있어], ~해 있다[해 있어]/~하고 있습니다[하고 있어요], ~해 있습니다[해 있어요])를 '~하지 않고 있다[하지 않고 있어, 안 ~하고 있어], ~해 있지 않다[해 있지 않아, 안 ~해 있어]/~하지 않고 있습니다[하지 않고 있어요, 안 ~하고 있어요], ~해 있지 않습니다[해 있지 않아요, 안 ~해 있어요]'로 부정하고 싶으면 동사의 て형에 「て いない/て いません」을 붙이면 됩니다.

단어 旅館(りょかん) 료칸, 여관 *일본의 전통적인 숙소 | 調(しら)べる 조사하다, 알아보다

~해 볼래(요)? / ~해 볼게(요)

1 유카타, 혼자서 입어 볼래?

浴衣(ゆかた)、一人(ひとり)で 着(き)て みる?
유까따 히또리 데 키 떼 미 루

응, 혼자서 입어 볼게.

うん、一人(ひとり)で 着(き)て みる。
웅 히또리 데 키 떼 미 루

2 유카타, 혼자서 입어 볼래요?

浴衣(ゆかた)、一人(ひとり)で 着(き)て みますか。
유까따 히또리 데 키 떼 미 마 스 까

예, 혼자서 입어 볼게요.

はい、一人(ひとり)で 着(き)て みます。
하 이 히또리 데 키 떼 미 마 스

3 유카타 입어 봐도 돼요?

浴衣(ゆかた)、着(き)て みても いいですか。
유까따 키 떼 미 떼 모 이 - 데 스 까

예, 입어 봐도 돼요.

はい、着(き)て みても いいです。
하 이 키 떼 미 떼 모 이 - 데 스

★ 학습포인트

1. **~て みる/~て みます**: 「見(み)る」는 '보다'라는 뜻의 동사인데, 동사의 て형에 「て みる/て みます」를 붙이면 '~해 보다/~해 봅니다, ~해 보겠습니다[해 볼래요]'라는 의미가 됩니다. '어떠한 행동을 시도하다, 시험 삼아 ~해 보다'라는 뜻입니다. 이때 「みる」는 보조동사로 쓰였기 때문에 한자가 아닌 히라가나로 표기해야 합니다.
   예 交番(こうばん)で 道(みち)を 聞(き)いて みます。 파출소에서 길을 물어봅니다.

단어 一人(ひとり)で 혼자서 | 交番(こうばん) 파출소 | 道(みち) 길 | 聞(き)く 듣다, 묻다

~했어(요)? / ~하지 않았어(요)

음원 120

1

이 가수는 옛날에도 인기 있었어? — この 歌手(かしゅ)は 昔(むかし)も 持(も)てた?
코노 카슈와 무까시모 모떼따

응, 옛날에도 인기 있었어. — うん、昔(むかし)も 持(も)てた。
웅 무까시모 모떼따

아니, 옛날에는 인기 있지 않았어. — ううん、昔(むかし)は 持(も)てなかった。
우-웅 무까시와 모떼나깟따

2

이 가수는 옛날에도 인기 있었어요? — この 歌手(かしゅ)は 昔(むかし)も 持(も)てましたか。
코노 카슈와 무까시모 모떼마시따까

예, 옛날에도 인기 있었어요. — はい、昔(むかし)も 持(も)てました。
하이 무까시모 모떼마시따

아니요, 옛날에는 인기 있지 않았어요. — いいえ、昔(むかし)は 持(も)てませんでした。
이-에 무까시와 모떼마센데시따

★ 학습포인트

1. **2그룹 동사의 た형[과거형]**: 동사에 「た」를 붙이면 '~했다[했어]'라는 의미로, 동작의 과거·완료의 뜻을 나타냅니다. 2그룹 동사의 た형 만드는 방법은 て형과 같습니다.

기본형의 어미 「る」를 떼고+「た」		
見(み)る 보다	→	見(み)た 봤다
食(た)べる 먹다	→	食(た)べた 먹었다
起(お)きる 일어나다	→	起(お)きた 일어났다

た형 자체로 반말 표현이 되고, 반말로 묻고 싶을 때는 말끝을 올리면 됩니다. 부정하고 싶으면 ない형[부정형]으로 바꾸고 어간에 「かった」(~았다[았어])를 붙이면 됩니다.

TIP 食(た)べる 먹다　食(た)べた(→) → 먹었어　食(た)べた(↗)? → 먹었어?　食(た)べなかった 먹지 않았어

단어 歌手(かしゅ) 가수 | 昔(むかし) 옛날 | 持(も)てる 인기가 있다

~하는 편이 좋아(요)

1

매일 아침밥 먹고 있어?

毎日(まいにち) 朝(あさ)ご飯(はん) 食(た)べて いる?

마이니찌 아사 고 항 타 베 떼 이 루

아니, 안 먹고 있어.

ううん、食(た)べて いない。

우 - 웅 타 베 떼 이 나 이

아침밥은 먹는 편이 좋아.

朝(あさ)ご飯(はん)は 食(た)べた ほうが いいよ。

아사 고 항 와 타 베 따 호 - 가 이 - 요

2

매일 아침밥 먹고 있어요?

毎日(まいにち) 朝(あさ)ご飯(はん) 食(た)べて いますか。

마이니찌 아사 고 항 타 베 떼 이 마 스 까

아니요, 안 먹고 있어요.

いいえ、食(た)べて いません。

이 - 에 타 베 떼 이 마 셍

아침밥은 먹는 편이 좋아요.

朝(あさ)ご飯(はん)は 食(た)べた ほうが いいですよ。

아사 고 항 와 타 베 따 호 - 가 이 - 데 스 요

★ 학습포인트

1. **2그룹 동사+ました**: 「ます」(~합니다[해요])를 '~했습니다[했어요]'라는 의미의 과거 존댓말로 만들려면 「ます」 대신 「ました」를 붙이면 됩니다. 「ました」에 의문을 나타내는 「か」(~까?)를 붙여 「ましたか」라고 하면 '~했습니까?[했어요?]'라는 의문문이 됩니다. 그리고 '~하지 않았습니다[하지 않았어요, 안 ~했어요]'라는 의미의 과거 부정 존댓말로 만들려면 「ます」 대신 「ませんでした」를 붙이면 됩니다.
2. **~たほうがいい/~たほうがいいです**: 동사의 た형에 「た ほうが いい/た ほうが いいです」를 붙이면 '~하는 편이 좋다[하는 편이 좋아]/~하는 편이 좋습니다[하는 편이 좋아요]'라는 뜻이 됩니다. 어떤 행동을 하는 것이 바람직하다는 의미로, 상대방에게 권유하거나 충고할 때 씁니다.

단어 毎日(まいにち) 매일 | 朝(あさ)ご飯(はん) 아침밥

유카타 입기

#시아가 유카타 입는 것을 유키가 도와주며 대화를 나눈다.

ゆき シアちゃん、浴衣(ゆかた) 一人(ひとり)で 着(き)て みる?
유끼 시아 쨩 유까따 히또리 데 키 떼 미 루

シア うん、自信(じしん)ないけど、一人(ひとり)で 着(き)て みる。
시아 웅 지 신 나 이 께 도 히또리 데 키 떼 미 루

ゆき 着替(きが)えた?
유끼 키 가 에 따

シア うん、どう?
시아 웅 도－

ゆき うーん、ここが ちょっと…。もう いい。よく 似合(にあ)って いるよ。
유끼 우－웅 코 꼬 가 춋 또 모－ 이－ 요 꾸 니 앗 떼 이 루 요

あ、この ヘアピンも つけた ほうが いいと 思(おも)うけど、どう?
아 코 노 헤 아 핌 모 츠 께 따 호－가 이－또 오모 우 께 도 도－

シア へえ、かわいい。ありがとう。
시아 헤－ 카 와 이－ 아 리 가 또－

유키 시아야, 유카타 혼자서 입어 볼래?
시아 응, 자신 없지만, 혼자서 입어 볼게.

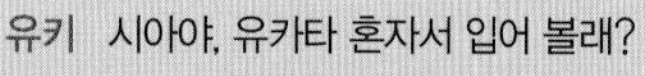

유키 갈아입었어?
시아 응, 어때?
유키 음…, 여기가 좀…. 이제 됐어. 잘 어울려.
아, 이 머리핀도 꽂는 편이 좋을 것 같은데, 어때?
시아 와, 예쁘다. 고마워.

단어 自信(じしん)ない 자신 없다 | 着替(きが)える 갈아입다 | もう いい 이제 됐다 | よく 잘 | 似合(にあ)う 어울리다 | ヘアピン 헤어핀, 머리핀 | つける 달다, 붙이다 | かわいい 귀엽다, 예쁘다

말문 열기 02 좋아하는 연예인(2)

음원 123

#시아와 엠마가 료칸 검색과 좋아하는 연예인의 동영상에 대해 대화를 나눈다.

エマ　シアさん、来週(らいしゅう)に 行(い)く 旅館(りょかん)を 調(しら)べて いますか。
에마　시 아 상　라이슈-니 이 꾸 료 깡 오 시라 베 떼 이 마 스 까

シア　はい、今(いま) 調(しら)べて います。
시아　하 이 이마 시라 베 떼 이 마 스

エマさんは 何(なに)を 見(み)て いますか。
에 마 상 와 나니오 미 떼 이 마 스 까

エマ　好(す)きな 歌手(かしゅ)の 動画(どうが)を 見(み)て います。
에마　스 끼 나 카 슈 노 도- 가 오 미 떼 이 마 스

シア　誰(だれ)ですか。この 歌手(かしゅ)、昔(むかし)も 持(も)てましたか。
시아　다레 데 스 까 코 노 카 슈 무까시모 모 떼 마 시 따 까

エマ　いいえ、昔(むかし)は 持(も)てませんでした。
에마　이 - 에 무까시와 모 떼 마 센 데 시 따

シアさんも これ 見(み)て みますか。
시 아 삼 모 코 레 미 떼 미 마 스 까

旅館(りょかん)
료 깡

엠마　시아 씨, 다음 주에 갈 료칸을 알아보고 있어요?
시아　예, 지금 알아보고 있어요.
엠마 씨는 뭘 보고 있어요?
엠마　좋아하는 가수의 동영상을 보고 있어요.
시아　누구예요? 이 가수, 옛날에도 인기 있었어요?
엠마　아니요, 옛날에는 인기 있지 않았어요.
시아 씨도 이거 봐 볼래요?

단어　動画(どうが) 동영상 | 誰(だれ) 누구

실력 다지기 연습문제

1 보기와 같이 2그룹 동사를 て형과 た형으로 바꿔 보세요.

보기 食(た)べる 먹다 타 베 루 ➲ 食(た)べて 타 베 떼 먹고, 먹어서 / 食(た)べた 타 베 따 먹었다

① 起(お)きる 일어나다 오 끼 루 ➲ ________ 일어나고, 일어나서 / ________ 일어났다

② 着替(きが)える 갈아입다 키 가 에 루 ➲ ________ 갈아입고, 갈아입어서 / ________ 갈아입었다

③ 着(き)る (옷을) 입다 키 루 ➲ ________ (옷을) 입고, 입어서 / ________ (옷을) 입었다

2 빈칸에 알맞은 말을 아래에서 골라 대화를 완성하세요.

A: 私(わたし)は 今(いま) 来週(らいしゅう)に 行(い)く 旅館(りょかん)を ___①___ いますが、
왓따시 와 이마 라이 슈-니 이 꾸 료 깡 오 이 마 스 가
トムさんは 何(なに)を ___②___ いますか。
토 무 상 와 나니오 이 마 스 까
저는 지금 다음 주에 갈 료칸을 알아보고 있는데, 톰 씨는 뭘 보고 있어요?

B: 好(す)きな 歌手(かしゅ)の 動画(どうが)を ___②___ います。 좋아하는 가수의 동영상을 보고 있어요.
스 끼나 카 슈 노 도-가 오 이 마 스

A: この 歌手(かしゅ)、昔(むかし)も ___③___。 이 가수, 옛날에도 인기 있었어요?
코 노 카 슈 무까시 모

B: いいえ、昔(むかし)は ___④___。 아니요, 옛날에는 인기 있지 않았어요.
이 - 에 무까시 와

① a. 調(しら)べて 시라 베 떼   b. 調(しら)べなかった 시라 베 나 깟 따

② a. 見(み)て 미 떼   b. 見(み)た 미 따

③ a. 持(も)てた 모 떼 따   b. 持(も)てましたか 모 떼 마 시 따 까

④ a. 持(も)てませんでした 모 떼 마 센 데 시 따   b. 持(も)てません 모 떼 마 셍

3 밑줄 친 부분을 보기와 같이 바꿔 보세요.

보기 風邪(かぜ)を 引(ひ)いた 時(とき)は ぐっすり <u>寝(ね)る</u>。 감기에 걸렸을 때는 푹 <u>잔다</u>.
카제 오 히 - 따 토끼와 굿 스 리 네 루

➡ 風邪(かぜ)を 引(ひ)いた 時(とき)は ぐっすり <u>寝(ね)た ほうが いい</u>。
카제 오 히 - 따 토끼와 굿 스 리 네 따 호 - 가 이 -
감기에 걸렸을 때는 푹 <u>자는 편이 좋다</u>.

① 朝(あさ)ご飯(はん)は <u>食(た)べる</u>。 아침밥은 <u>먹는다</u>.
아사고 항 와 타 베 루

➡ 朝(あさ)ご飯(はん)は ______________________。 아침밥은 <u>먹는 편이 좋다</u>.
아사고 항 와

② 次(つぎ)の 駅(えき)で <u>降(お)りる</u>。 다음 역에서 <u>내린다</u>.
츠기 노 에끼 데 오 리 루

➡ 次(つぎ)の 駅(えき)で ______________________。 다음 역에서 <u>내리는 편이 좋다</u>.
츠기 노 에끼 데

4 음성을 듣고 문장을 따라 쓰고 읽어 보세요.

① 입어 볼래?

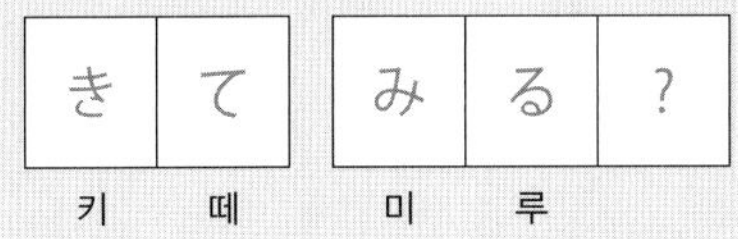

き て み る ?

키 떼 미 루

② 잘 어울려.

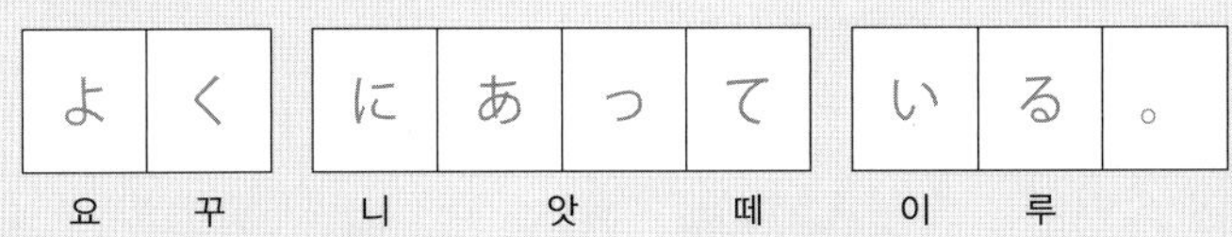

よ く に あ っ て い る 。

요 꾸 니 앗 떼 이 루

※ 정답은
p.207에 있어요.

③ 동영상을 보고 있어요.

ど う が を み て い ま す 。

도 - 가 오 미 떼 이 마 스

단어 風邪(かぜ)を 引(ひ)く 감기에 걸리다 | ~時(とき) ~때 | ぐっすり 푹 *깊이 잠든 모양 | 次(つぎ) 다음 | 駅(えき) 역 | 降(お)りる (탈것에서) 내리다

UNIT 15

버스는 와 있어?

バスは 来(き)て いる?

바 스 와 키 떼 이 루

| 이번 과의 목표 | 3그룹 동사의 문장 연결형&과거형의 긍정과 부정을 반말과 존댓말로 묻고 답해 봅시다!

내스토리

 ybmjapanese

동영상 16

음원 125

#気持(きも)ちいい	#バス	#来(き)て いる	#食事(しょくじ)してから 何(なに)を する?	#人力車(じんりきしゃ) ツアー	#扇子作(せんすづく)り
키 모 찌 이 -	바 스	키 떼 이 루	쇼꾸 지 시 떼 까 라 나니 오 스 루	진 리끼 샤 츠 아 -	센 스 즈꾸 리
기분 좋다	버스	와 있다	식사하고 나서 무엇을 할래?	인력거 투어	부채 만들기

★**핵심표현** 미리보기

01 왔다[왔어] 来(き)た
키 따

02 오지 않았다[오지 않았어, 안 왔어] 来(こ)なかった
코 나 깟 따

03 왔습니다[왔어요] 来(き)ました
키 마 시 따

04 오지 않았습니다[오지 않았어요, 안 왔어요] 来(き)ませんでした
키 마 센 데 시 따

05 오고 있다[오고 있어], 와 있다[왔어] 来(き)て いる
키 떼 이 루

06 와 있지 않다[안 왔다, 안 왔어] 来(き)て いない
키 떼 이 나 이

07 했다[했어] した
시 따

08 했습니다[했어요] しました
시 마 시 따

09 하지 않았습니다[하지 않았어요, 안 했어요] しませんでした
시 마 센 데 시 따

10 예약하다 予約(よやく)する
요 야꾸 스 루

11 (남이 나에게) 주다 くれる
쿠 레 루

12 이미, 벌써 もう
모 –

13 ~하고 나서, ~한 후에 ~てから
테 까 라

14 ~하면 ~たら
타 라

★**핵심표현** 확인하기

☐ 来(き)た ( )
키 따

☐ 来(こ)なかった ( )
코 나 깟 따

☐ 来(き)ました ( )
키 마 시 따

☐ 来(き)ませんでした ( )
키 마 센 데 시 따

☐ 来(き)て いる ( )
키 떼 이 루

☐ 来(き)て いない ( )
키 떼 이 나 이

☐ した ( )
시 따

☐ しました ( )
시 마 시 따

☐ しませんでした ( )
시 마 센 데 시 따

☐ 予約(よやく)する ( )
요 야꾸 스 루

☐ くれる ( )
쿠 레 루

☐ もう ( )
모 –

☐ ~てから ( )
테 까 라

☐ ~たら ( )
타 라

~해 있어(요)? / ①~해 있어(요) ②~해 있지 않아(요)

1

버스는 와 있어?	バスは 来(き)て いる? 바 스 와 키 떼 이 루
응, 벌써 와 있어.	うん、もう 来(き)て いる。 웅 모 - 키 떼 이 루
아니, 아직 안 왔어.	ううん、まだ 来(き)て いない。 우 - 웅 마 다 키 떼 이 나 이

2

버스는 와 있어요?	バスは 来(き)て いますか。 바 스 와 키 떼 이 마 스 까
예, 벌써 와 있어요.	はい、もう 来(き)て います。 하 이 모 - 키 떼 이 마 스
아니요, 아직 안 왔어요.	いいえ、まだ 来(き)て いません。 이 - 에 마 다 키 떼 이 마 셍

★ 학습포인트

1. **3그룹 동사의 て형**: 동사에 「て」를 붙이면 '~하고, ~해서'라는 뜻으로, 동작을 나열하거나 뒤에 오는 말의 원인·이유를 나타냅니다. 3그룹 동사는 불규칙적으로 활용하는 동사이므로 て형도 각각 외워야 합니다.

する 하다 → して 하고, 해서	来(く)る 오다 → 来(き)て 오고, 와서

2. **~て いる**: 「て いる」에는 ①'~하고 있다[하고 있어]'라는 동작의 진행과 ②'~해 있다[해 있어]'라는 완료된 상태를 나타내는 두 가지 용법이 있습니다. 위의 「来(き)て いる」는 완료된 상태를 나타냅니다. 그리고 '~하지 않고 있다[하지 않고 있어, 안 ~하고 있어], ~해 있지 않다[해 있지 않아, 안 ~해 있어]'로 부정하고 싶으면 동사의 て형에 「て いない」를 붙이면 됩니다.

예1 今(いま) バスが 来(き)て いる。 지금 버스가 오고 있다. *동작의 진행

예2 バスは もう 来(き)て いる。 버스는 벌써 와 있다[왔다].
バスは まだ 来(き)て いない。 버스는 아직 와 있지 않다[안 왔다]. *완료된 상태

단어 バス 버스 | もう 이미, 벌써

POINT 02 ~하고 나서 ~할래(요)? / ~할래(요)

1

식사하고 나서 무엇을 할래?

食事(しょくじ)してから 何(なに)を する?
쇼꾸지시 떼까라 나니오 스루

인력거 투어를 할래.

人力車(じんりきしゃ) ツアーを する。
진리끼샤 츠아-오 스루

2

예약하고 나서 무엇을 할래?

予約(よやく)してから 何(なに)を する?
요야꾸시떼까라 나니오 스루

산책을 할래요.

散歩(さんぽ)を します。
삼뽀오 시마스

3

체크하고 나서 무엇을 할래요?

チェックしてから 何(なに)を しますか。
첵쿠시떼까라 나니오 시마스까

업로드할래요.

アップロードします。
압푸로-도시마스

★ 학습포인트

1. **~てから**: 동사의 て형에 「てから」를 붙이면 '~하고 나서, ~한 후에'라는 뜻으로, 어떤 동작을 하고 나서 바로 무언가를 할 때 씁니다.

   예 もう 一度(いちど) チェックしてから、アップロードします。 한 번 더 체크하고 나서 업로드할게요.

왔어(요)? / ①왔어(요) ②오지 않았어(요)

1

친구들 왔어?

お友(とも)だち 来(き)た?
오또모 다 찌 키 따

응, 모두 왔어.

うん、みんな 来(き)た。
웅 민 나 키 따

아니, 아무도 안 왔어.

ううん、誰(だれ)も 来(こ)なかった。
우 – 웅 다레 모 코 나 깟 따

2

친구들 왔어요?

お友(とも)だち 来(き)ましたか。
오또모 다 찌 키 마 시 따 까

예, 모두 왔어요.

はい、みんな 来(き)ました。
하 이 민 나 키 마 시 따

아니요, 아무도 안 왔어요.

いいえ、誰(だれ)も 来(き)ませんでした。
이 – 에 다레 모 키 마 센 데 시 따

★ 학습포인트

1. **3그룹 동사의 た형[과거형]**: 동사에 「た」를 붙이면 '~했다[했어]'라는 의미로, 동작의 과거 · 완료의 뜻을 나타냅니다. 3그룹 동사는 불규칙적으로 활용하는 동사이므로, た형[과거형]도 각각 외워야 합니다.

する 하다 → した 했다	来(く)る 오다 → 来(き)た 왔다

た형 자체로 반말이 되고, 반말로 묻고 싶을 때는 말끝을 올리면 됩니다. 부정하고 싶으면 「しなかった」(하지 않았다[안 했다, 안 했어]), 「来(こ)なかった」(오지 않았다[안 왔다, 안 왔어])라고 하면 됩니다.

TIP する 하다　した(→) → 했어　した(↗)? → 했어?　しなかった 하지 않았어, 안 했어
来(く)る 오다　来(き)た(→) → 왔어　来(き)た(↗)? → 왔어?　来(こ)なかった 오지 않았어, 안 왔어

2. **3그룹 동사+ました**: 「ます」(~합니다[해요])를 '~했습니다[했어요]'라는 의미의 과거 존댓말로 만들려면 「ます」 대신 「ました」를 붙이면 됩니다. 「ました」에 의문을 나타내는 「か」(~까?)를 붙여 「ましたか」라고 하면 '~했습니까?[했어요?]'라는 의문문이 됩니다. 그리고 '~하지 않았습니다[하지 않았어요, 안 ~했어요]'라는 의미의 과거 부정 존댓말로 만들려면 「ます」 대신 「ませんでした」를 붙이면 됩니다.

POINT 04 ~하면 ~

1

참가하면 뭔가 줘?

参加(さんか)したら 何(なに)か くれる?
상 까 시 따 라 나니까 쿠 레 루

응, 참가하면 선물을 줘.

うん、参加(さんか)したら プレゼントを くれる。
웅 상 까 시 따 라 푸 레 젠 토 오 쿠 레 루

2

예약하면 뭐가 좋아?

予約(よやく)したら 何(なに)が いい?
요 야꾸 시 따 라 나니가 이 –

예약하면 할인권을 줘요.

予約(よやく)したら 割引券(わりびきけん)を くれます。
요 야꾸 시 따 라 와리비끼 껭 오 쿠 레 마 스

3

안 오면 어떻게 돼요?

来(こ)なかったら どう なりますか。
코 나 깟 따 라 도 – 나 리 마 스 까

안 오면 취소가 돼요.

来(こ)なかったら キャンセルに なります。
코 나 깟 따 라 캰 세 루 니 나 리 마 스

★ 학습포인트

1. **~たら**: 동사의 た형[과거형]에 「たら」를 붙이면 '~하면'이라는 뜻으로, 아직 실현되지 않은 사항에 대해 가정해서 말하는 표현입니다.

   예 韓国(かんこく)に 来(き)たら、連絡(れんらく)して ください。 한국에 오면 연락(해) 주세요.

단어 友(とも)だち 친구, 친구들 | みんな 모두 | 誰(だれ)も (부정어 수반) 아무도 | 参加(さんか)する 참가하다, 참여하다 | 何(なに)か 무엇인가, 뭔가 | くれる (남이 나에게) 주다 | プレゼント 프레젠트, 선물 | 割引券(わりびきけん) 할인권 | キャンセル 캔슬, 취소 | 명사+になる ~이[가] 되다 | 韓国(かんこく) 한국 | 連絡(れんらく) 연락 | ~て ください ~해 주세요, ~하세요

말문 열기 01 온천 여행

#료칸 노천탕에서 시아와 유키가 대화를 나눈다.

シア 気持(きも)ちいい〜。あ、そうだ。お友だちは ここに 来(き)た?
시아 키 모 찌 이 – 아 소 – 다 오또모 다 찌 와 코 꼬 니 키 따

ゆき ううん、体調(たいちょう)が 悪(わる)くて 来(こ)なかった。
유끼 우 – 웅 타이쬬– 가 와루꾸 떼 코 나 깟 따

シア 残念(ざんねん)ね。温泉(おんせん)の 後(あと)に 懐石料理(かいせきりょうり)を 食(た)べる?
시아 잔 넨 네 온 센 노 아또니 카이세끼료– 리 오 타 베 루

ゆき うん。食事(しょくじ)してからは 何(なに)を する?
유끼 웅 쇼꾸지 시 떼 까 라 와 나니오 스 루

シア 人力車(じんりきしゃ) ツアーを 予約(よやく)したけど、大丈夫(だいじょうぶ)?
시아 진 리끼 샤 츠 아 – 오 요 야꾸 시 따 께 도 다이죠– 부

ゆき うん、夜(よる)の 人力車(じんりきしゃ) いいね。
유끼 웅 요루노 진 리끼 샤 이 – 네

温泉(おんせん)
온 셍

시아 기분 좋다~. 아, 맞다. 친구들은 여기에 왔어?
유키 아니, 컨디션이 안 좋아서 안 왔어.
시아 아쉽네. 온천 후에 가이세키 요리를 먹을래?
유키 응. 식사하고 나서는 뭘 해?
시아 인력거 투어를 예약했는데, 괜찮아?
유키 응. 밤의 인력거 좋네.

단어 気持(きも)ちいい 기분 좋다 | そうだ 그렇다, 맞다 | 명사+の+後(あと)に ~한 후에 | 懐石料理(かいせきりょうり) 가이세키 요리 *작은 그릇에 다양한 음식이 조금씩 순차적으로 담겨 나오는 일본의 연회용 코스 요리 | 夜(よる) 밤

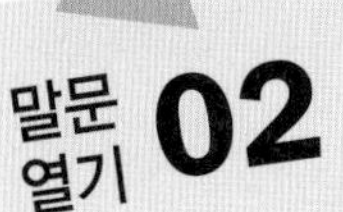

일본 전통문화 체험

#시아가 일본 전통 문화 체험을 위해 점원과 대화를 나눈다.

てんいん 扇子作(せんすづく)りに 参加(さんか)して ください。
텡 잉　센 스 즈꾸 리 니　상 까 시 떼　쿠 다 사 이

今(いま) 参加(さんか)したら 記念写真(きねんしゃしん)を プレゼントします。
이마　상 까 시 따 라　키 넨 샤 싱 오　푸 레 젠 토 시 마 스

シア どんな 扇子(せんす)を 作(つく)りますか。
시아　돈 나　센 스 오　츠꾸 리 마 스 까

てんいん ここは 和紙(わし)が 有名(ゆうめい)で、その 紙(かみ)で 扇子(せんす)を 作(つく)ります。
텡 잉　코 꼬 와　와 시 가　유-메-데　소 노　카미 데　센 스 오　츠꾸 리 마 스

先月(せんげつ)は アイドルさんも 来(き)て 参加(さんか)しました。
셍게쯔 와　아 이 도 루　삼　모　키 떼　상 까 시 마 시 따

シア ああ、そうですか。
시아　아 -　소 -　데 스 까

じゃ、私(わたし)も 作(つく)って みます。
쟈　와따시 모　츠꿋 떼　미 마 스

扇子(せんす)
센 스

점원 부채 만들기에 참가해 주세요.
지금 참가하면 기념사진을 선물합니다.
시아 어떤 부채를 만들어요?
점원 이곳은 화지(和紙)가 유명해서 그 종이로 부채를 만들어요.
지난달에는 아이돌 멤버도 와서 참가했어요.
시아 아~, 그래요?
그럼, 저도 만들어 볼게요.

단어 扇子(せんす) 부채 | 명사+作(づく)り ~만들기 | 記念写真(きねんしゃしん) 기념사진 | プレゼントする 선물하다 | どんな 어떤 | 作(つく)る 만들다 | 和紙(わし) 화지 *일본 고유의 종이 | 紙(かみ) 종이 | ~で ~(으)로 | 先月(せんげつ) 지난달 | アイドル 아이돌

1 보기와 같이 3그룹 동사를 て형과 た형으로 바꿔 보세요.

> **보기** 運動(うんどう)する 운동하다 ➡ 運動(うんどう)して 운동하고, 운동해서 / 運動(うんどう)した 운동했다
> 운도-스 루 / 운 도-시 떼 / 운 도-시 따

① 来(く)る 오다 ➡ ____________ 오고, 와서 / ____________ 왔다
쿠 루

② 予約(よやく)する 예약하다 ➡ ____________ 예약하고, 예약해서 / ____________ 예약했다
요야꾸 스 루

③ アップロードする 업로드하다 ➡ ____________ 업로드하고, 업로드해서 / ____________ 업로드했다
압 푸 로 - 도 스 루

2 빈칸에 알맞은 말을 아래에서 골라 대화를 완성하세요.

A: お友(とも)だち、ここに ____①____? 친구들 여기에 왔어?
오또모 다 찌 코 꼬 니

B: ううん、誰(だれ)も ____②____。아니, 아무도 안 왔어.
우 - 웅 다레 모

A: 残念(ざんねん)ね。後(あと)で ____③____ 何(なに)を する? 아쉽네. 나중에 식사하고 나서 뭘 할래?
잔 넨 네 아또 데 나니오 스 루

B: 人力車(じんりきしゃ) ツアーを ____④____ けど、どう? 인력거 투어를 예약했는데, 어때?
진리끼샤 츠 아 - 오 께 도 도 -

① a. 来(き)ました b. 来(き)た
키 마 시 따 / 키 따

② a. 来(こ)なかった b. 来(こ)ない
코 나 깟 따 / 코 나 이

③ a. 食事(しょくじ)したから b. 食事(しょくじ)してから
쇼꾸 지 시 따 까 라 / 쇼꾸 지 시 떼 까 라

④ a. 予約(よやく)した b. 予約(よやく)して
요 야꾸 시 따 / 요 야꾸 시 떼

단어 後(あと)で 나중에

3 밑줄 친 부분을 보기와 같이 바꿔 보세요.

보기 日本(にほん)に 来(く)る / 電話(でんわ)して ください 일본에 오다 / 전화하세요
니혼니 쿠루 뎅와시떼 쿠다사이

➡ 日本(にほん)に 来(き)たら、電話(でんわ)して ください。일본에 오면 전화하세요.
니혼니 키따라 뎅와시떼 쿠다사이

① 予約(よやく)を キャンセルする / 手数料(てすうりょう)が かかります 예약을 취소하다 / 수수료가 듭니다
요야꾸오 캰세루스루 테스-료-가 카까리마스

➡ ________________ 手数料(てすうりょう)が かかります。예약을 취소하면 수수료가 듭니다.
테스-료-가 카까리마스

② メールが 来(く)る / すぐに 返信(へんしん)します 메일이 오다 / 바로 답장하겠습니다
메-루가 쿠루 스구니 헨신시마스

➡ ________________ すぐに 返信(へんしん)します。메일이 오면 바로 답장하겠습니다.
스구니 헨신시마스

4 음성을 듣고 문장을 따라 쓰고 읽어 보세요.

① 기분 좋다.

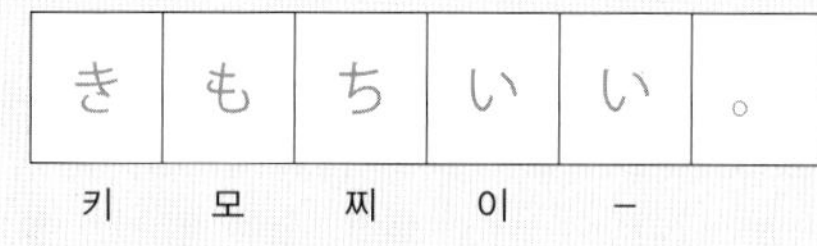

② 밤의 인력거 좋네.

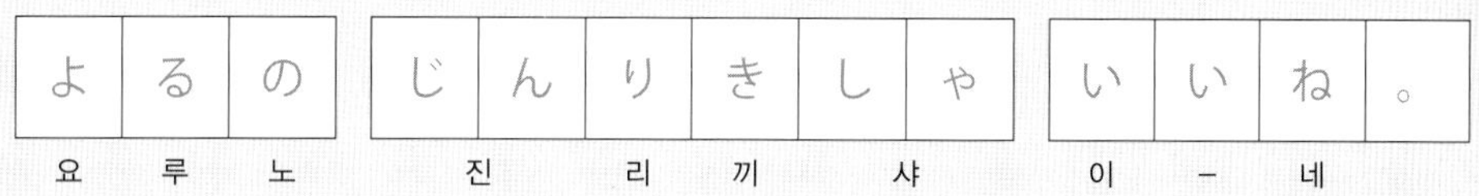

よるの じんりきしゃ いいね。
요 루 노 진 리 끼 샤 이 - 네

③ 저도 만들어 볼게요.

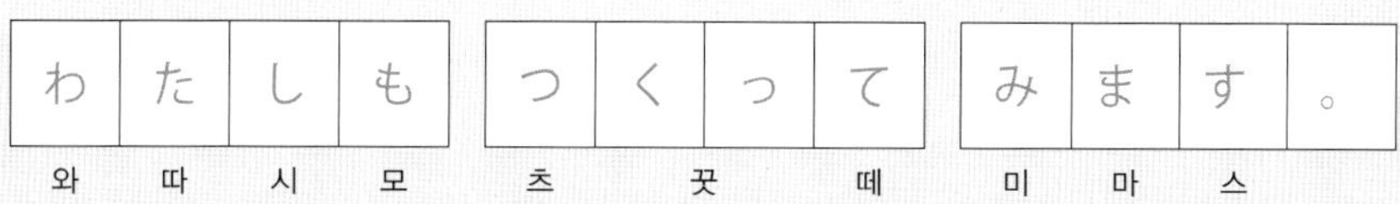

わたしも つくって みます。
와 따 시 모 츠 꿋 떼 미 마 스

단어 日本(にほん) 일본 | 手数料(てすうりょう) 수수료 | かかる (비용이) 들다 | メール 메일, 문자 | すぐに 곧, 바로 | 返信(へんしん) 회신, 답장

Week 4 / Day 5

Check! Check! 핵심포인트 | 동사❷

☑ 동사의 て형(문장 연결)과 た형(반말 과거)을 정리해 볼까요?

		동사의 て형	동사의 た형
1그룹 동사	어미가 「く、ぐ」로 끝나는 동사	어미를 「いて、いで」로 바꿈	어미를 「いた、いだ」로 바꿈
		書(か)く (글씨·글을) 쓰다 카 꾸 → 書(か)いて (글씨·글을) 쓰고, 써서 카 이 떼	書(か)いた (글씨·글을) 썼다 카 이 따
		泳(およ)ぐ 수영하다 오요 구 → 泳(およ)いで 수영하고, 수영해서 오요 이 데	泳(およ)いだ 수영했다 오요 이 다
	어미가 「う、つ、る」로 끝나는 동사	어미를 「って」로 바꿈	어미를 「った」로 바꿈
		買(か)う 사다 카 우 → 買(か)って 사고, 사서 캇 떼	買(か)った 샀다 캇 따
		待(ま)つ 기다리다 마 쯔 → 待(ま)って 기다리고, 기다려서 맛 떼	待(ま)った 기다렸다 맛 따
		乗(の)る (탈것에) 타다 노 루 → 乗(の)って (탈것에) 타고, 타서 놋 떼	乗(の)った (탈것에) 탔다 놋 따
	어미가 「ぬ、ぶ、む」로 끝나는 동사	어미를 「んで」로 바꿈	어미를 「んだ」로 바꿈
		死(し)ぬ 죽다 시 누 → 死(し)んで 죽고, 죽어서 신 데	死(し)んだ 죽었다 신 다
		遊(あそ)ぶ 놀다 아소 부 → 遊(あそ)んで 놀고, 놀아서 아손 데	遊(あそ)んだ 놀았다 아손 다
		飲(の)む 마시다 노 무 → 飲(の)んで 마시고, 마셔서 논 데	飲(の)んだ 마셨다 논 다
2그룹 동사		어미 「る」를 떼고 「て」를 붙임	어미 「る」를 떼고 「た」를 붙임
		見(み)る 보다 미 루 → 見(み)て 보고, 봐서 미 떼	見(み)た 보았다 미 따
		食(た)べる 먹다 타 베 루 → 食(た)べて 먹고, 먹어서 타 베 떼	食(た)べた 먹었다 타 베 따
3그룹 동사	*불규칙 활용	する 하다 스 루 → して 하고, 해서 시 떼	した 했다 시 따
		来(く)る 오다 쿠 루 → 来(き)て 오고, 와서 키 떼	来(き)た 왔다 키 따

동사 ます형의 과거형(과거 존댓말)을 정리해 볼까요?

	동사 ます형의 과거형	
	긍정	부정
	「ます」 대신 「ました」 또는 「ましたか」만 붙이면 됨	「ます」 대신 「ませんでした」 또는 「ませんでしたか」만 붙이면 됨
1그룹 동사	行(い)きます → 行(い)きました 이 끼 마 스　이 끼 마 시 따 갑니다 → 갔습니다 行(い)きますか → 行(い)きましたか 이 끼 마 스 까　이 끼 마 시 따 까 갑니까? → 갔습니까?	行(い)きません → 行(い)きませんでした 이 끼 마 셍　이 끼 마 센 데 시 따 가지 않습니다 → 가지 않았습니다 行(い)きませんか → 行(い)きませんでしたか 이 끼 마 셍 까　이 끼 마 센 데 시 따 까 가지 않습니까? → 가지 않았습니까?
2그룹 동사	見(み)ます → 見(み)ました 미 마 스　미 마 시 따 봅니다 → 봤습니다 見(み)ますか → 見(み)ましたか 미 마 스 까　미 마 시 따 까 봅니까? → 봤습니까?	見(み)ません → 見(み)ませんでした 미 마 셍　미 마 센 데 시 따 보지 않습니다 → 보지 않았습니다 見(み)ませんか → 見(み)ませんでしたか 미 마 셍 까　미 마 센 데 시 따 까 보지 않습니까? → 보지 않았습니까?
3그룹 동사	します → しました 시 마 스　시 마 시 따 합니다 → 했습니다 しますか → しましたか 시 마 스 까　시 마 시 따 까 합니까? → 했습니까? 来(き)ます → 来(き)ました 키 마 스　키 마 시 따 옵니다 → 왔습니다 来(き)ますか → 来(き)ましたか 키 마 스 까　키 마 시 따 까 옵니까? → 왔습니까?	しません → しませんでした 시 마 셍　시 마 센 데 시 따 하지 않습니다 → 하지 않았습니다 しませんか → しませんでしたか 시 마 셍 까　시 마 센 데 시 따 까 하지 않습니까? → 하지 않았습니까? 来(き)ません → 来(き)ませんでした 키 마 셍　키 마 센 데 시 따 오지 않습니다 → 오지 않았습니다 来(き)ませんか → 来(き)ませんでしたか 키 마 셍 까　키 마 센 데 시 따 까 오지 않습니까? → 오지 않았습니까?

부록

1. 품사별 주요 어휘

❶ い형용사

크다	おおきい(大きい)	작다	ちいさい(小さい)	가깝다	ちかい(近い)
멀다	とおい(遠い)	무겁다	おもい(重い)	가볍다	かるい(軽い)
많다	おおい(多い)	적다	すくない(少ない)	①높다 ②비싸다	たかい(高い)
싸다	やすい(安い)	낮다	ひくい(低い)	길다	ながい(長い)
짧다	みじかい(短い)	넓다	ひろい(広い)	좁다	せまい(狭い)
새롭다	あたらしい(新しい)	낡다	ふるい(古い)	좋다	いい・よい
나쁘다	わるい(悪い)	밝다	あかるい(明るい)	어둡다	くらい(暗い)
바쁘다	いそがしい(忙しい)	아름답다	うつくしい(美しい)	뜨겁다	あつい(熱い)
차갑다, 차다	つめたい(冷たい)	더럽다	きたない(汚い)	강하다	つよい(強い)
약하다	よわい(弱い)	(속도가) 빠르다	はやい(速い)	느리다	おそい(遅い)
이르다, 빠르다	はやい(早い)	상냥하다	やさしい(優しい)	귀엽다	かわいい
굉장하다	すごい	빨갛다	あかい(赤い)	하얗다	しろい(白い)
검다	くろい(黒い)	파랗다	あおい(青い)	위험하다	あぶない(危ない)
대단하다	すばらしい	두껍다	あつい(厚い)	얇다	うすい(薄い)
굵다	ふとい(太い)	가늘다	ほそい(細い)	어렵다	むずかしい(難しい)

쉽다	やさしい(易しい)	재미있다	おもしろい(面白い)	재미없다	つまらない
기쁘다	うれしい(嬉しい)	슬프다	かなしい(悲しい)	즐겁다	たのしい(楽しい)
아프다	いたい(痛い)	따뜻하다	あたたかい(暖かい)	덥다	あつい(暑い)
춥다	さむい(寒い)	시원하다	すずしい(涼しい)	달다	あまい(甘い)
맛있다	おいしい	맛없다	まずい	짜다	しょっぱい
쓰다	にがい(苦い)	맵다	からい(辛い)	시다	すっぱい(酸っぱい)
둥글다	まるい(丸い)	시끄럽다	うるさい	가늘고 길다	ほそながい(細長い)

❷ な형용사

잘하다, 능숙하다	じょうずだ(上手だ)	잘 못하다, 서투르다	へただ(下手だ)	좋아하다	すきだ(好きだ)
싫어하다	きらいだ(嫌いだ)	①깨끗하다 ②예쁘다, 아름답다	きれいだ	건강하다, 잘 지내다	げんきだ(元気だ)
편리하다	べんりだ(便利だ)	불편하다	ふべんだ(不便だ)	조용하다	しずかだ(静かだ)
북적이다, 활기차다	にぎやかだ (賑やかだ)	유명하다	ゆうめいだ(有名だ)	한가하다	ひまだ(暇だ)
친절하다	しんせつだ(親切だ)	큰일이다, 힘들다	たいへんだ(大変だ)	잘하다, 자신 있다	とくいだ(得意だ)
잘 못하다, 서투르다	にがてだ(苦手だ)	간단하다	かんたんだ(簡単だ)	복잡하다	ふくざつだ(複雑だ)
걱정스럽다	しんぱいだ(心配だ)	중요하다	たいせつだ(大切だ)	괜찮다	だいじょうぶだ (大丈夫だ)
성실하다	まじめだ(真面目だ)	잘생기다	ハンサムだ	멋지다	すてきだ(素敵だ)

❸ 동사

● 1그룹 동사

듣다, 묻다	きく(聞く)	(글씨 · 글을) 쓰다	かく(書く)	만나다	あう(会う)
사다	かう(買う)	말하다	いう(言う)	가다	いく(行く)
서다	たつ(立つ)	기다리다	まつ(待つ)	쓰다, 사용하다	つかう(使う)
읽다	よむ(読む)	놀다	あそぶ(遊ぶ)	마시다	のむ(飲む)
돌아가[오]다	かえる(帰る)	(탈것에) 타다	のる(乗る)	이야기하다	はなす(話す)
배우다	ならう(習う)	걷다	あるく(歩く)	수영하다	およぐ(泳ぐ)
가지다	もつ(持つ)	씻다	あらう(洗う)	(노래를) 부르다	うたう(歌う)
끝나다	おわる(終わる)	들어가[오]다	はいる(入る)	(사진을) 찍다	とる(撮る)
집다, 들다	とる(取る)	앉다	すわる(座る)	죽다	しぬ(死ぬ)
부르다	よぶ(呼ぶ)	누르다	おす(押す)	어울리다	にあう(似合う)
(꽃이) 피다	さく(咲く)	날다	とぶ(飛ぶ)	건네다, 건네주다	わたす(渡す)
돕다, 거들다	てつだう(手伝う)	(방향을) 돌다	まがる(曲がる)	①(편지 등을) 부치다 ②꺼내다	だす(出す)

● 2그룹 동사

먹다	たべる(食べる)	보다	みる(見る)	일어나다, 기상하다	おきる(起きる)
(옷을) 입다	きる(着る)	자다	ねる(寝る)	빌리다	かりる(借りる)
가르치다, 일러 주다	おしえる(教える)	나가다, 외출하다	でかける(出かける)	열다	あける(開ける)
닫다	しめる(閉める)	(탈것에서) 내리다	おりる(降りる)	기억하다, 외우다	おぼえる(覚える)
갈아입다	きがえる(着替える)	조사하다, 알아보다	しらべる(調べる)	인기가 있다	もてる(持てる)
나가[오]다	でる(出る)	(전화 등을) 걸다	かける		

● 3그룹 동사

하다	する	오다	くる(来る)

2. 기타 표현

❶ 지시대명사

	こ(이)	そ(그)	あ(저)	ど(어느)
사물	これ 이것	それ 그것	あれ 저것	どれ 어느 것
장소	ここ 여기	そこ 거기	あそこ 저기	どこ 어디
명사 수식	この+명사 이~	その+명사 그~	あの+명사 저~	どの+명사 어느~

❷ 의문사

무엇	なに・なん(何)	누구	だれ(誰)
언제	いつ	몇 개	いくつ
얼마	いくら	어느 정도	どのくらい
어디	どこ	어떻게, 어때	どう

❸ 날씨

맑음	はれ(晴れ)	흐림	くもり(曇り)	비	あめ(雨)
바람	かぜ(風)	눈	ゆき(雪)	태풍	たいふう(台風)

❹ 숫자

0	ゼロ・れい	100	ひゃく
1	いち	200	にひゃく
2	に	300	さんびゃく
3	さん	400	よんひゃく
4	よん・し	500	ごひゃく
5	ご	600	ろっぴゃく
6	ろく	700	ななひゃく
7	なな・しち	800	はっぴゃく
8	はち	900	きゅうひゃく
9	きゅう・く	1,000	せん
10	じゅう	2,000	にせん
11	じゅういち	3,000	さんぜん
12	じゅうに	4,000	よんせん
13	じゅうさん	5,000	ごせん
14	じゅうよん・じゅうし	6,000	ろくせん
15	じゅうご	7,000	ななせん
16	じゅうろく	8,000	はっせん
17	じゅうなな・じゅうしち	9,000	きゅうせん
18	じゅうはち	10,000	いちまん
19	じゅうきゅう・じゅうく	100,000	じゅうまん
20	にじゅう	1,000,000	ひゃくまん
30	さんじゅう	10,000,000	いっせんまん
40	よんじゅう	100,000,000	いちおく
50	ごじゅう		
60	ろくじゅう		
70	ななじゅう・しちじゅう		
80	はちじゅう		
90	きゅうじゅう		

❺ 날짜

● 월

1월	いちがつ(1月)	2월	にがつ(2月)	3월	さんがつ(3月)
4월	しがつ(4月)	5월	ごがつ(5月)	6월	ろくがつ(6月)
7월	しちがつ(7月)	8월	はちがつ(8月)	9월	くがつ(9月)
10월	じゅうがつ(10月)	11월	じゅういちがつ(11月)	12월	じゅうにがつ(12月)
몇 월	なんがつ(何月)				

● 일

1일	ついたち (1日)	2일	ふつか (2日)	3일	みっか (3日)
4일	よっか (4日)	5일	いつか (5日)	6일	むいか (6日)
7일	なのか (7日)	8일	ようか (8日)	9일	ここのか (9日)
10일	とおか (10日)	11일	じゅういちにち (11日)	12일	じゅうににち (12日)
13일	じゅうさんにち (13日)	14일	じゅうよっか (14日)	15일	じゅうごにち (15日)
16일	じゅうろくにち (16日)	17일	じゅうしちにち (17日)	18일	じゅうはちにち (18日)
19일	じゅうくにち (19日)	20일	はつか (20日)	21일	にじゅういちにち (21日)
22일	にじゅうににち (22日)	23일	にじゅうさんにち (23日)	24일	にじゅうよっか (24日)
25일	にじゅうごにち (25日)	26일	にじゅうろくにち (26日)	27일	にじゅうしちにち (27日)
28일	にじゅうはちにち (28日)	29일	にじゅうくにち (29日)	30일	さんじゅうにち (30日)
31일	さんじゅういちにち (31日)	며칠	なんにち (何日)		

● 요일

월요일	げつようび(月曜日)	화요일	かようび(火曜日)	수요일	すいようび(水曜日)
목요일	もくようび(木曜日)	금요일	きんようび(金曜日)	토요일	どようび(土曜日)
일요일	にちようび(日曜日)	무슨 요일	なんようび(何曜日)		

❻ 시간

● 시

1시	いちじ(1時)	2시	にじ(2時)	3시	さんじ(3時)
4시	よじ(4時)	5시	ごじ(5時)	6시	ろくじ(6時)
7시	しちじ(7時)	8시	はちじ(8時)	9시	くじ(9時)
10시	じゅうじ(10時)	11시	じゅういちじ(11時)	12시	じゅうにじ(12時)
몇 시	なんじ(何時)				

● 분

1분	いっぷん(1分)	2분	にふん(2分)	3분	さんぷん(3分)
4분	よんぷん(4分)	5분	ごふん(5分)	6분	ろっぷん(6分)
7분	ななふん(7分)	8분	はっぷん(8分)	9분	きゅうふん(9分)
10분	じ(ゅ)っぷん(10分)	20분	にじ(ゅ)っぷん(20分)	30분	さんじ(ゅ)っぷん(30分)・はん(半)
40분	よんじ(ゅ)っぷん(40分)	50분	ごじ(ゅ)っぷん(50分)	60분	ろくじ(ゅ)っぷん(60分)
몇 분	なんぷん(何分)				

❼ 조수사

● 층수

1층	いっかい(1階)	2층	にかい(2階)	3층	さんがい(3階)
4층	よんかい(4階)	5층	ごかい(5階)	6층	ろっかい(6階)
7층	ななかい(7階)	8층	はちかい・はっかい(8階)	9층	きゅうかい(9階)
10층	じ(ゅ)っかい(10階)	몇 층	なんがい・なんかい(何階)		

● 개수

하나, 한 개	ひとつ(一つ)	둘, 두 개	ふたつ(二つ)	셋, 세 개	みっつ(三つ)
넷, 네 개	よっつ(四つ)	다섯, 다섯 개	いつつ(五つ)	여섯, 여섯 개	むっつ(六つ)
일곱, 일곱 개	ななつ(七つ)	여덟, 여덟 개	やっつ(八つ)	아홉, 아홉 개	ここのつ(九つ)
열, 열 개	とお(十)	몇 개	いくつ		

● 사람 수

한 명	ひとり(一人)	두 명	ふたり(二人)	세 명	さんにん(三人)
네 명	よにん(四人)	다섯 명	ごにん(五人)	여섯 명	ろくにん(六人)
일곱 명	しちにん(七人)	여덟 명	はちにん(八人)	아홉 명	きゅうにん(九人)
열 명	じゅうにん(十人)	몇 명	なんにん(何人)		

● 동물 수

한 마리	いっぴき(一匹)	두 마리	にひき(二匹)	세 마리	さんびき(三匹)
네 마리	よんひき(四匹)	다섯 마리	ごひき(五匹)	여섯 마리	ろっぴき(六匹)
일곱 마리	ななひき(七匹)	여덟 마리	はっぴき(八匹)	아홉 마리	きゅうひき(九匹)
열 마리	じ(ゅ)っぴき(十匹)	몇 마리	なんびき(何匹)		

❽ 때를 나타내는 말

그저께	おととい (一昨日)	어제	きのう (昨日)	오늘	きょう (今日)
내일	あした (明日)	모레	あさって (明後日)		
지지난주	せんせんしゅう (先々週)	지난주	せんしゅう (先週)	이번 주	こんしゅう (今週)
다음 주	らいしゅう (来週)	다다음 주	さらいしゅう (再来週)		
지지난달	せんせんげつ (先々月)	지난달	せんげつ (先月)	이달	こんげつ (今月)
다음 달	らいげつ (来月)	다다음 달	さらいげつ (再来月)		

❾ 정도를 나타내는 말

매우	とても	정말로	ほんとうに(本当に)
대단히, 몹시	ずいぶん	상당히, 꽤	かなり
가장, 제일	いちばん(一番)	그다지, 별로	あまり
대체로	だいたい(大体)	전혀	ぜんぜん(全然)

❿ 위치를 나타내는 말

위	うえ(上)	아래	した(下)	앞	まえ(前)	뒤, 뒤쪽	うしろ(後ろ)
안	なか(中)	밖	そと(外)	옆, 이웃	となり(隣)	옆	よこ(横)
근처, 옆	そば	맞은편	むこう(向こう)	오른쪽	みぎ(右)	왼쪽	ひだり(左)

⑪ 가족 호칭

● 내 가족을 남에게 말할 때

(외)할아버지	そふ(祖父)	(외)할머니	そぼ(祖母)
아버지	ちち(父)	어머니	はは(母)
오빠, 형	あに(兄)	언니, 누나	あね(姉)
남동생	おとうと(弟)	여동생	いもうと(妹)
아들	むすこ(息子)	딸	むすめ(娘)
형제	きょうだい(兄弟)	사촌	いとこ(従兄)
사위	むこ(婿)	며느리	よめ(嫁)
손자·손녀	まご(孫)	부모	おや(親)・りょうしん(両親)
남편	おっと(夫)・しゅじん(主人)	아내	つま(妻)

● 남의 가족을 말할 때

(외)할아버지	おじいさん(お祖父さん)	(외)할머니	おばあさん(お祖母さん)
아버지	おとうさん(お父さん)	어머니	おかあさん(お母さん)
오빠, 형	おにいさん(お兄さん)	언니, 누나	おねえさん(お姉さん)
남동생	おとうとさん(弟さん)	여동생	いもうとさん(妹さん)
아들	むすこさん(息子さん)	딸	むすめさん(娘さん)
형제	ごきょうだい(ご兄弟)	사촌	いとこさん(従兄さん)
사위	おむこさん(婿さん)	며느리	およめさん(嫁さん)
손자·손녀	おまごさん(孫さん)	부모	ごりょうしん(ご両親)
남편	ごしゅじん(ご主人)	아내	おくさん(奥さん)・ おくさま(奥様)

● 내 가족을 직접 보면서 말할 때

(외)할아버지	おじいさん(お祖父さん)	(외)할머니	おばあさん(お祖母さん)
아버지	おとうさん(お父さん)	어머니	おかあさん(お母さん)
오빠, 형	おにいさん(お兄さん)	언니, 누나	おねえさん(お姉さん)
남동생	이름	여동생	이름
아들	이름	딸	이름
형제	이름	사촌	이름
사위	이름さん・ 자녀 이름の おとうさん(お父さん)	며느리	이름さん・ 자녀 이름の おかあさん(お母さん)
손자·손녀	이름	부모	*
남편	あなた	아내	おまえ

3. 연습문제 정답

UNIT 01 _ p.38

1 ①c. これ
②a. じゃない
③b. ですか

2 ①a. なん
②b. それ
③b. も
④a. はい

3 ①どれ
②ありがとう。
③ください。

4 ①カフェラテは　どれ？
②すみません。
③あれが　カレーパンですね。

UNIT 02 _ p.48

1 ①c. でしたか
②b. じゃなかった
③a. だった

2 ①b. あめ
②b. でしたか
③b. いいえ
④a. じゃなかったです

3 ①はれだった。
②やすみでした。
③しぶやじゃなかった。

4 ①ぎんざでした。
②きょうから　あめだよ。
③くもりじゃなかったです。

UNIT 03 _ p.58

1 ①4
②26
③91

2 ①b. なんじ
②a. よじ
③b. いくら
④a. せん

3 ①いつ
②くじ　にじゅっぷん
③しちがつ　いつか

4 ①いってらっしゃい。
②たのしみだね。
③ごひゃくえんです。

UNIT 04 _ p.70

1 ①a. さむい
②c. よく
③b. からい

2 ①a. こわい
②b. こわくない
③b. ぜんぜん
④b. すごい

3 ①たのしいです
②あまくないです

4 ①あついです。
②からくない。
③いただきます。

UNIT 05_p.80

1 ①c. たかくて
②b. こわかった
③a. おもしろくなかった

2 ①a. たのしかった
②b. おおくて
③b. おおくなかった
④a. ながかった

3 ①たのしかったです
②よくなかったです

4 ①たのしくなかった。
②いい おもいでですから。
③ツアーは おもしろかった。

UNIT 06_p.92

1 ①b. が
②a. すきな
③c. きれい

2 ①b. ゆうめいな
②b. ゆうめい
③a. すき
④b. すきじゃない

3 ①じょうずじゃないです/へたです
②しずかじゃないです/にぎやかです

4 ①きれい?
②しんせつじゃないです。
③にぎやかな ふんいきが いいです。

UNIT 07_p.102

1 ①c. でした
②a. じゃなかった
③b. かんたんで

2 ①b. べんりでした
②b. べんりじゃなかった
③b. でしたか
④a. しんせつで

3 ①しんせんでした
②きれいじゃなかったです

4 ①たべものは だいじょうぶだった?
②ほんとうに たいへんだった。
③とくいじゃなかったです。

UNIT 08_p.114

1 ①넷, 네 개, 4개
②열, 열 개, 10개
③6층

2 ①b. ありますか
②a. うしろ
③a. ふたつ
④b. ありません

3 ①ない
②あります
③ありません

4 ①しょくどうは どこに ある?
②いつつ ください。
③おもちかえりですか。

UNIT 09 _ p.124

1 ① 두 명, 2명
② 세 마리, 3마리
③ 여섯 마리, 6마리

2 ① a. なんにん
② b. おとうと
③ a. いませんか
④ a. いっぴき

3 ① います
② いません
③ いる

4 ① なんびき いますか。
② ペットは いない。
③ おねえさんは いませんか。

UNIT 10 _ p.134

1 ① 買わない
② 話さない
③ 遊ばない

2 ① b. に
② a. 会わない
③ a. 歩く
④ a. 歩かない

3 ① 飲みます
② 使いません

4 ① よこはまに いきます。
② いっしょに いかない？
③ かんらんしゃは のらない。

UNIT 11 _ p.144

1 ① 借りない
② 着ない
③ 閉めない

2 ① b. 出かける
② b. 出かけない
③ b. 食べない
④ b. 食べない

3 ① 見ます
② 起きません

4 ① ラーメンを たべますか。
② ううん、たべない。
③ ゆっくり やすみなさい。

UNIT 12 _ p.154

1 ① 来ない
② 食事しない
③ デートしない

2 ① a. 来る
② b. 来ない
③ b. と
④ a. しない

3 ① アップロードします
② 来ません

4 ① かいものしない？
② たぶん こないと おもう。
③ しょくじかいに きませんか。

UNIT 13_p.166

1 ①書いて / 書いた
②待って / 待った
③話して / 話した

2 ①a. 買って
②a. 撮って
③b. 行った
④b. わかった

3 ①飲んだ ことが あります
②聞いた ことは ありません

4 ①いま、あめが ふって いる？
②いちども いった こと ない。
③おちゃを のんで います。

UNIT 14_p.176

1 ①起きて / 起きた
②着替えて / 着替えた
③着て / 着た

2 ①a. 調べて
②a. 見て
③b. 持てましたか
④a. 持てませんでした

3 ①食べた ほうが いい
②降りた ほうが いい

4 ①きて みる？
②よく にあって いる。
③どうがを みて います。

UNIT 15_p.186

1 ①来て / 来た
②予約して / 予約した
③アップロードして / アップロードした

2 ①b. 来た
②a. 来なかった
③b. 食事してから
④a. 予約した

3 ①予約を キャンセルしたら
②メールが 来たら

4 ①きもちいい。
②よるの じんりきしゃ いいね。
③わたしも つくって みます。

MEMO

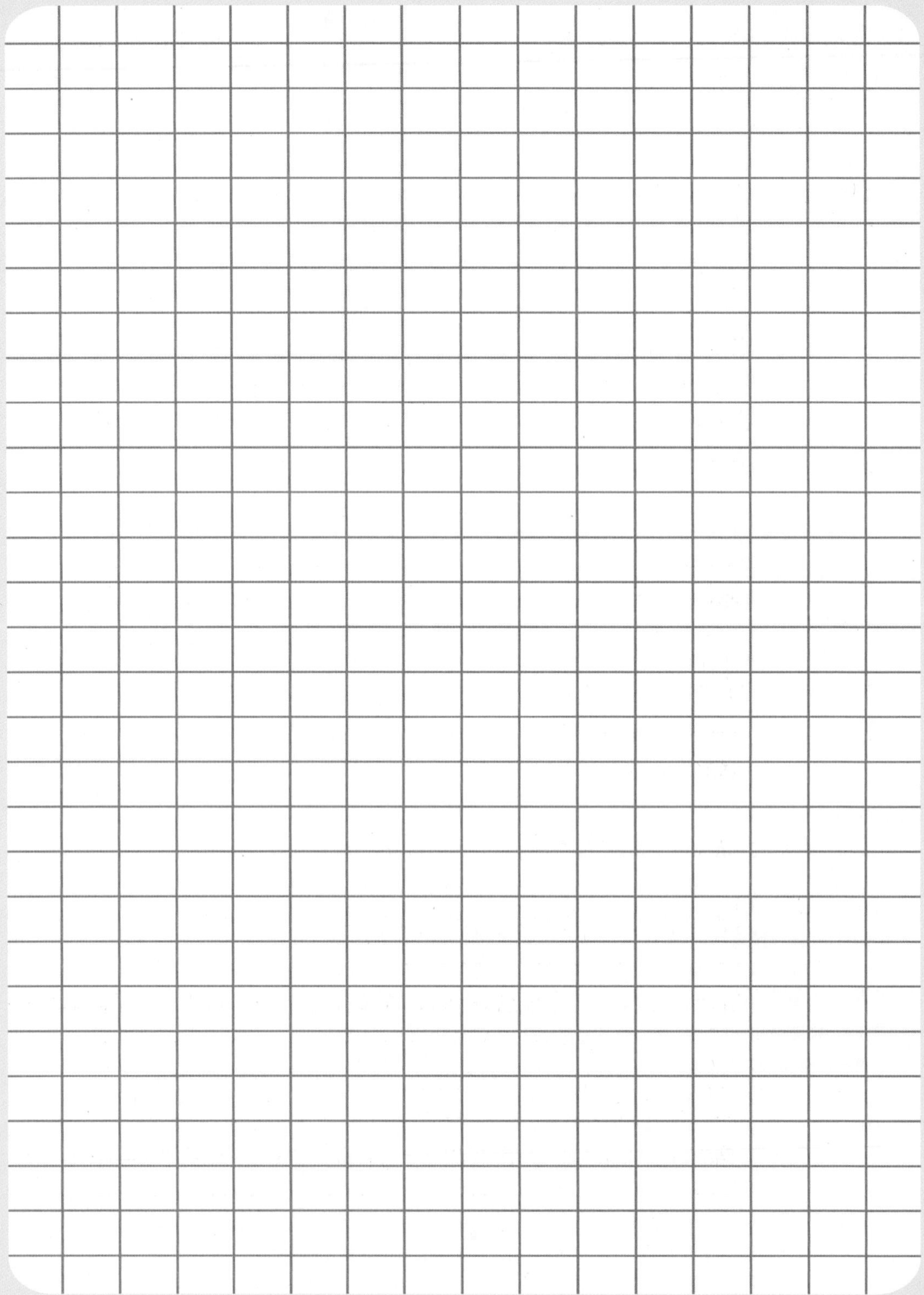

쉬운 일본어로
말문 열기

현지에서 통하는

YBM 처음 일본어

일본어 쓰기노트

JLPT N5 하프모의고사

YBM 와이비엠 홀딩스

목차

일본어 쓰기노트

히라가나

가타카나

JLPT N5 하프모의고사

문제

정답 및 해설

일본어
쓰기노트

오십음도

히라가나(ひらがな)

행 \ 단	あ단	い단	う단	え단	お단
あ행	あ 아[a]	い 이[i]	う 우[u]	え 에[e]	お 오[o]
か행	か 카[ka]	き 키[ki]	く 쿠[ku]	け 케[ke]	こ 코[ko]
さ행	さ 사[sa]	し 시[shi]	す 스[su]	せ 세[se]	そ 소[so]
た행	た 타[ta]	ち 치[chi]	つ 츠[tsu]	て 테[te]	と 토[to]
な행	な 나[na]	に 니[ni]	ぬ 누[nu]	ね 네[ne]	の 노[no]
は행	は 하[ha]	ひ 히[hi]	ふ 후[hu/fu]	へ 헤[he]	ほ 호[ho]
ま행	ま 마[ma]	み 미[mi]	む 무[mu]	め 메[me]	も 모[mo]
や행	や 야[ya]		ゆ 유[yu]		よ 요[yo]
ら행	ら 라[ra]	り 리[ri]	る 루[ru]	れ 레[re]	ろ 로[ro]
わ행	わ 와[wa]				を 오[wo]
			ん 응[n]		

오십음도

가타카나(カタカナ)

단

행

	ア단	イ단	ウ단	エ단	オ단
ア행	ア 아[a]	イ 이[i]	ウ 우[u]	エ 에[e]	オ 오[o]
カ행	カ 카[ka]	キ 키[ki]	ク 쿠[ku]	ケ 케[ke]	コ 코[ko]
サ행	サ 사[sa]	シ 시[shi]	ス 스[su]	セ 세[se]	ソ 소[so]
タ행	タ 타[ta]	チ 치[chi]	ツ 츠[tsu]	テ 테[te]	ト 토[to]
ナ행	ナ 나[na]	ニ 니[ni]	ヌ 누[nu]	ネ 네[ne]	ノ 노[no]
ハ행	ハ 하[ha]	ヒ 히[hi]	フ 후[hu/fu]	ヘ 헤[he]	ホ 호[ho]
マ행	マ 마[ma]	ミ 미[mi]	ム 무[mu]	メ 메[me]	モ 모[mo]
ヤ행	ヤ 야[ya]		ユ 유[yu]		ヨ 요[yo]
ラ행	ラ 라[ra]	リ 리[ri]	ル 루[ru]	レ 레[re]	ロ 로[ro]
ワ행	ワ 와[wa]				ヲ 오[wo]
			ン 응[n]		

히라가나

あ 행

아[a]

 あ	い	う	え	お
아[a]	이[i]	우[u]	에[e]	오[o]
				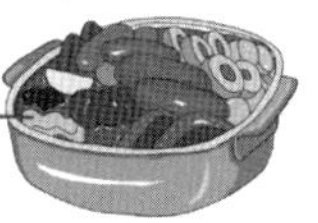
あい 사랑 아 이	いえ 집 이 에	うどん 우동 우 동	え 그림 에	おでん 오뎅 오 뎅

■ 순서대로 쓰면서 익히기

아[a]
あい 사랑 あお 파랑 あさ 아침
아 이 아 오 아 사
이[i]
いえ 집 いけ 연못 いちご 딸기
이 에 이 께 이 찌 고
우[u]
うし 소 うどん 우동 うみ 바다
우 시 우 동 우 미
에[e]
え 그림 えき 역 えび 새우
에 에 끼 에 비
오[o]
おか 언덕 おでん 오뎅 おとな 어른
오 까 오 뎅 오 또 나

■ 쓰기 연습

あああああ

あい 사랑
아 이

いいいいい

いえ 집
이 에

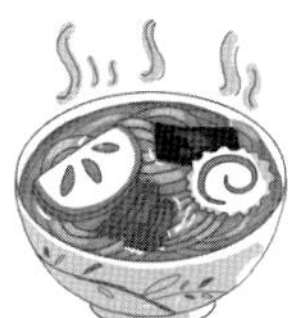

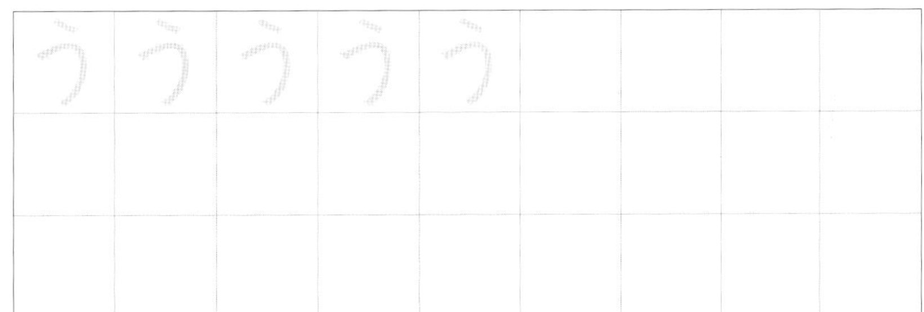

うどん 우동
우 동

え 그림
에

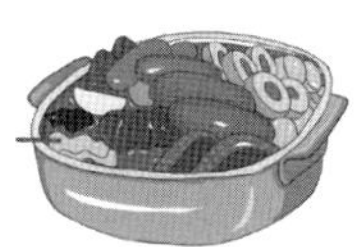

おおおおお

おでん 오뎅
오 뎅

연 | 습 | 문 | 제

1. 각 발음에 해당하는 히라가나를 찾아 선을 이어 보세요.

(1) 우[u] •		• い
(2) 에[e] •		• あ
(3) 아[a] •		• え
(4) 오[o] •		• う
(5) 이[i] •		• お

2. 그림을 보고 빈칸에 알맞은 히라가나를 써 보세요.

(1)

□ちご
이[i] 찌 고

(2)

□び
에[e] 비

(3)

□け
이[i] 께

(4)
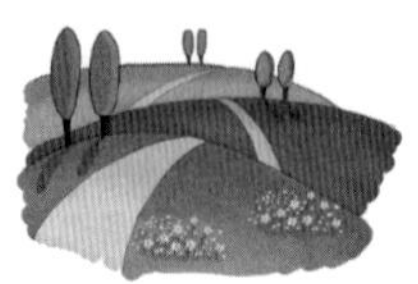

□か
오[o] 까

(5)

□し
우[u] 시

(6)

□□
아[a] 이[i]

정답_ 1. (1) 우[u]-う (2) 에[e]-え (3) 아[a]-あ (4) 오[o]-お (5) 이[i]-い 2. (1) い (2) え (3) い (4) お (5) う (6) あ、い

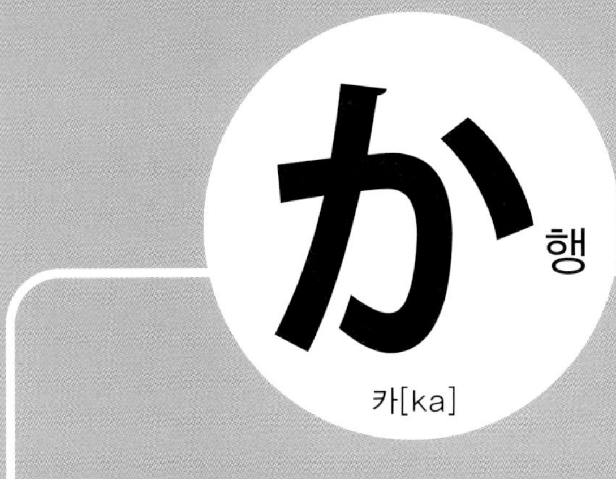

	き	く	け	こ
카[ka]	키[ki]	쿠[ku]	케[ke]	코[ko]

かき 감 카 끼	き 나무 키	くも 구름 쿠 모	けしき 경치 케 시 끼	こおり 얼음 코 – 리

■ 순서대로 쓰면서 익히기

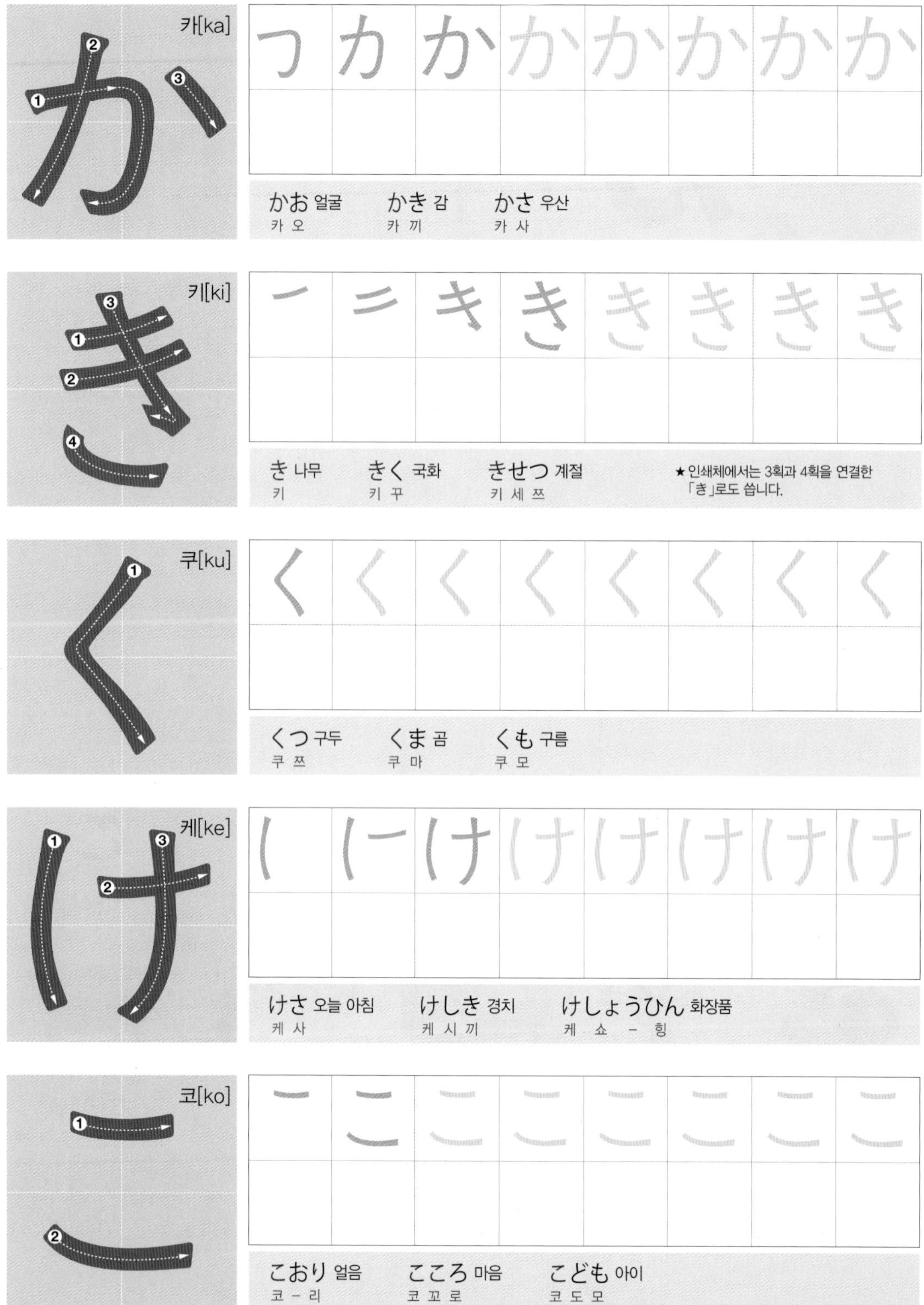

かお 얼굴
카 오

かき 감
카 끼

かさ 우산
카 사

き 나무
키

きく 국화
키 꾸

きせつ 계절
키 세 쯔

★인쇄체에서는 3획과 4획을 연결한 「き」로도 씁니다.

くつ 구두
쿠 쯔

くま 곰
쿠 마

くも 구름
쿠 모

けさ 오늘 아침
케 사

けしき 경치
케 시 끼

けしょうひん 화장품
케 쇼 - 힝

こおり 얼음
코 - 리

こころ 마음
코 꼬 로

こども 아이
코 도 모

かき 감
카 끼

か か か か か

き 나무
키

き き き き き

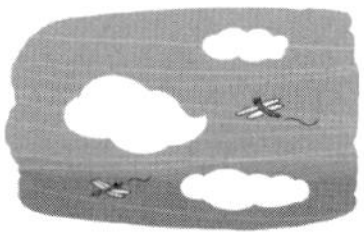

くも 구름
쿠 모

く く く く く

けしき 경치
케 시 끼

け け け け け

こおり 얼음
코 ー 리

こ こ こ こ こ

연 | 습 | 문 | 제

か행
카

1. 각 발음에 해당하는 히라가나를 찾아 선을 이어 보세요.

(1) 코[ko] •	• け
(2) 쿠[ku] •	• か
(3) 케[ke] •	• こ
(4) 카[ka] •	• く
(5) 키[i] •	• き

2. 그림을 보고 빈칸에 알맞은 히라가나를 써 보세요.

(1)

□ ま
마
쿠[ku]

(2)

□ さ
사
카[ka]

(3)

□ ども
도 모
코[ko]

(4)

□ しょうひん
쇼 – 힝
케[ke]

(5)

□ つ
쯔
쿠[ku]

(6)

□ □
키[ki] 꾸[ku]

정답_ 1. (1) 코[ko]-こ (2) 쿠[ku]-く (3) 케[ke]-け (4) 카[ka]-か (5) 키[ki]-き 2. (1) く (2) か (3) こ (4) け (5) く (6) き、く

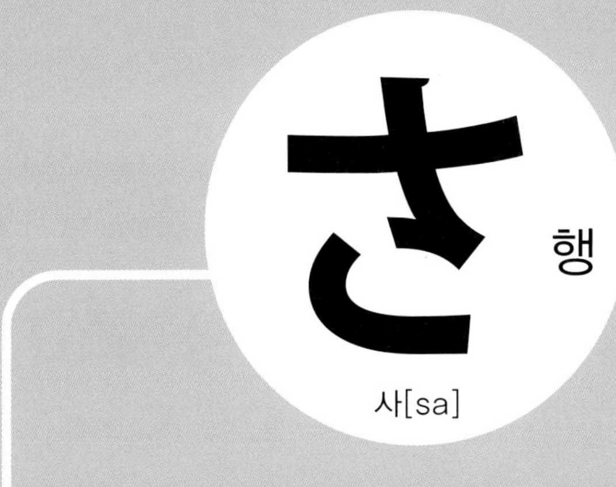

	し	す	せ	そ
사[sa]	시[shi]	스[su]	세[se]	소[so]
		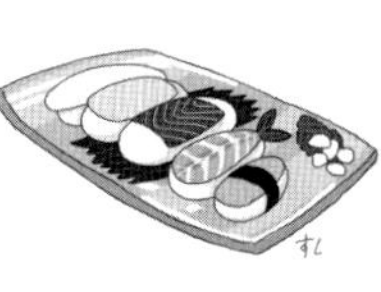		
さくら 벚꽃 사 꾸 라	しか 사슴 시 까	すし 초밥 스 시	せんぷうき 선풍기 셈 뿌 – 끼	そら 하늘 소 라

■ 순서대로 쓰면서 익히기

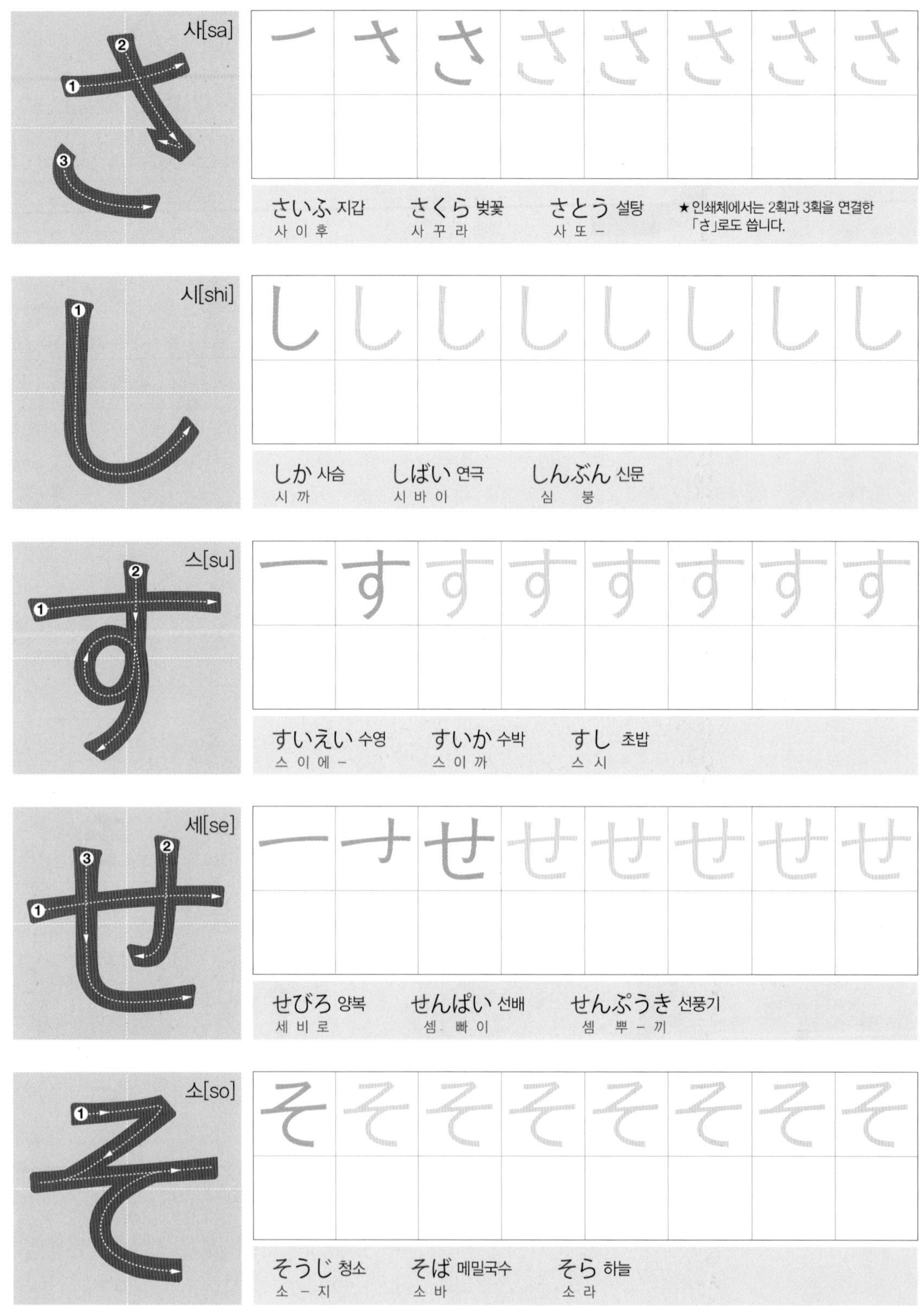

사[sa]
さいふ 지갑
사 이 후
さくら 벚꽃
사 꾸 라
さとう 설탕
사 또 -
★인쇄체에서는 2획과 3획을 연결한 「さ」로도 씁니다.
시[shi]
しか 사슴
시 까
しばい 연극
시 바 이
しんぶん 신문
심 붕
스[su]
すいえい 수영
스 이 에 -
すいか 수박
스 이 까
すし 초밥
스 시
세[se]
せびろ 양복
세 비 로
せんぱい 선배
셈 빠 이
せんぷうき 선풍기
셈 뿌 - 끼
소[so]
そうじ 청소
소 - 지
そば 메밀국수
소 바
そら 하늘
소 라

■ 쓰기 연습

さくら 벚꽃
사 꾸 라

さ	さ	さ	さ	さ				

しか 사슴
시 까

し	し	し	し	し				

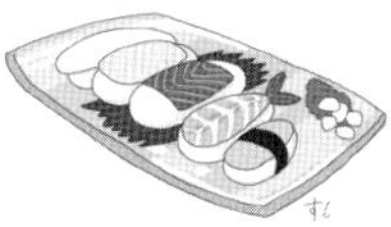

すし 초밥
스 시

す	す	す	す	す				

せんぷうき 선풍기
셈 뿌 – 끼

せ	せ	せ	せ	せ				

そら 하늘
소 라

そ	そ	そ	そ	そ				

연 | 습 | 문 | 제

さ행
사

1. 각 발음에 해당하는 히라가나를 찾아 선을 이어 보세요.

(1) 스[su] •		• そ
(2) 세[se] •		• さ
(3) 시[shi] •		• す
(4) 소[so] •		• せ
(5) 사[sa] •		• し

2. 그림을 보고 빈칸에 알맞은 히라가나를 써 보세요.

(1)

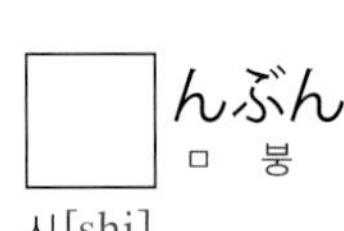

□んぶん
ㅁ 붕
시[shi]

(2)

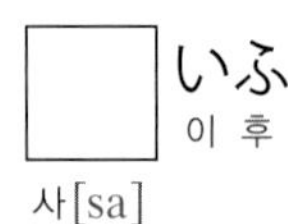

□いふ
이 후
사[sa]

(3)

□びろ
비 로
세[se]

(4)

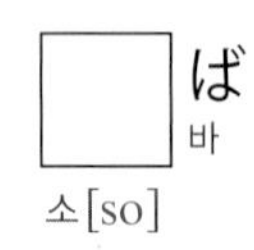

□ば
바
소[so]

(5)

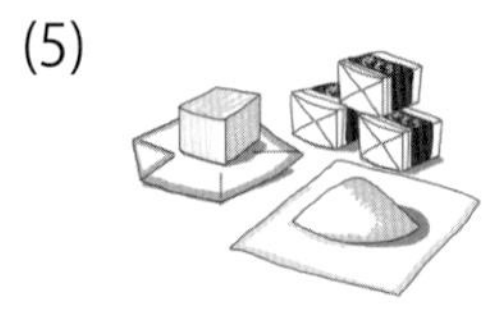

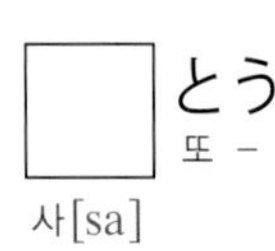

□とう
또 –
사[sa]

(6)

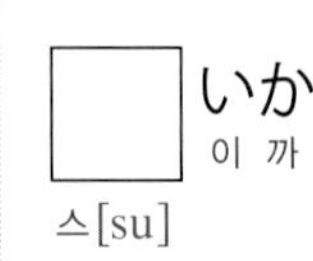

□いか
이 까
스[su]

정답_ 1. (1) 스[su] - す (2) 세[se] - せ (3) 시[shi] - し (4) 소[so] - そ (5) 사[sa] - さ 2. (1) し (2) さ (3) せ (4) そ (5) さ (6) す

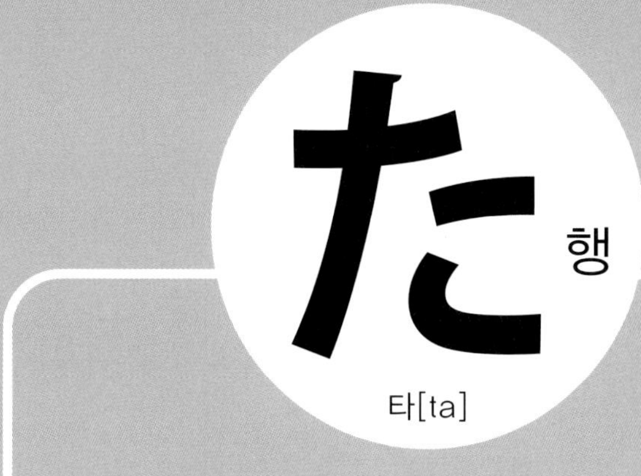

た행

타[ta]

た	ち	つ	て	と
타[ta]	치[chi]	츠[tsu]	테[te]	토[to]

たいよう 태양 타 이 요 –	ちきゅう 지구 치 뀨 –	つき 달 츠 끼	てがみ 편지 테 가 미	とけい 시계 토 께 –

■ 순서대로 쓰면서 익히기

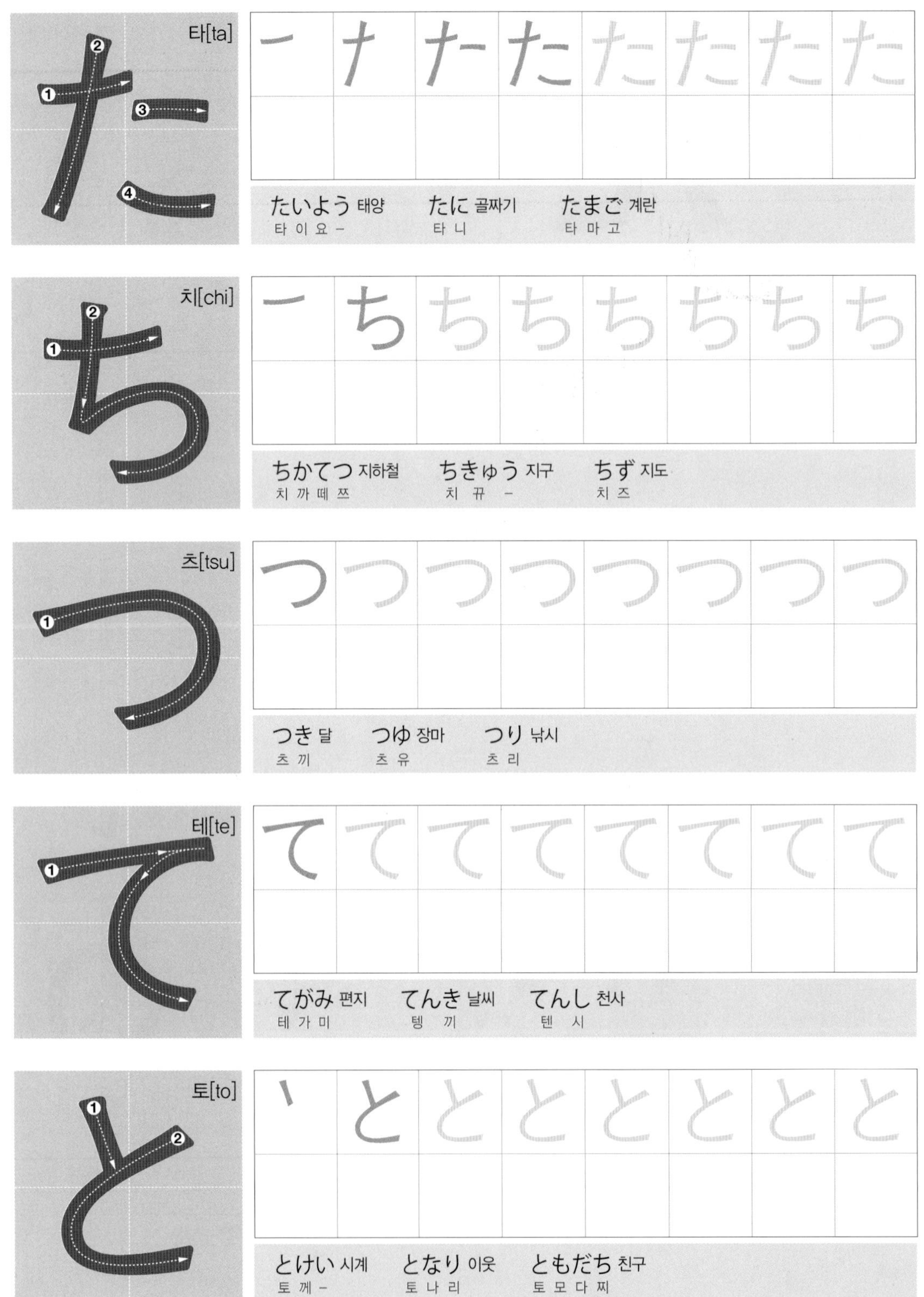
타[ta]
たいよう 태양
타 이 요 –
たに 골짜기
타 니
たまご 계란
타 마 고
치[chi]
ちかてつ 지하철
치 까 떼 쯔
ちきゅう 지구
치 뀨 –
ちず 지도
치 즈
츠[tsu]
つき 달
츠 끼
つゆ 장마
츠 유
つり 낚시
츠 리
테[te]
てがみ 편지
테 가 미
てんき 날씨
텡 끼
てんし 천사
텐 시
토[to]
とけい 시계
토 께 –
となり 이웃
토 나 리
ともだち 친구
토 모 다 찌

■ 쓰기 연습

たいよう 태양
타 이 요 –

たたたたた

ちきゅう 지구
치 뀨 –

ちちちちち

つき 달
츠 끼

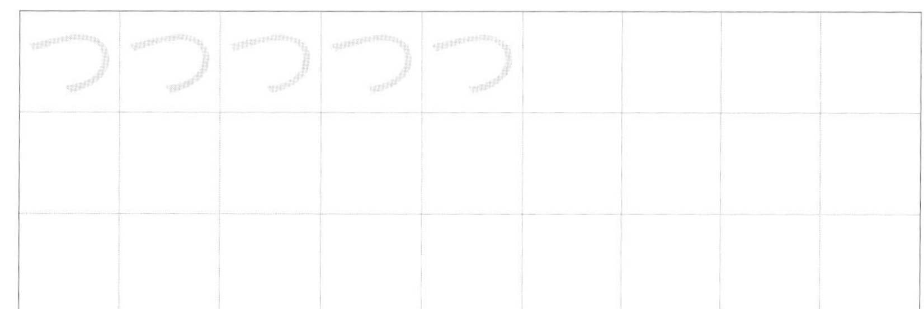

てがみ 편지
테 가 미

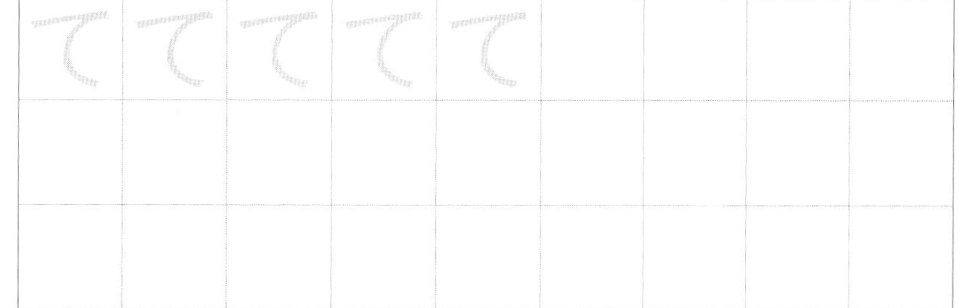

とけい 시계
토 께 –

ととととと

연습문제

1. 각 발음에 해당하는 히라가나를 찾아 선을 이어 보세요.

(1) 치[chi] •		• た
(2) 타[ta] •		• と
(3) 토[to] •		• て
(4) 츠[tsu] •		• つ
(5) 테[te] •		• ち

2. 그림을 보고 빈칸에 알맞은 히라가나를 써 보세요.

(1) 

□まご (마고)
타[ta]

(2) 

□もだ□ (모다)
토[to] 찌[chi]

(3) 

□り (리)
츠[tsu]

(4) 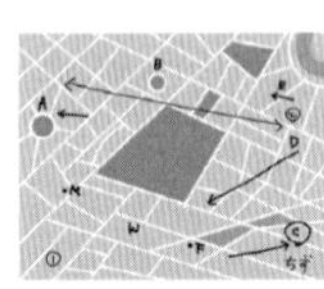

□ず (즈)
치[chi]

(5) 

□んき (ㅇ 끼)
테[te]

(6) 

□か□□ (까)
치[chi] 떼[te] 쯔[tsu]

정답_ 1. (1) 치[chi]-ち (2) 타[ta]-た (3) 토[to]-と (4) 츠[tsu]-つ (5) 테[te]-て 2. (1) た (2) と、ち (3) つ (4) ち (5) て (6) ち、て、つ

な	に	ぬ	ね	の
나[na]	니[ni]	누[nu]	네[ne]	노[no]
	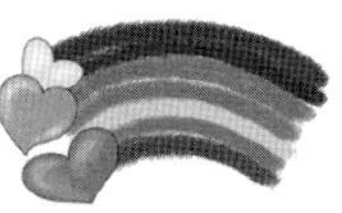			
なつ 여름 나 쯔	にじ 무지개 니 지	いぬ 개 이 누	ねこ 고양이 네 꼬	のり 김 노 리

■ 순서대로 쓰면서 익히기

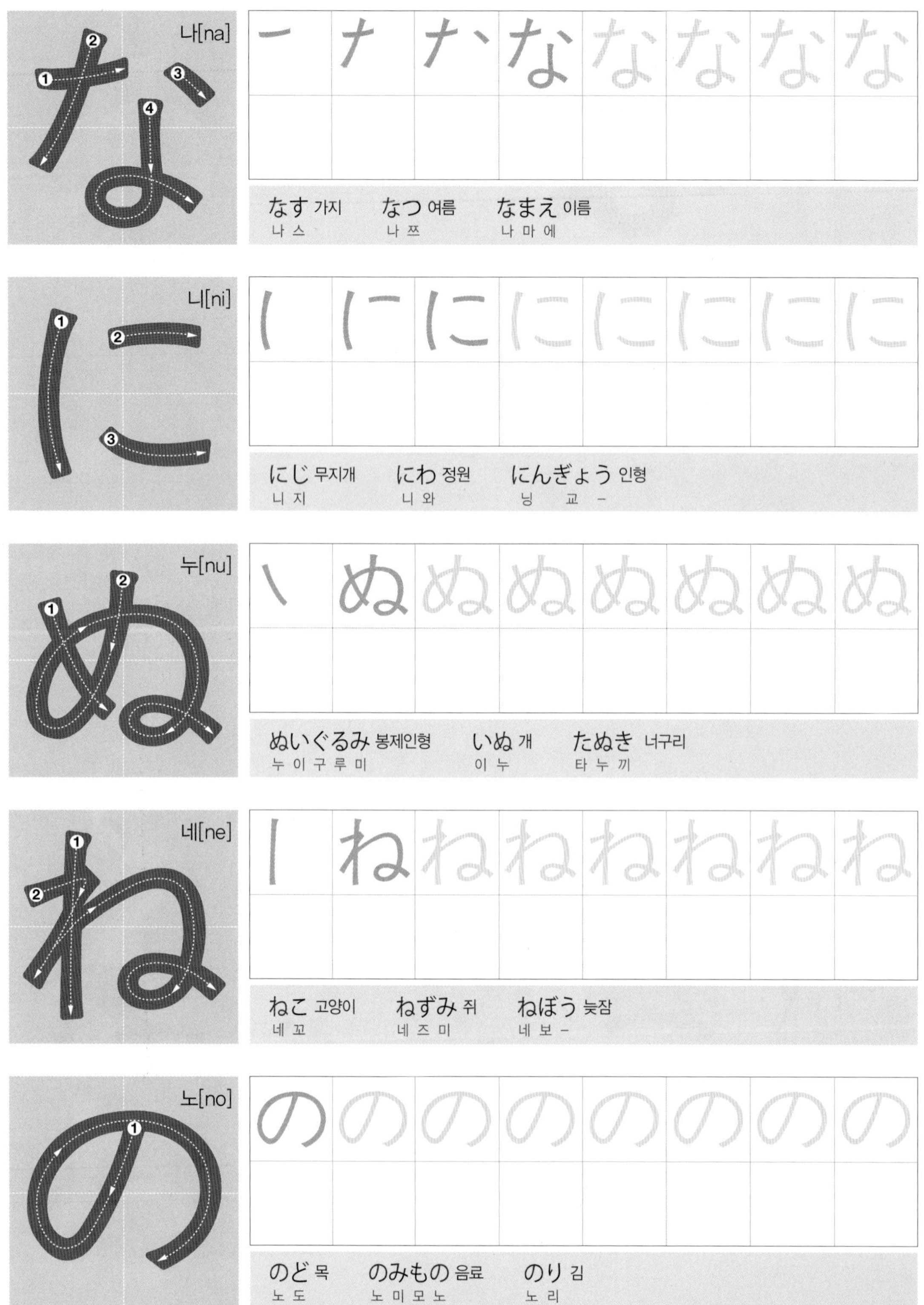

나[na]
な
なす 가지
나 스
なつ 여름
나 쯔
なまえ 이름
나 마 에
니[ni]
に
にじ 무지개
니 지
にわ 정원
니 와
にんぎょう 인형
닝 교 −
누[nu]
ぬ
ぬいぐるみ 봉제인형
누 이 구 루 미
いぬ 개
이 누
たぬき 너구리
타 누 끼
네[ne]
ね
ねこ 고양이
네 꼬
ねずみ 쥐
네 즈 미
ねぼう 늦잠
네 보 −
노[no]
の
のど 목
노 도
のみもの 음료
노 미 모 노
のり 김
노 리

な	な	な	な	な				

なつ 여름
나 쯔

に	に	に	に	に				

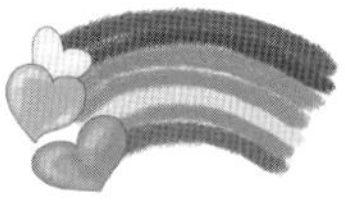

にじ 무지개
니 지

ぬ	ぬ	ぬ	ぬ	ぬ				

いぬ 개
이 누

ね	ね	ね	ね	ね				

ねこ 고양이
네 꼬

の	の	の	の	の				

のり 김
노 리

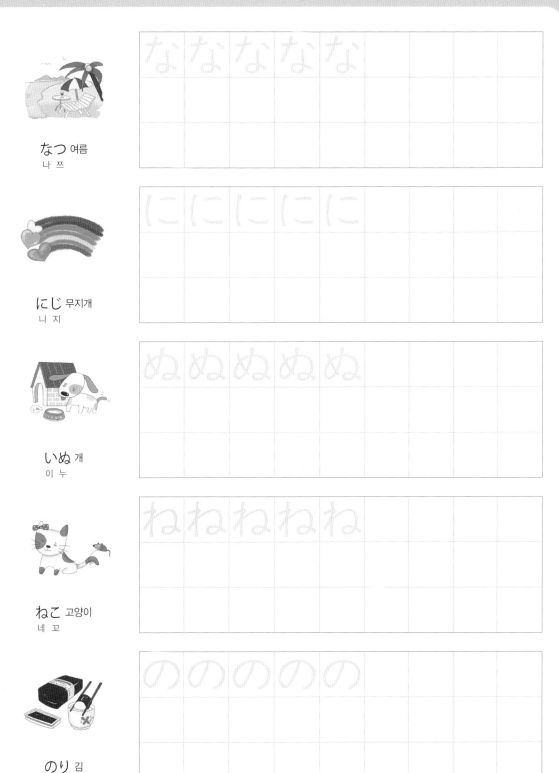

연 | 습 | 문 | 제

な행
나

1. 각 발음에 해당하는 히라가나를 찾아 선을 이어 보세요.

(1) 나[na] • • ぬ

(2) 네[ne] • • ね

(3) 누[nu] • • に

(4) 노[no] • • な

(5) 니[ni] • • の

2. 그림을 보고 빈칸에 알맞은 히라가나를 써 보세요.

(1) 

□いぐるみ
누[nu] 이 구 루 미

(2) 

□ずみ
네[ne] 즈 미

(3) 

□わ
니[ni] 와

(4) 

□す
나[na] 스

(5) 

□みも□
노[no] 미 모 노[no]

(6) 

□んぎょう
니[ni] ㅇ 교 ㅡ

정답_ 1. (1) 나[na]-な (2) 네[ne]-ね (3) 누[nu]-ぬ (4) 노[no]-の (5) 니[ni]-に 2. (1) ぬ (2) ね (3) に (4) な (5) の、の (6) に

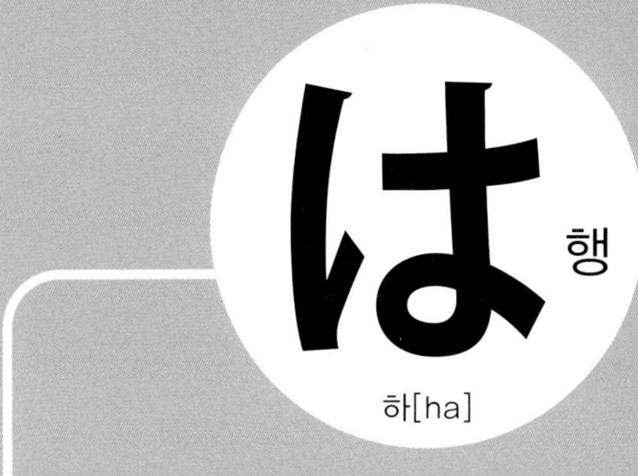

は 행

하[ha]

 は	ひ	ふ	へ	ほ
하[ha]	히[hi]	후[hu/fu]	헤[he]	호[ho]

はな 꽃 하 나	ひ 불 히	ふく 옷 후 꾸	へび 뱀 헤 비	ほし 별 호 시

■ 순서대로 쓰면서 익히기

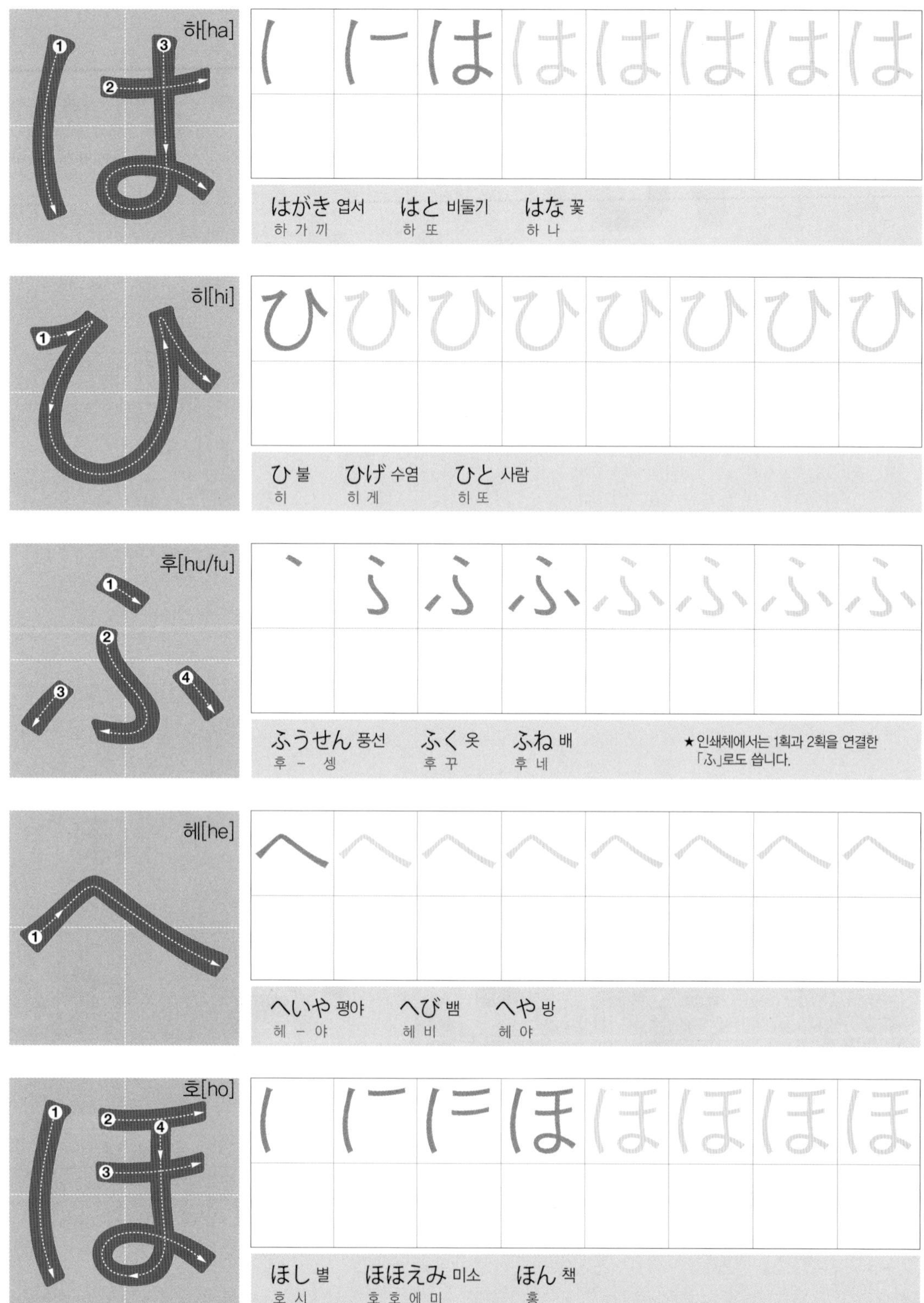

하[ha]
はがき 엽서
하 가 끼
はと 비둘기
하 또
はな 꽃
하 나
히[hi]
ひ 불
히
ひげ 수염
히 게
ひと 사람
히 또
후[hu/fu]
ふうせん 풍선
후 – 셍
ふく 옷
후 꾸
ふね 배
후 네
★인쇄체에서는 1획과 2획을 연결한 「ふ」로도 씁니다.
헤[he]
へいや 평야
헤 – 야
へび 뱀
헤 비
へや 방
헤 야
호[ho]
ほし 별
호 시
ほほえみ 미소
호 호 에 미
ほん 책
홍

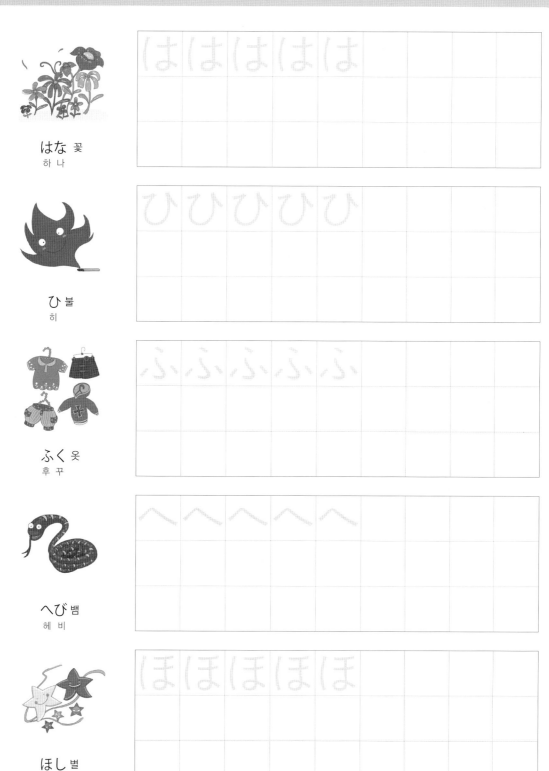

はははははは

はな 꽃
하 나

ひひひひひ

ひ 불
히

ふふふふふ

ふく 옷
후 꾸

へへへへへ

へび 뱀
헤 비

ほほほほほ

ほし 별
호 시

연 | 습 | 문 | 제

は행
하

1. 각 발음에 해당하는 히라가나를 찾아 선을 이어 보세요.

(1) 후[hu/fu] •　　　• は

(2) 하[ha] •　　　• へ

(3) 호[ho] •　　　• ほ

(4) 헤[he] •　　　• ふ

(5) 히[hi] •　　　• ひ

2. 그림을 보고 빈칸에 알맞은 히라가나를 써 보세요.

(1) 

□と
또
하[ha]

(2) 

□いや
– 야
헤[he]

(3) 

□ん
ㅇ
호[ho]

(4) 

□うせん
– 셍
후[hu/fu]

(5) 

□と
또
히[hi]

(6) 

□ね
네
후[hu/fu]

정답_ 1. (1) 후[hu/fu]-ふ (2) 하[ha]-は (3) 호[ho]-ほ (4) 헤[he]-へ (5) 히[hi]-ひ 2. (1) は (2) へ (3) ほ (4) ふ (5) ひ (6) ふ

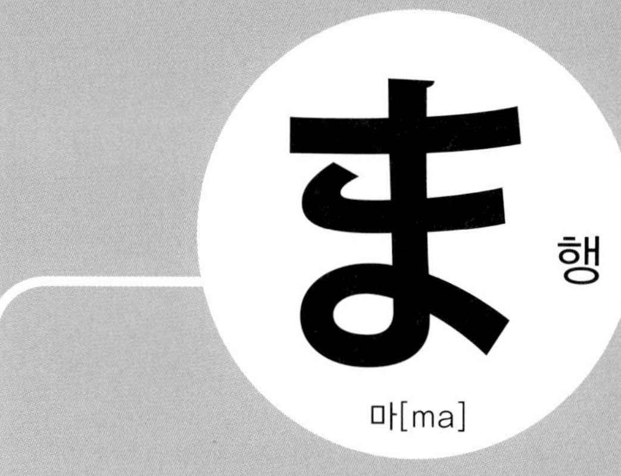

ま	み	む	め	も
마[ma]	미[mi]	무[mu]	메[me]	모[mo]
	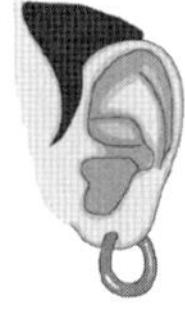		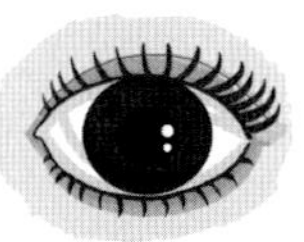	
まど 창문 마 도	みみ 귀 미 미	むし 벌레 무 시	め 눈 메	もも 복숭아 모 모

■ 순서대로 쓰면서 익히기

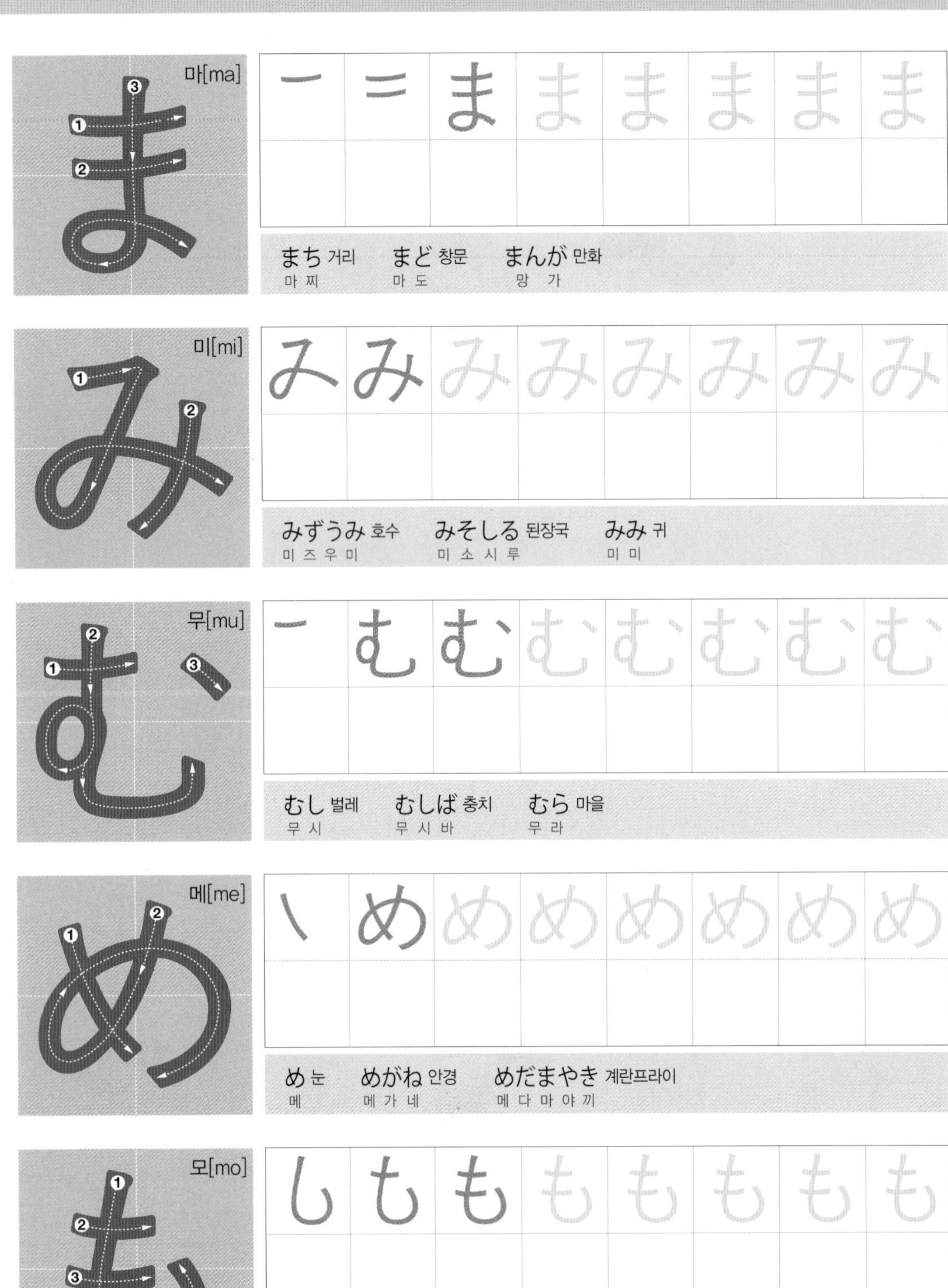
마[ma]
まち 거리 まど 창문 まんが 만화
마 찌 마 도 망 가
미[mi]
みずうみ 호수 みそしる 된장국 みみ 귀
미 즈 우 미 미 소 시 루 미 미
무[mu]
むし 벌레 むしば 충치 むら 마을
무 시 무 시 바 무 라
메[me]
め 눈 めがね 안경 めだまやき 계란프라이
메 메 가 네 메 다 마 야 끼
모[mo]
もち 떡 もも 복숭아 もり 숲
모 찌 모 모 모 리

■ 쓰기 연습

ままままま

まど 창문
마 도

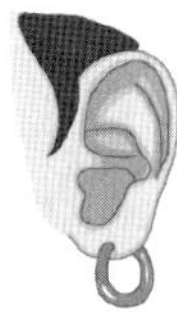

みみみみみ

みみ 귀
미 미

むし 벌레
무 시

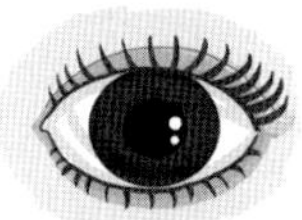

め 눈
메

もももももも

もも 복숭아
모 모

연 | 습 | 문 | 제

ま행
마

1. 각 발음에 해당하는 히라가나를 찾아 선을 이어 보세요.

(1) 미[mi] • • み

(2) 메[me] • • む

(3) 마[ma] • • め

(4) 무[mu] • • も

(5) 모[mo] • • ま

2. 그림을 보고 빈칸에 알맞은 히라가나를 써 보세요.

(1)

□がね
가 네
메[me]

(2)

□そしる
소 시 루
미[mi]

(3)

□んが
ㅇ 가
마[ma]

(4)
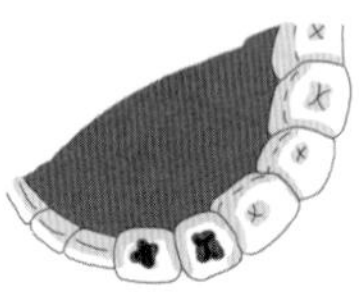
□しば
시 바
무[mu]

(5)
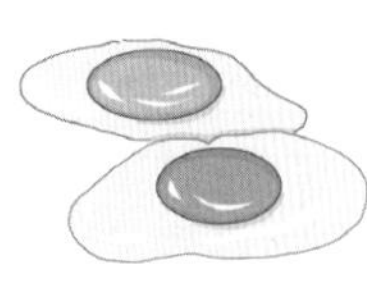
□だまやき
다 마 야 끼
메[me]

(6)
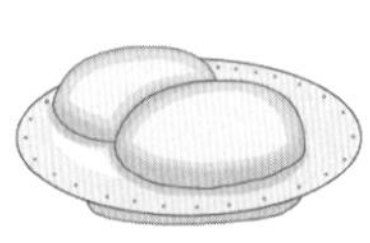
□ち
찌
모[mo]

정답_ 1. (1) 미[mi]-み (2) 메[me]-め (3) 마[ma]-ま (4) 무[mu]-む (5) 모[mo]-も 2. (1) め (2) み (3) ま (4) む (5) め (6) も

야[ya]

やま 산
야 마

유[yu]

ゆびわ 반지
유 비 와

よ

요[yo]

よる 밤
요 루

■ 순서대로 쓰면서 익히기

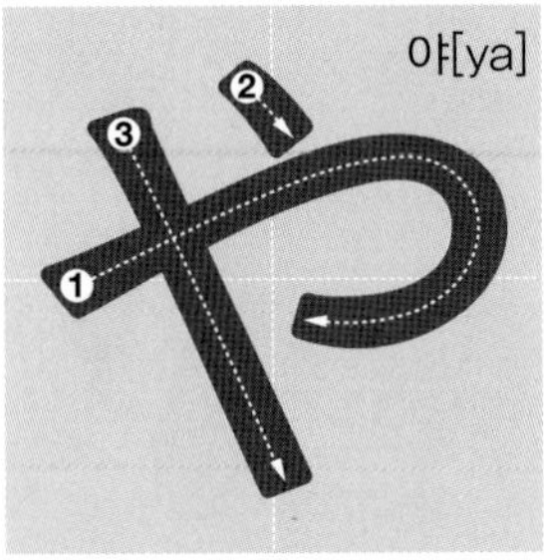

야[ya]

っ	う	や	や	や	や	や	や

やきゅう 야구 やさい 야채 やま 산
야 뀨 ― 야 사 이 야 마

유[yu]

い	ゆ	ゆ	ゆ	ゆ	ゆ	ゆ	ゆ

ゆき 눈 ゆびわ 반지 ゆめ 꿈
유 끼 유 비 와 유 메

요[yo]

‐	よ	よ	よ	よ	よ	よ	よ

よやく 예약 よる 밤 ひよこ 병아리
요 야 꾸 요 루 히 요 꼬

혼동하기 쉬운 글자 1

*다음 글자들은 모양이 비슷해서 혼동하기 쉬우므로 잘 익혀 두세요.

き	さ	た	な
키[ki]	사[sa]	타[ta]	나[na]

は	ほ	ま	も
하[ha]	호[ho]	마[ma]	모[mo]

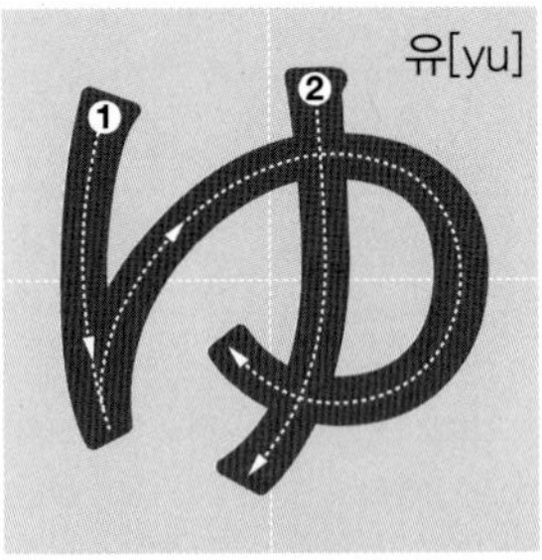

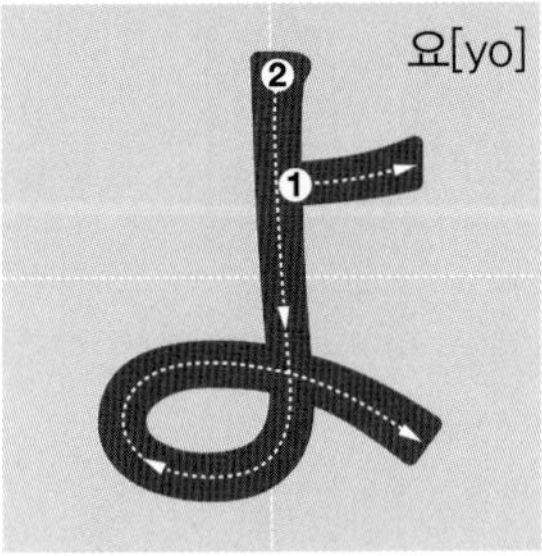

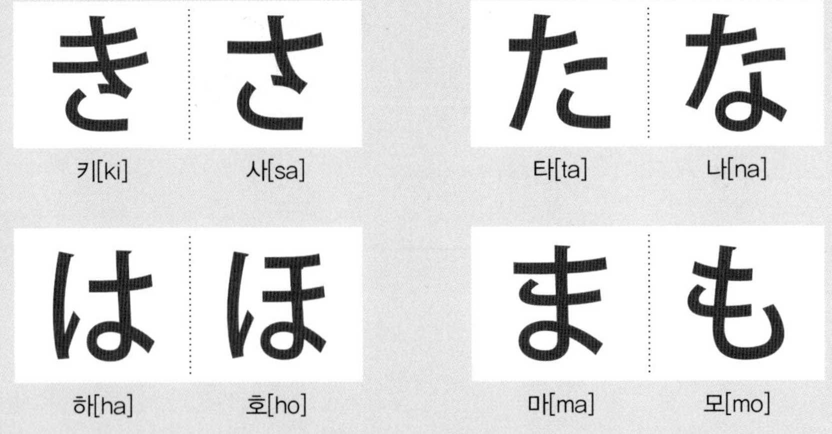

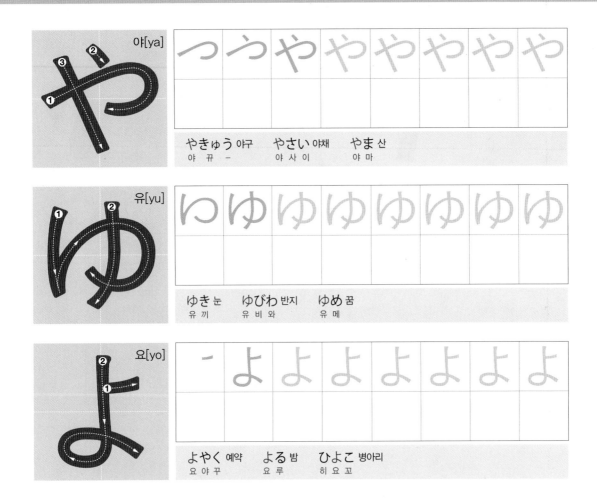

■ 쓰기 연습

やま 산
야 마

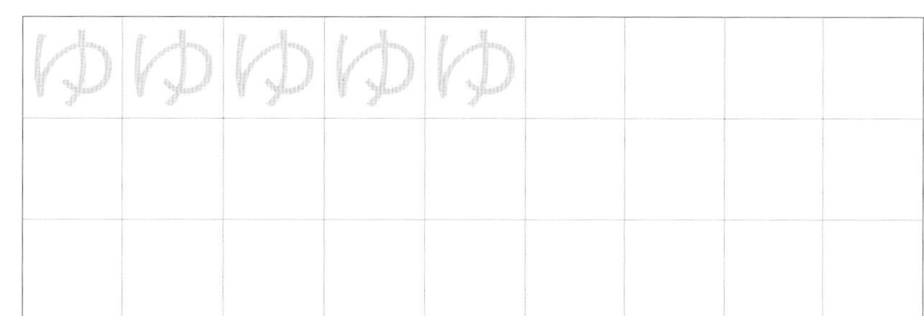

ゆびわ 반지
유 비 와

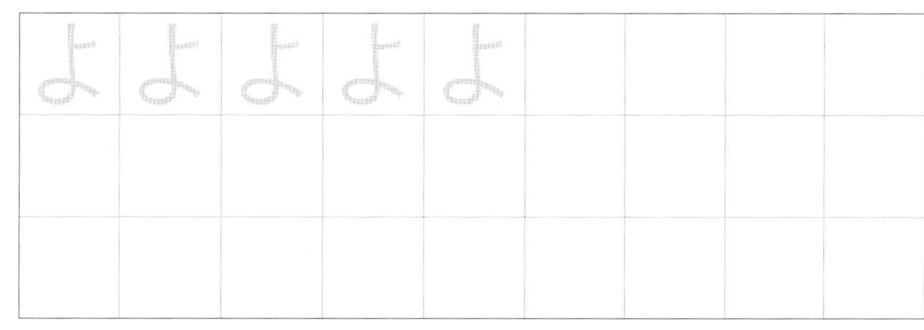

よる 밤
요 루

발음 특강 1 _ 장음

「あ、い、う、え、お」(아, 이, 우, 에, 오)단 다음에 「あ、い、う、え、お」(아, 이, 우, 에, 오)가 올 때 앞의 발음을 2박자로 길게 발음하는 것을 장음이라 합니다.

1. 「あ」(아)단 뒤에 「あ」(아)가 올 때 — 예 おかあさん 어머니 (오까－상) おばあさん 할머니 (오바－상)
2. 「い」(이)단 뒤에 「い」(이)가 올 때 — 예 いいえ 아니요 (이－에) おじいさん 할아버지 (오지－상)
3. 「う」(우)단 뒤에 「う」(우)가 올 때 — 예 すうじ 숫자 (수－지) よゆう 여유 (요유－)
4. 「え」(에)단 뒤에 「え」(에) 또는 「い」(이)가 올 때 — 예 おねえさん 언니, 누나 (오네－상) えいが 영화 (에－가) せんせい 선생님 (센세－)
5. 「お」(오)단 뒤에 「お」(오) 또는 「う」(우)가 올 때 — 예 とおい 멀다 (토－이) おとうと 남동생 (오또－또) とうきょう 도쿄 (토－꾜－)

연 | 습 | 문 | 제

1. 각 발음에 해당하는 히라가나를 찾아 선을 이어 보세요.

(1) 유[yu] •　　　　• よ

(2) 요[yo] •　　　　• や

(3) 야[ya] •　　　　• ゆ

2. 그림을 보고 빈칸에 알맞은 히라가나를 써 보세요.

(1) 

ひ □ こ
히 　 꼬
요[yo]

(2) 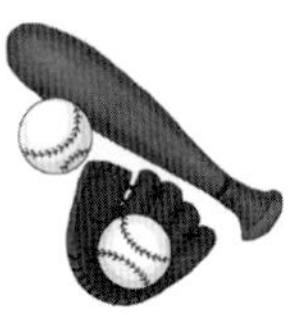

□ きゅう
　 뀨 ―
야[ya]

(3) 

□ き
　 끼
유[yu]

(4) 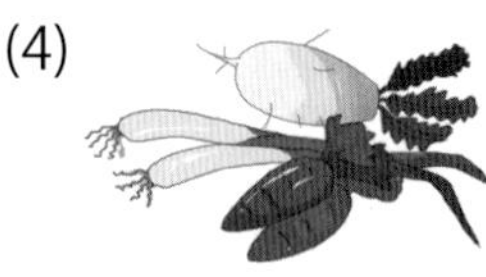

□ さい
　 사 이
야[ya]

정답_ 1. (1) 유[yu]-ゆ (2) 요[yo]-よ (3) 야[ya]-や 2. (1) よ (2) や (3) ゆ (4) や

ら	り	る	れ	ろ
라[ra]	리[ri]	루[ru]	레[re]	로[ro]

らっぱ 나팔 랍 빠	りんご 사과 링 고	ひるね 낮잠 히 루 네	れいぞうこ 냉장고 레 – 조 – 꼬	ろうそく 양초 로 – 소 꾸

■ 순서대로 쓰면서 익히기

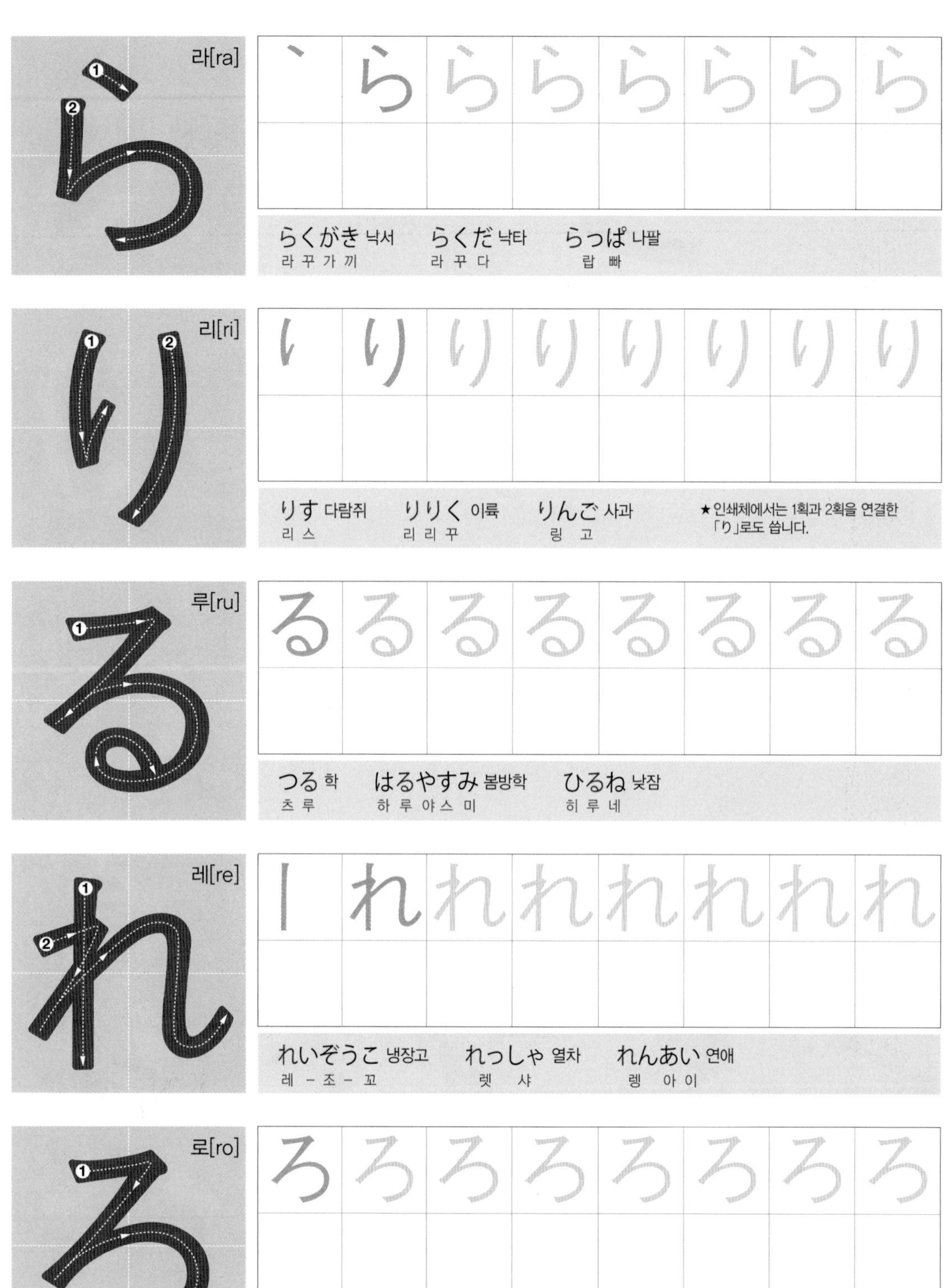

라[ra]
らくがき 낙서 라꾸가끼
らくだ 낙타 라꾸다
らっぱ 나팔 랍빠
리[ri]
りす 다람쥐 리스
りりく 이륙 리리꾸
りんご 사과 링고
★인쇄체에서는 1획과 2획을 연결한 「り」로도 씁니다.
루[ru]
つる 학 츠루
はるやすみ 봄방학 하루야스미
ひるね 낮잠 히루네
레[re]
れいぞうこ 냉장고 레-조-꼬
れっしゃ 열차 렛샤
れんあい 연애 렝아이
로[ro]
ろうか 복도 로-까
ろうそく 양초 로-소꾸
いろ 색 이로

■ 쓰기 연습

らっぱ 나팔
랍 빠

ららららら

りんご 사과
링 고

りりりりり

ひるね 낮잠
히 루 네

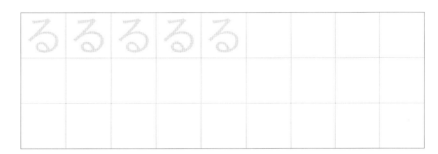

るるるるる

れいぞうこ 냉장고
레 - 조 - 꼬

ろうそく 양초
로 - 소 꾸

ろろろろろ

연 | 습 | 문 | 제

ら행
라

1. 각 발음에 해당하는 히라가나를 찾아 선을 이어 보세요.

(1) 라[ra] • • ろ

(2) 로[ro] • • れ

(3) 루[ru] • • り

(4) 리[ri] • • る

(5) 레[re] • • ら

2. 그림을 보고 빈칸에 알맞은 히라가나를 써 보세요.

(1) 

□ っしゃ
　 ㅅ 샤
레[re]

(2) 

つ □
츠
루[ru]

(3) 

□ す
　 스
리[ri]

(4) 

□ くだ
　 꾸 다
라[ra]

(5) 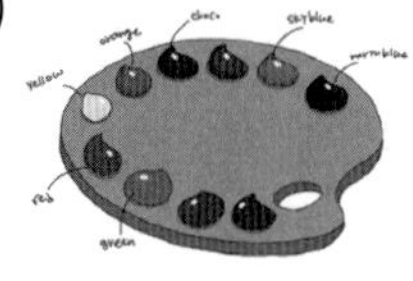

い □
이
로[ro]

(6) 

□ くがき
　 꾸 가 끼
라[ra]

정답_ 1. (1) 라[ra]-ら (2) 로[ro]-ろ (3) 루[ru]-る (4) 리[ri]-り (5) 레[re]-れ 2. (1) れ (2) る (3) り (4) ら (5) ろ (6) ら

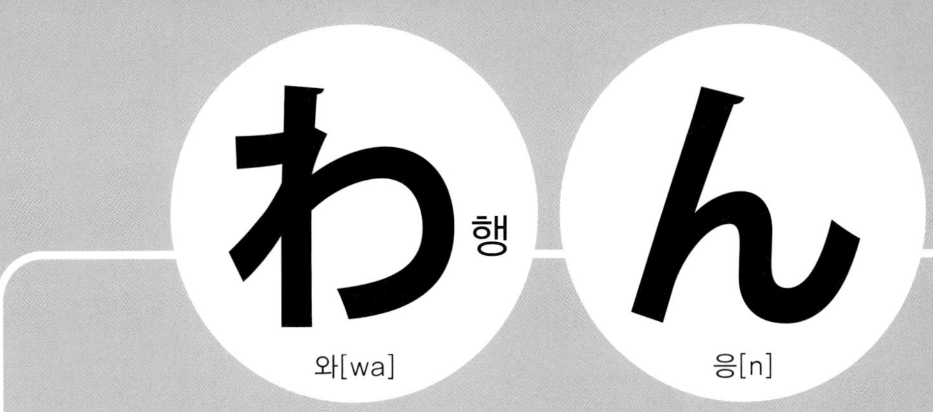
わ 행
ん
와[wa]
응[n]

わ
와[wa]
わに 악어
와 니
を
오[wo]
ほんを よむ 책을 읽다
홍 오 요 무
ん
응[n]
かびん 꽃병
카 빙

■ 순서대로 쓰면서 익히기

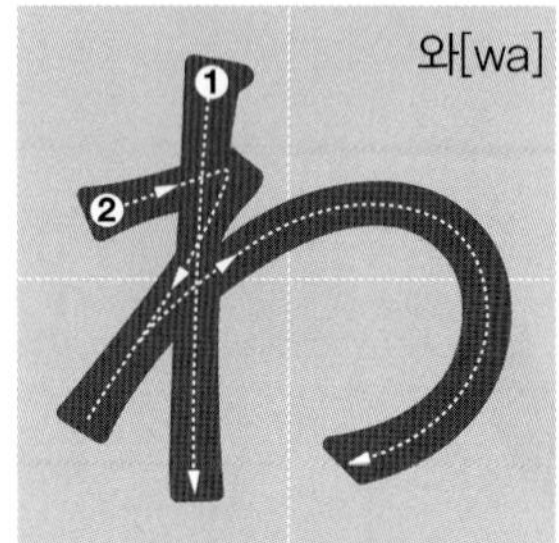

わかもの 젊은이　　わに 악어　　わりばし 나무젓가락
와 까 모 노　　와 니　　와 리 바 시

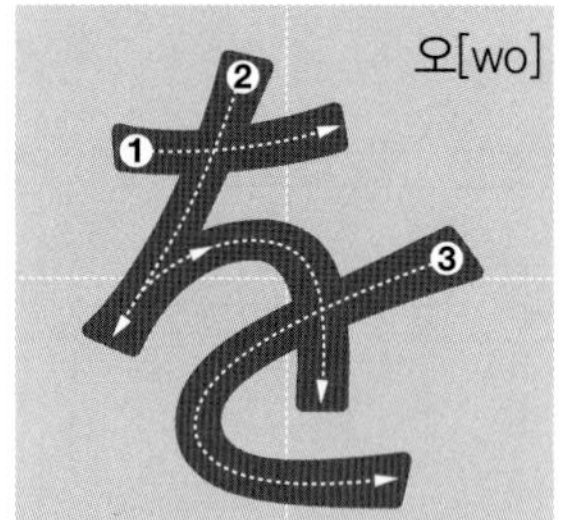

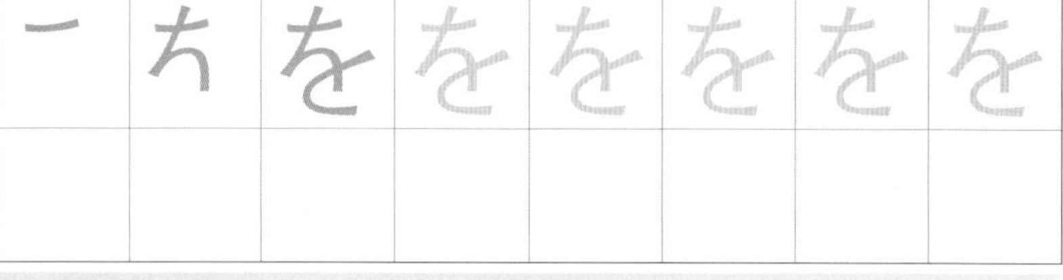

ごはんを たべる 밥을 먹다　　ほんを よむ 책을 읽다
고 항 오 타 베 루　　홍 오 요 무

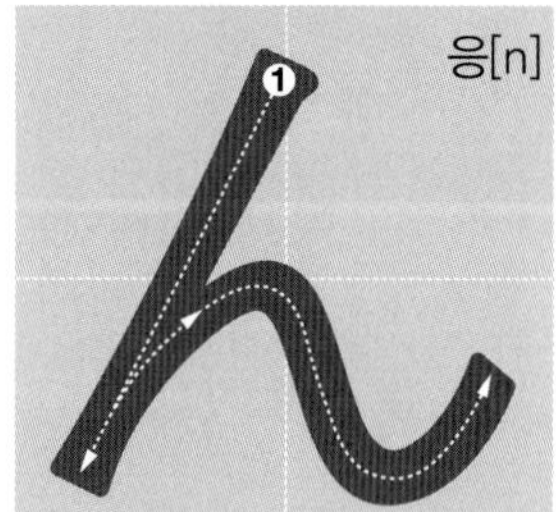

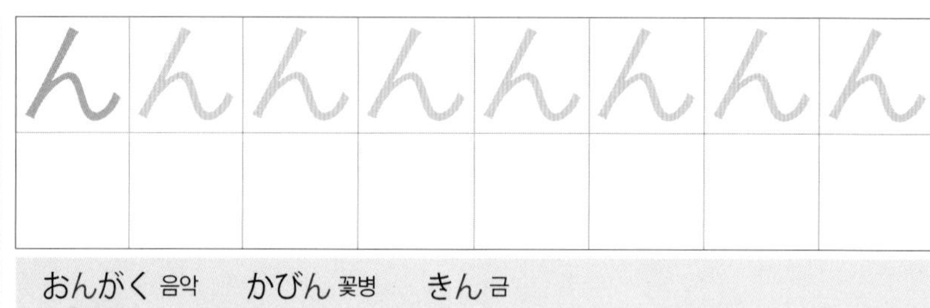

おんがく 음악　　かびん 꽃병　　きん 금
옹 가 꾸　　카 빙　　킹

혼동하기 쉬운 글자 2

*다음 글자들은 모양이 비슷해서 혼동하기 쉬우므로 잘 익혀 두세요.

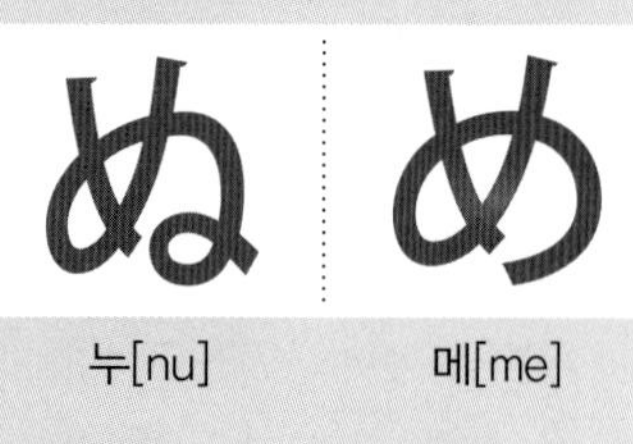

누[nu]　　메[me]

네[ne]　　레[re]　　와[wa]

■ 쓰기 연습

わに 악어
와 니

ほんを よむ 책을 읽다
홍 오 요 무

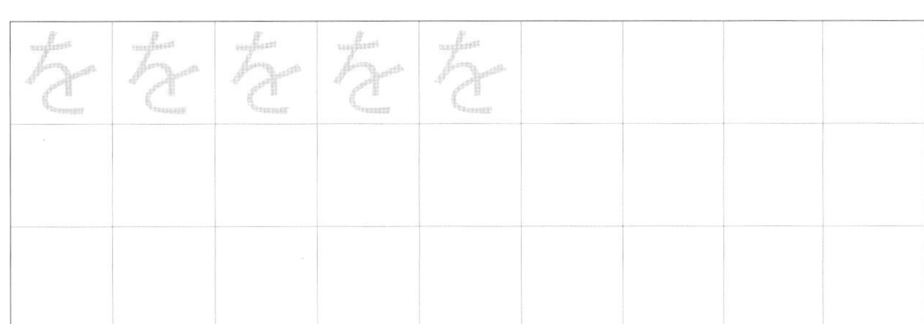

かびん 꽃병
카 빙

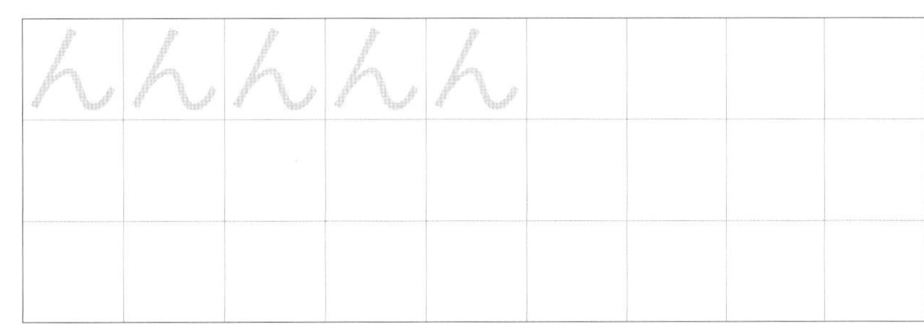

발음 특강 2 _ 발음

「ん」(응)은 뒤에 오는 음에 따라 [ㅁ, ㄴ, ㅇ] 또는 [ㄴ과 ㅇ의 중간음]으로 발음이 달라집니다. 우리말의 받침과 같은 역할을 하는데, 우리말 받침과는 달리 한 박자로 발음해 줍니다.

1. 「ま、ば、ぱ」(마, 바, 파)행 앞에서는 [ㅁ]으로 발음됩니다.
   예 あんま 안마 (암 마)　しんぶん 신문 (심 붕)　かんぱい 건배 (캄 빠 이)
2. 「さ、ざ、た、だ、な、ら」(사, 자, 타, 다, 나, 라)행 앞에서는 [ㄴ]으로 발음됩니다.
   예 かんじ 한자 (칸 지)　みんな 모두 (민 나)　べんり 편리 (벤 리)
3. 「か、が」(카, 가)행 앞에서는 [ㅇ]으로 발음됩니다.
   예 さんか 참가 (상 까)　にほんご 일본어 (니 홍 고)　りんご 사과 (링 고)
4. 「あ、は、や、わ」(아, 하, 야, 와)행 앞과 「ん」(응)으로 끝날 때는 [ㄴ과 ㅇ의 중간음]으로 발음됩니다.
   예 れんあい 연애 (렝 아 이)　でんわ 전화 (뎅 와)　ほん 책 (홍)

탁음과 반탁음

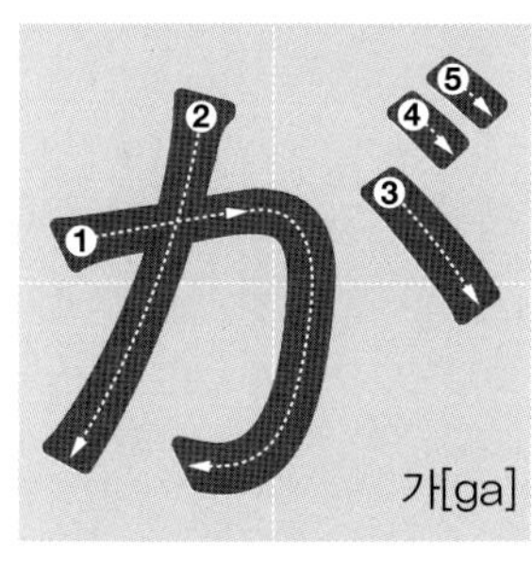

가[ga]

がくせい 학생 (각 세 -)　がっき 악기 (각 끼)　かがみ 거울 (카 가 미)

기[gi]

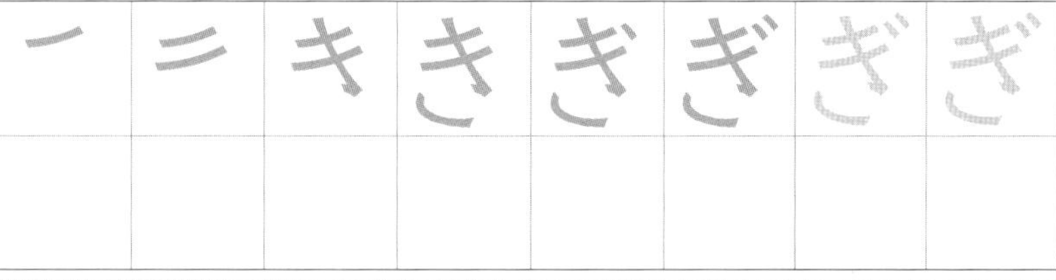

ぎむ 의무 (기 무)　かぎ 열쇠 (카 기)　やぎ 염소 (야 기)

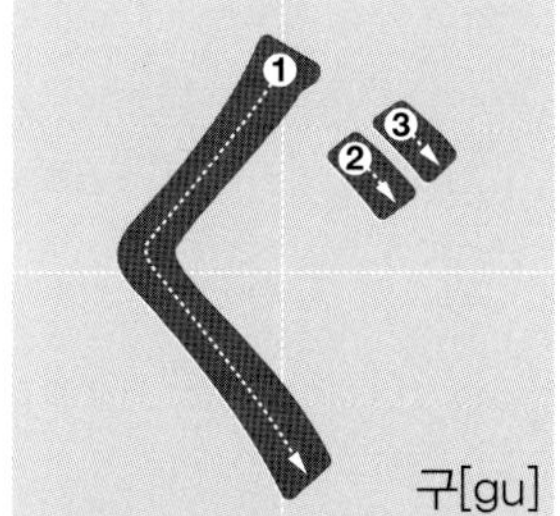

구[gu]

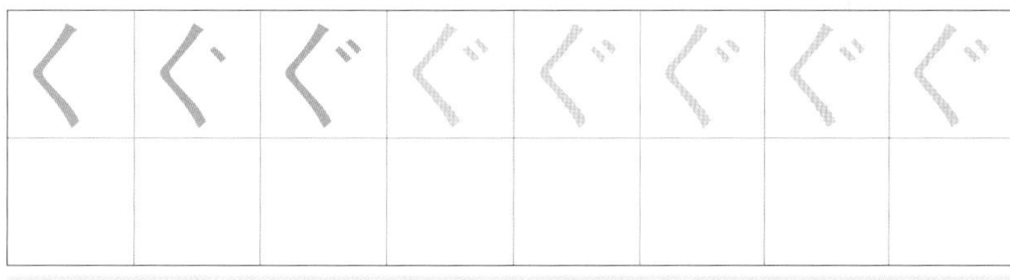

ぐうぜん 우연 (구 - 젱)　ぐんじん 군인 (군 징)　かぐ 가구 (카 구)

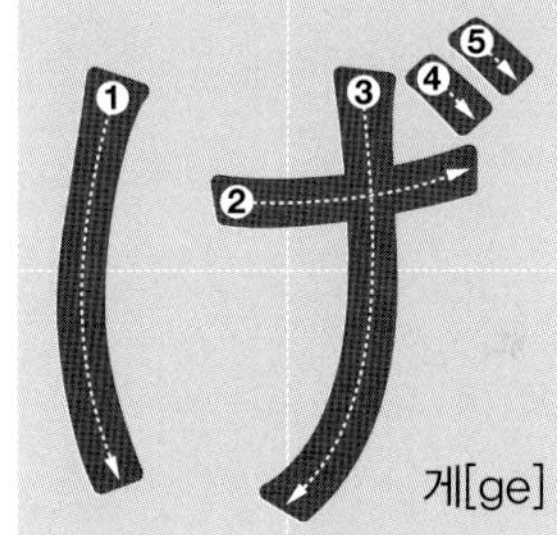

게[ge]

げいのうじん 연예인 (게 - 노 - 징)　げんきん 현금 (겡 낑)　えんげき 연극 (엥 게 끼)

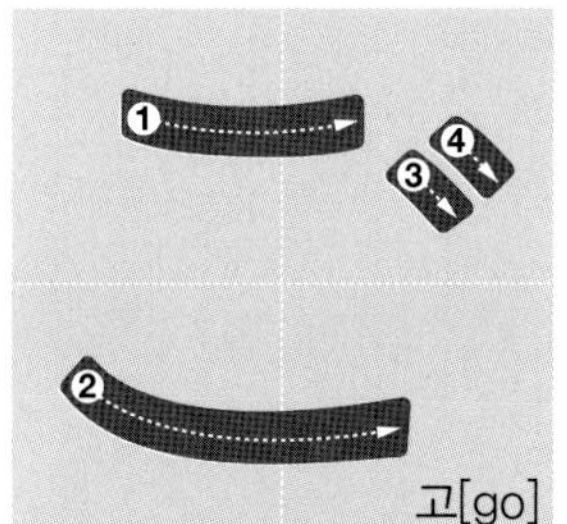

고[go]

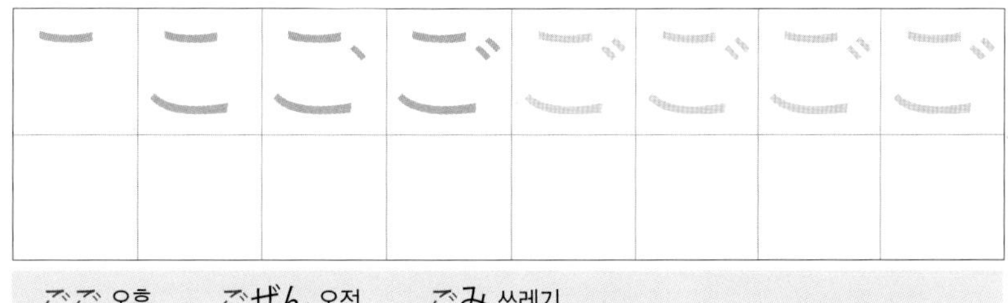

ごご 오후 (고 고)　ごぜん 오전 (고 젱)　ごみ 쓰레기 (고 미)

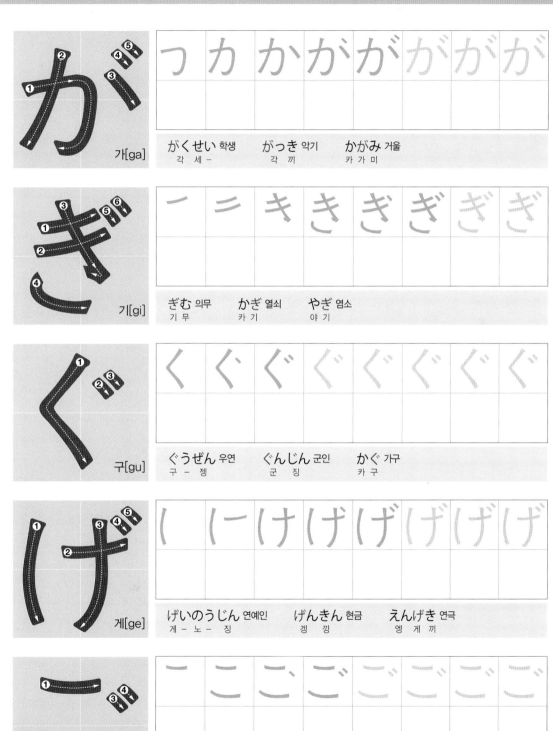

■ 순서대로 쓰면서 익히기

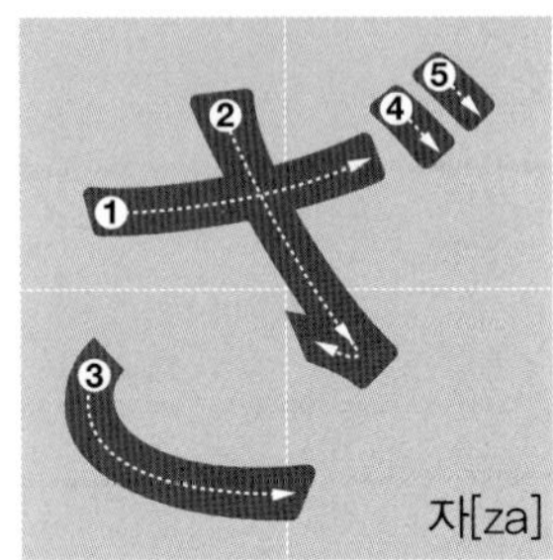

자[za]

ざせき 좌석　　ざっし 잡지　　ひざ 무릎
자 세 끼　　잣 시　　히 자

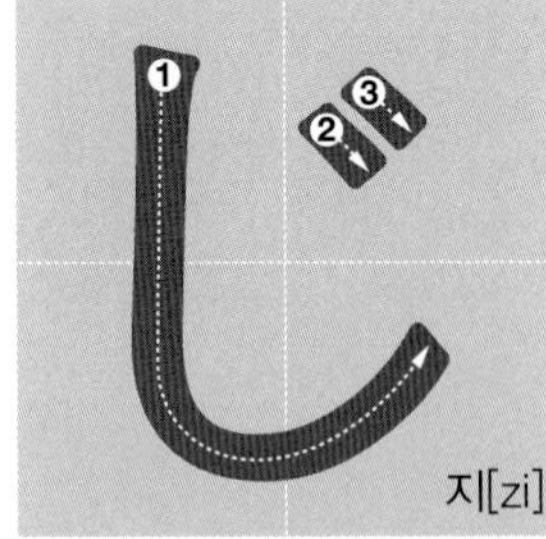

지[zi]

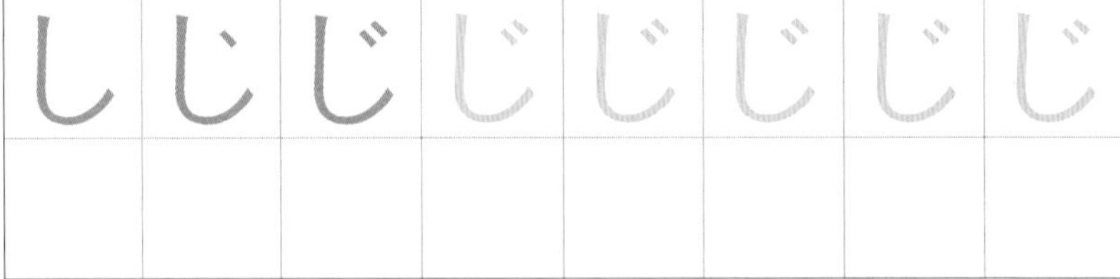

じかん 시간　　じしん 지진　　じどうしゃ 자동차
지 깡　　지 싱　　지 도 – 샤

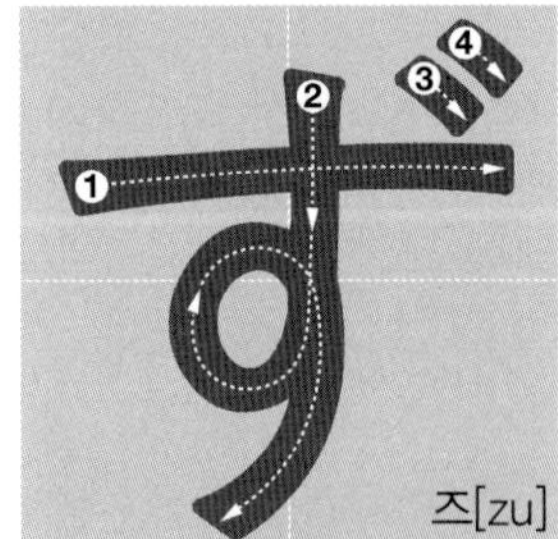

즈[zu]

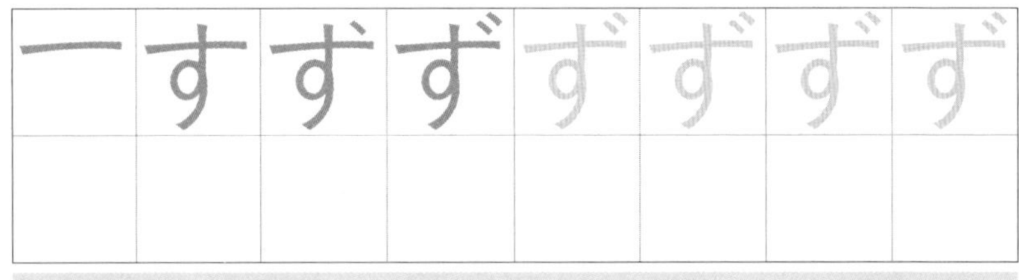

いずみ 샘　　かず 수　　すずめ 참새
이 즈 미　　카 즈　　스 즈 메

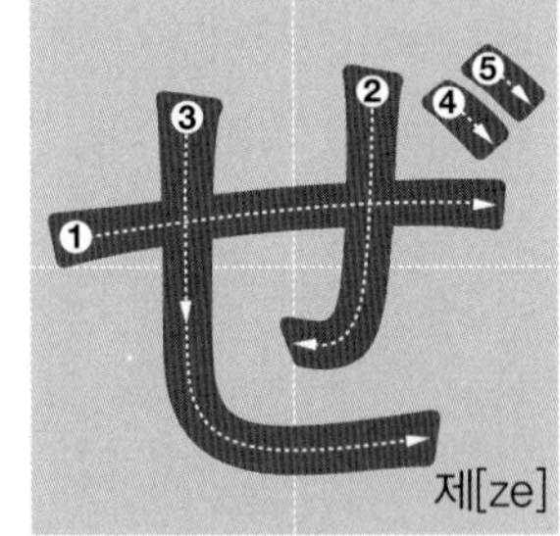

제[ze]

ぜんこく 전국　　ぜんぶ 전부　　かぜ 감기
젱 꼬 꾸　　젬 부　　카 제

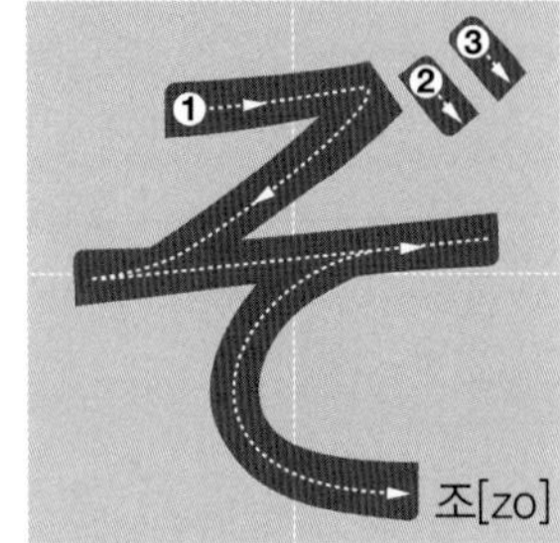

조[zo]

ぞうけ 코끼리　　かぞく 가족　　そうぞうりょく 상상력
조 –　　카 조 꾸　　소 – 조 – 료 꾸

■ 순서대로 쓰면서 익히기

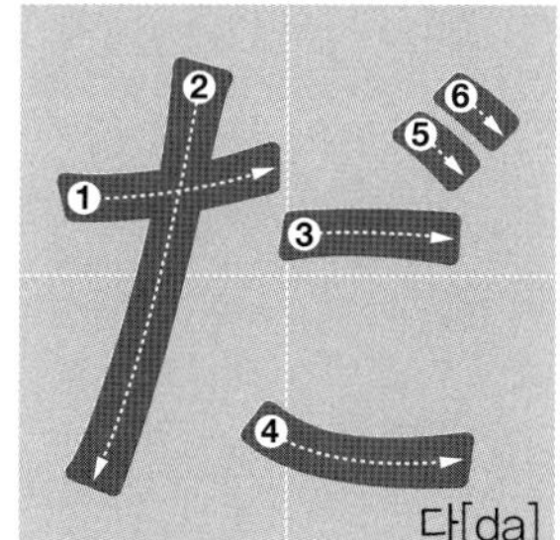

다[da]

だいがくせい 대학생　　しゅくだい 숙제　　はだ 피부
다 이 각 세 -　　슈 꾸 다 이　　하 다

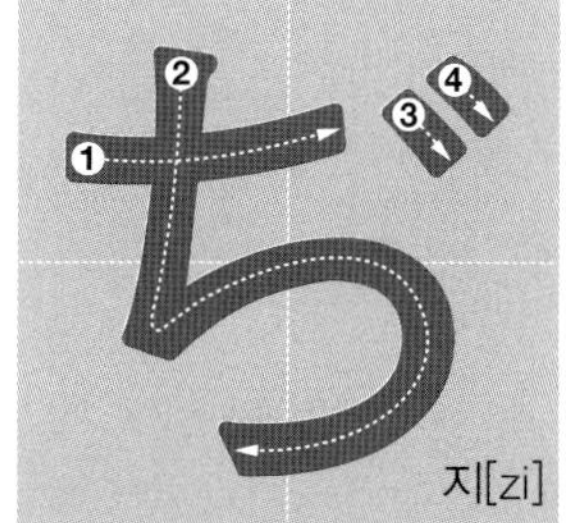

지[zi]

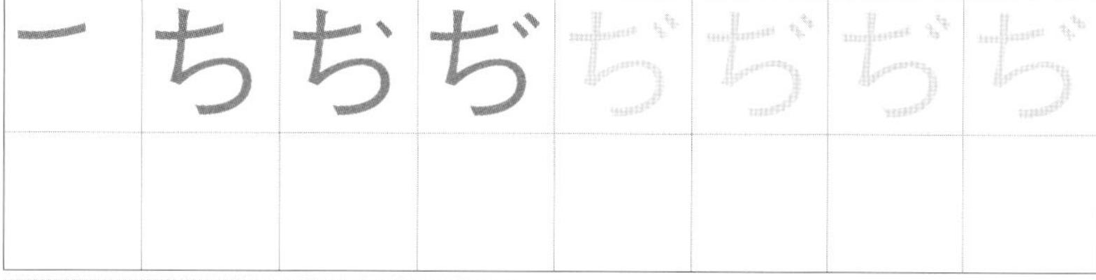

はなぢ 코피
하 나 지

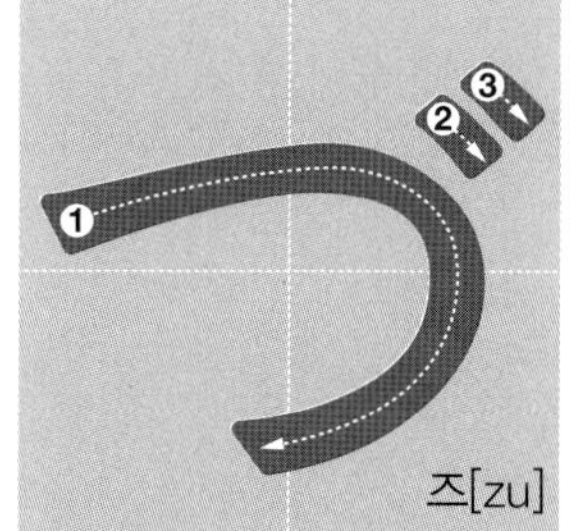

즈[zu]

あいづち 맞장구　　こづつみ 소포
아 이 즈 찌　　코 즈 쯔 미

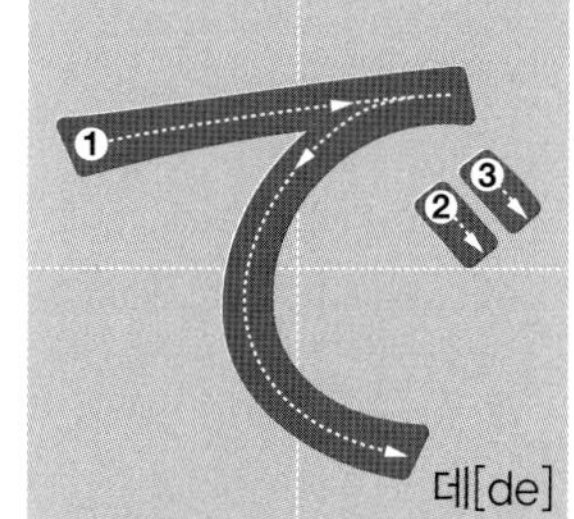

데[de]

でぐち 출구　　でんしじしょ 전자사전　　でんわ 전화
데 구 찌　　덴 시 지 쇼　　뎅 와

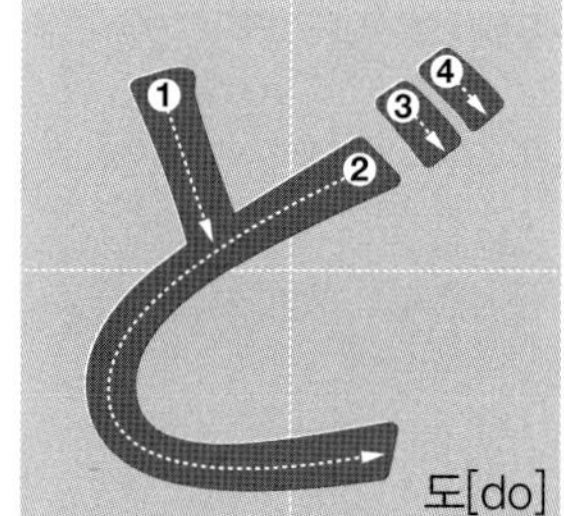

도[do]

どうろ 도로　　どくしょ 독서　　どんぐり 도토리
도 - 로　　도 꾸 쇼　　동 구 리

■ 순서대로 쓰면서 익히기

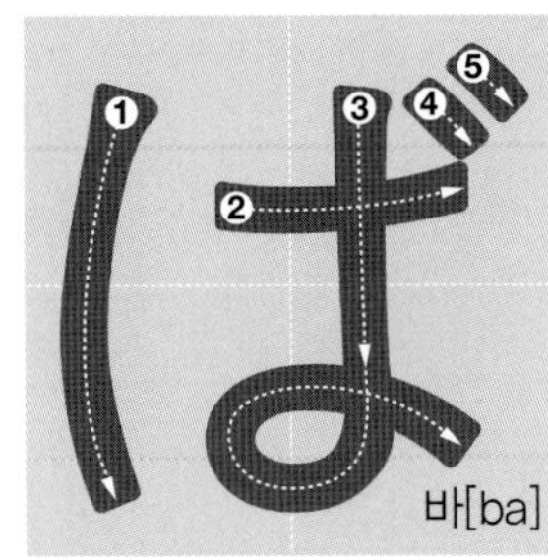

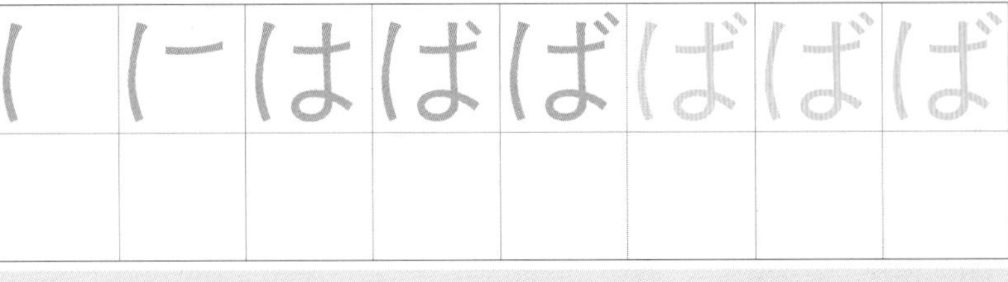

ばら 장미　　かばん 가방　　そば 메밀국수
바 라　　카 방　　소 바

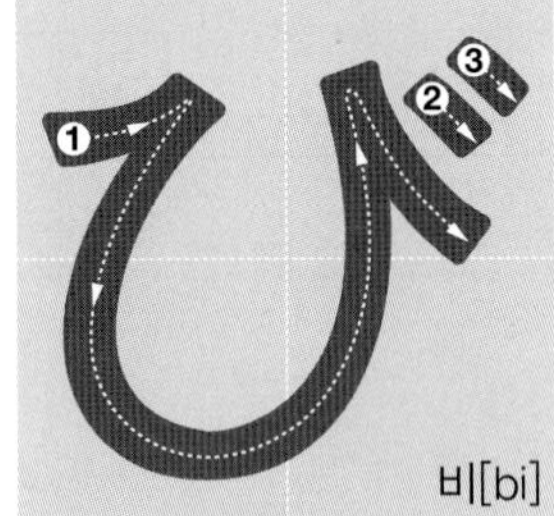

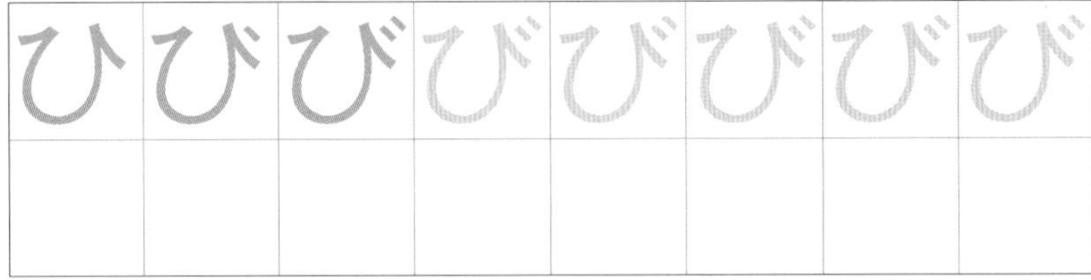

びじゅつかん 미술관　　びじん 미인　　びょういん 병원
비 쥬 쯔 깡　　비 징　　뵤 - 잉

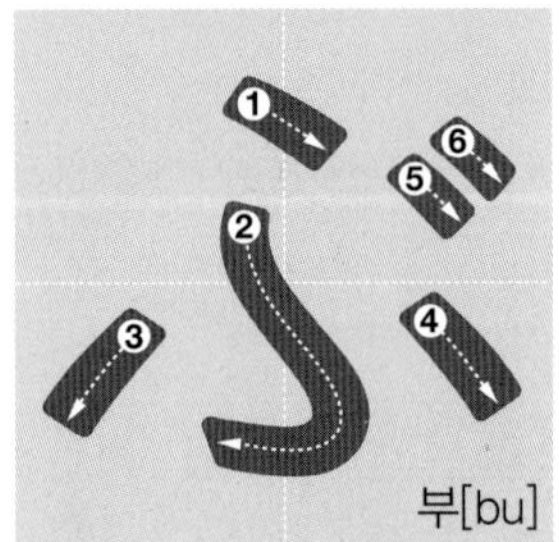

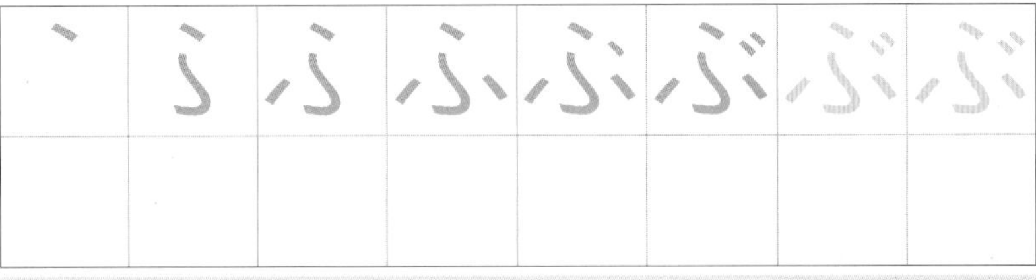

ぶか 부하　　ぶっか 물가　　ぶどう 포도
부 까　　북 까　　부 도 -

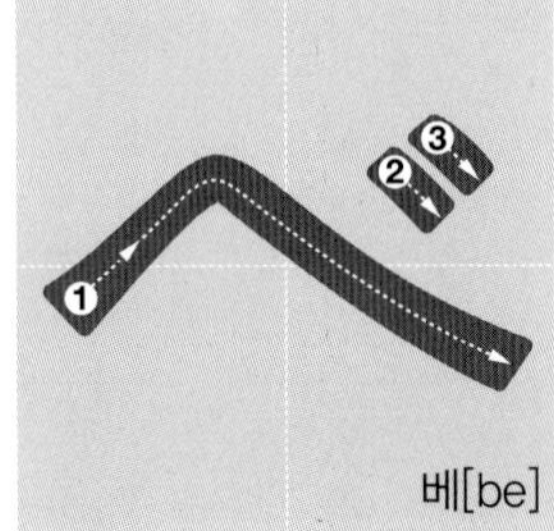

べっそう 별장　　べんきょう 공부　　べんとう 도시락
벳 소 -　　벵 꾜 -　　벤 또 -

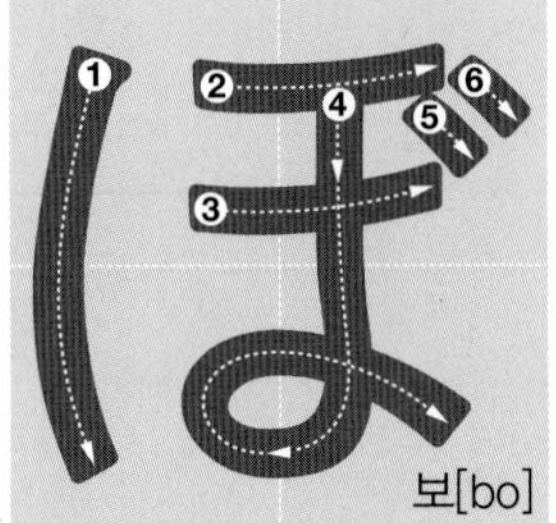

ぼうけん 모험　　ぼうし 모자　　ぼしゅう 모집
보 - 껭　　보 - 시　　보 슈 -

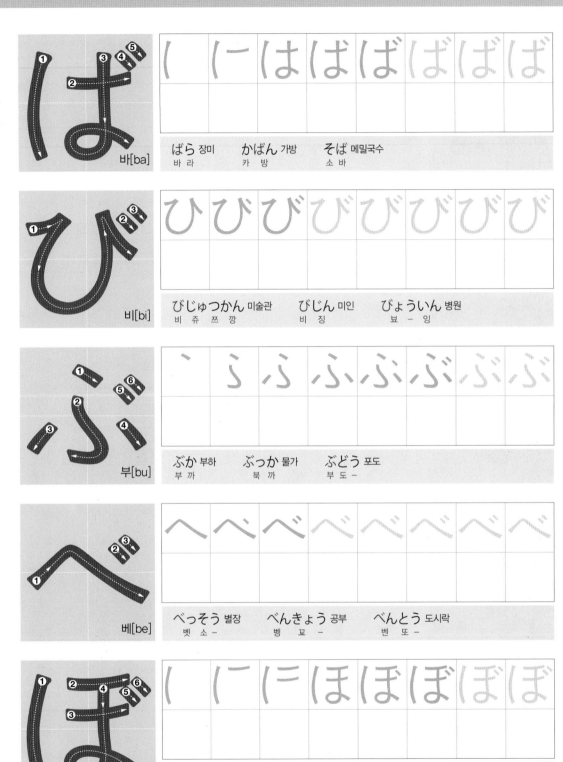

■ 순서대로 쓰면서 익히기

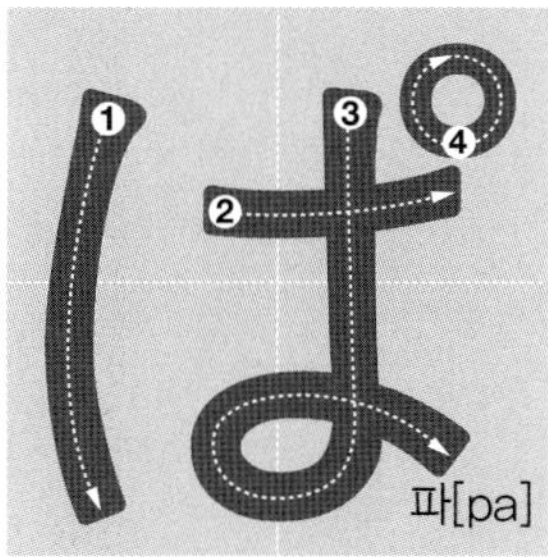

いっぱい 한 잔 / 입 빠 이　　かんぱい 건배 / 캄 빠 이　　でんぱ 전파 / 뎀 빠

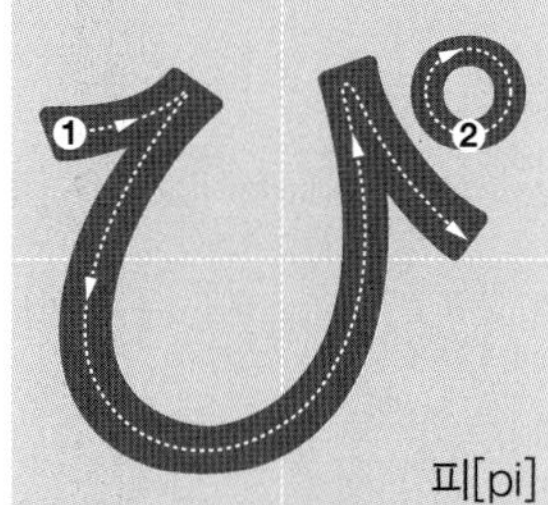

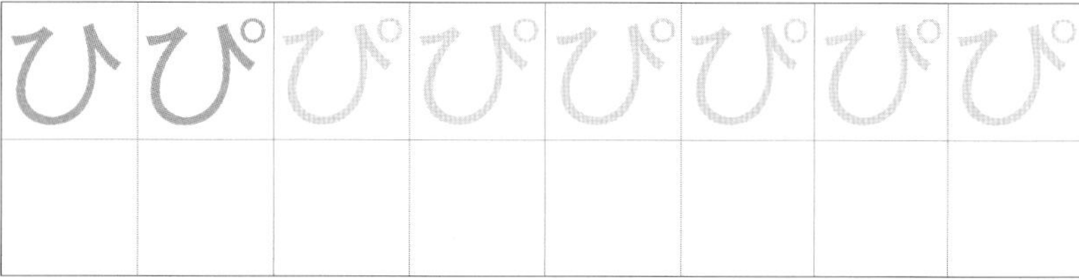

ぴかぴか 반짝반짝 / 피 까 삐 까　　えんぴつ 연필 / 엠 삐 쯔　　べんぴ 변비 / 벰 삐

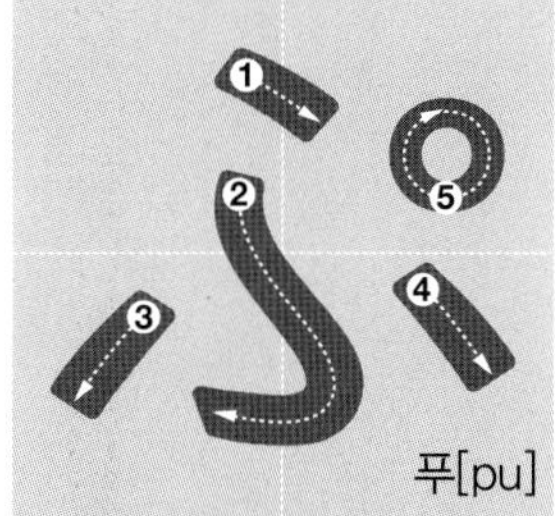

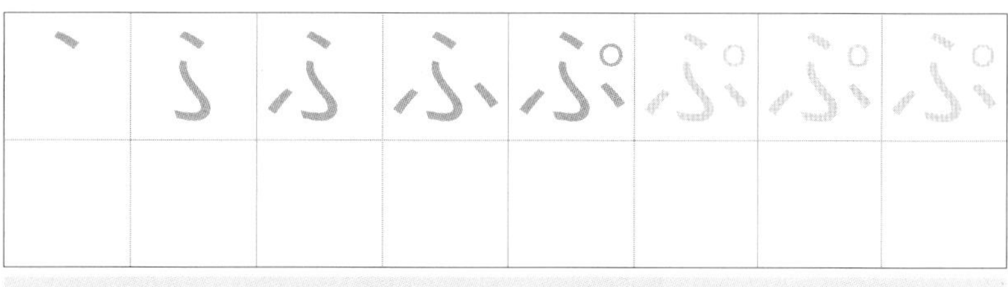

きっぷ 표 / 킵 뿌　　げっぷ 트림 / 겝 뿌　　しんぷ 신부 / 심 뿌

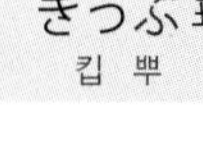

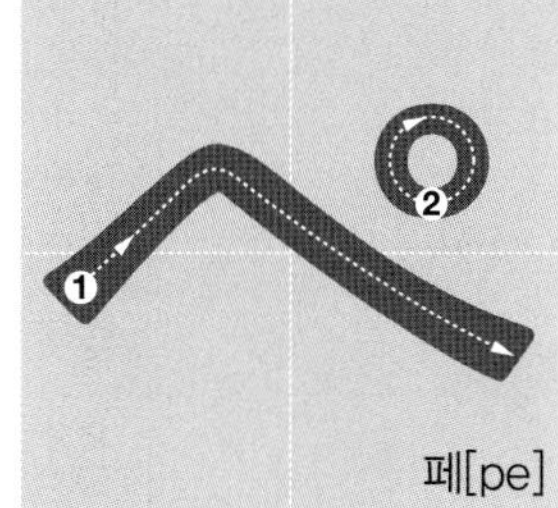

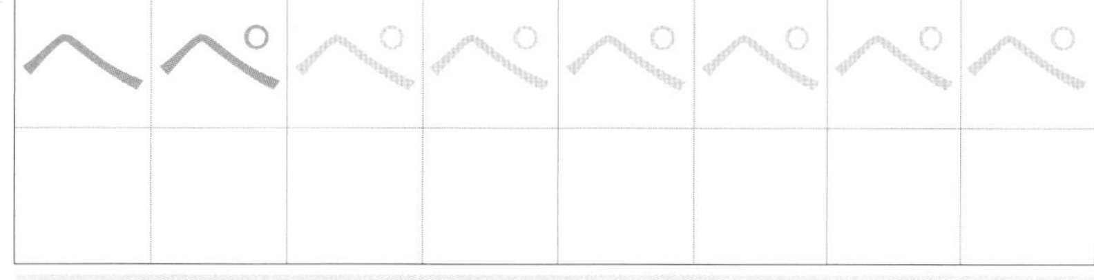

ぺこぺこ 배가 몹시 고픔 / 페 꼬 뻬 꼬　　ぜっぺき 절벽 / 젭 뻬 끼　　ほっぺた 뺨 / 홉 뻬 따

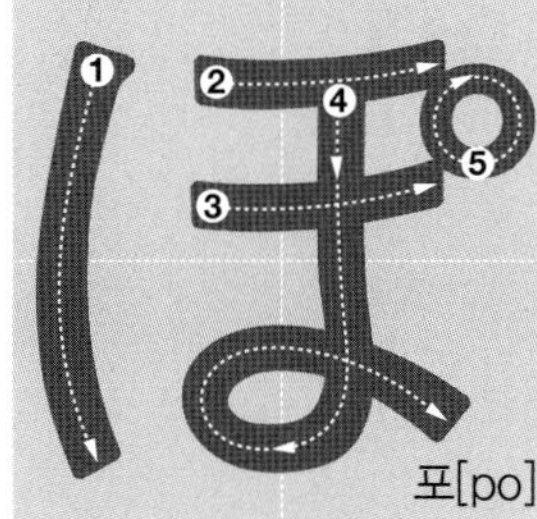

いっぽ 한 걸음 / 입 뽀　　しっぽ 꼬리 / 십 뽀　　たんぽぽ 민들레 / 탐 뽀 뽀

요음과 촉음

■ 쓰기 연습

캬[kya]
きゃ
きゃ きゃ きゃ きゃ
きゃくしつ 객실
캬 꾸 시 쯔
きゃくしょく 각색
캬 꾸 쇼 꾸
きゃくほん 각본
캬 꾸 홍
큐[kyu]
きゅ
きゅ きゅ きゅ きゅ
きゅうきゅうしゃ 구급차
큐 ー 뀨 ー 샤
きゅうり 오이
큐 ー 리
やきゅう 야구
야 뀨 ー
쿄[kyo]
きょ
きょ きょ きょ きょ
きょう 오늘
쿄 ー
きょうし 교사
쿄 ー 시
きょり 거리
쿄 리
갸[gya]
ぎゃ
ぎゃ ぎゃ ぎゃ ぎゃ
ぎゃくこうか 역효과
갸 꾸 꼬 ー 까
ぎゃくてん 역전
갸 꾸 뗑
ぎゃくりゅう 역류
갸 꾸 류 ー
규[gyu]
ぎゅ
ぎゅ ぎゅ ぎゅ ぎゅ
ぎゅうどん 쇠고기덮밥
규 ー 동
ぎゅうにく 쇠고기
규 ー 니 꾸
ぎゅうにゅう 우유
규 ー 뉴 ー
교[gyo]
ぎょ
ぎょ ぎょ ぎょ ぎょ
ぎょせん 어선
교 셍
きんぎょ 금붕어
킹 교
じゅぎょう 수업
쥬 교 ー

■ 쓰기 연습

샤[sha]
しゃ
しゃ しゃ しゃ しゃ
しゃしん 사진
샤 싱
いしゃ 의사
이 샤
かいしゃ 회사
카 이 샤
슈[shu]
しゅ
しゅ しゅ しゅ しゅ
しゅうまつ 주말
슈 – 마 쯔
しゅと 수도
슈 또
しゅみ 취미
슈 미
쇼[sho]
しょ
しょ しょ しょ しょ
しょうせつ 소설
쇼 – 세 쯔
しょうねん 소년
쇼 – 넹
しょるい 서류
쇼 루 이
쟈[zya]
じゃ
じゃ じゃ じゃ じゃ
じゃがいも 감자
쟈 가 이 모
じゃくてん 약점
쟈 꾸 뗑
じゃんけんぽん 가위바위보
쟝 껨 뽕
쥬[zyu]
じゅ
じゅ じゅ じゅ じゅ
じゅうしょ 주소
쥬 – 쇼
じゅんび 준비
쥼 비
きょうじゅ 교수
쿄 – 쥬
죠[zyo]
じょ
じょ じょ じょ じょ
じょうしき 상식
죠 – 시 끼
じょうだん 농담
죠 – 당
だんじょ 남녀
단 죠

■ 쓰기 연습

ちゃ 챠[cha]

ちゃちゃちゃちゃ

ちゃくりく 착륙　　おちゃ (마시는) 차　　おもちゃ 장난감
챠 꾸 리 꾸　　오 쨔　　오 모 쨔

ちゅ 츄[chu]

ちゅちゅちゅちゅ

ちゅうがくせい 중학생　　ちゅうごく 중국　　ちゅうしゃ 주사
츄 - 각 세 -　　츄 - 고 꾸　　츄 - 샤

ちょ 쵸[cho]

ちょちょちょちょ

ちょうみりょう 조미료　　ちょきん 저금　　てちょう 수첩
쵸 - 미 료 -　　쵸 낑　　테 쬬 -

にゃ 냐[nya]

にゃにゃにゃにゃ

こんにゃく 곤약
콘 냐 꾸

にゅ 뉴[nyu]

にゅにゅにゅにゅ

にゅうがく 입학　　にゅうこく 입국　　にゅうしゃ 입사
뉴 - 가 꾸　　뉴 - 꼬 꾸　　뉴 - 샤

にょ 뇨[nyo]

にょにょにょにょ

とうにょう 당뇨
토 - 뇨 -

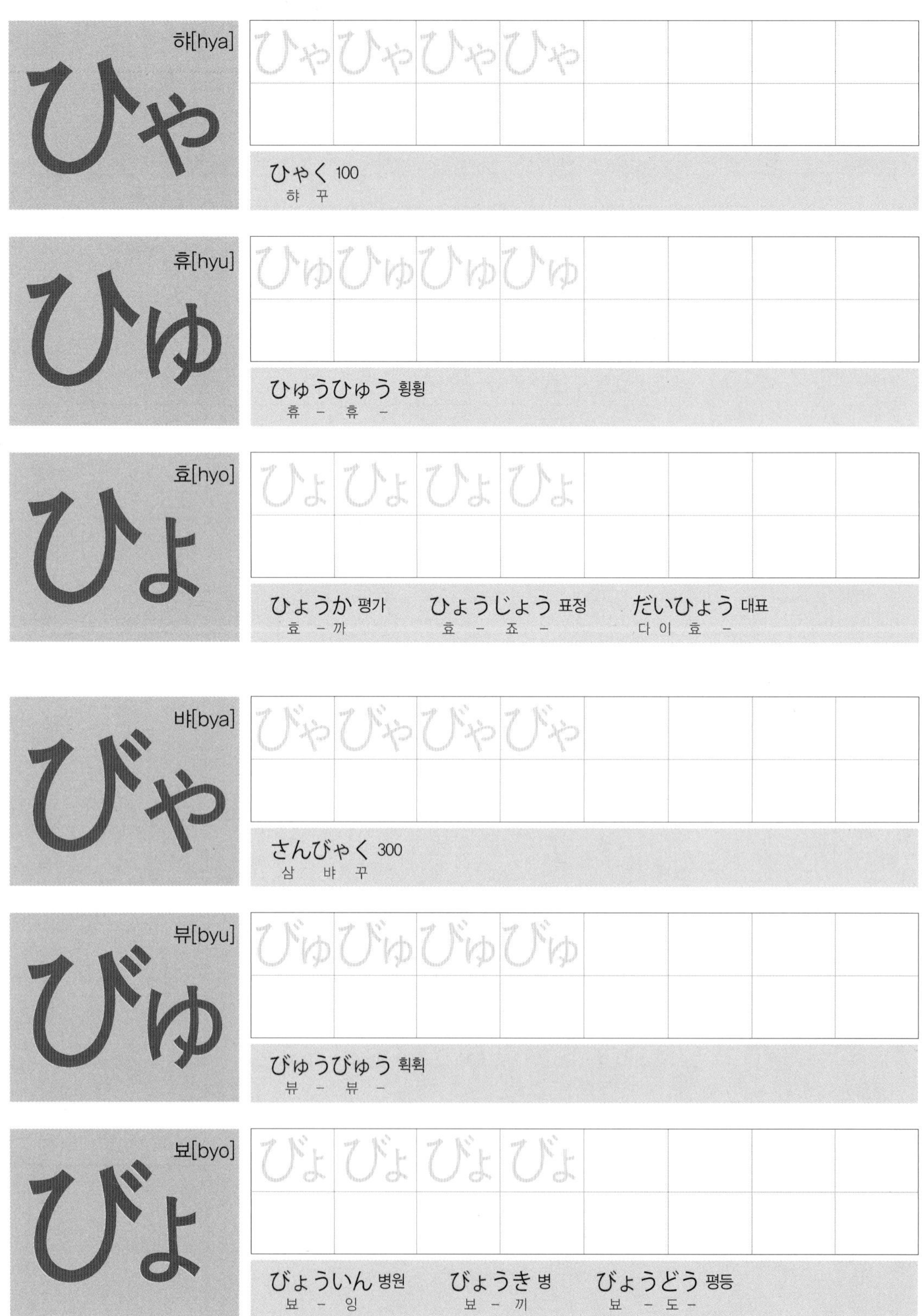
햐[hya]
ひゃ
ひゃく 100
햐 꾸
휴[hyu]
ひゅ
ひゅうひゅう 휭휭
휴 – 휴 –
효[hyo]
ひょ
ひょうか 평가
효 – 까
ひょうじょう 표정
효 – 죠 –
だいひょう 대표
다 이 효 –
뱌[bya]
びゃ
さんびゃく 300
삼 뱌 꾸
뷰[byu]
びゅ
びゅうびゅう 휙휙
뷰 – 뷰 –
뵤[byo]
びょ
びょういん 병원
뵤 – 잉
びょうき 병
뵤 – 끼
びょうどう 평등
뵤 – 도 –

■ 쓰기 연습

ぴゃ 퍄[pya]

ぴゃ ぴゃ ぴゃ ぴゃ

はっぴゃく 800
합 빠 꾸

ぴゅ 퓨[pyu]

ぴゅ ぴゅ ぴゅ ぴゅ

ぴゅうぴゅう 확확
퓨 – 쀼 –

ぴょ 표[pyo]

ぴょ ぴょ ぴょ ぴょ

はっぴょう 발표
합 뾰 –

みゃ 먀[mya]

みゃ みゃ みゃ みゃ

さんみゃく 산맥
삼 먀 꾸

どうみゃく 동맥
도 – 먀 꾸

みゅ 뮤[myu]

みゅ みゅ みゅ みゅ

みょ 묘[myo]

みょ みょ みょ みょ

みょうあん 묘안
묘 – 앙

こうみょう 교묘
코 – 묘 –

발음 특강 3 _ 촉음

「か、さ、た、ぱ」(카, 사, 타, 파)행 앞에 작게 쓰는 촉음「っ」는 우리말의 받침과 같은 역할을 합니다. 하지만 우리말 받침과는 달리 한 박자로 발음해야 합니다. 또한 촉음은 바로 뒤에 오는 글자의 영향을 받아 발음이 바뀝니다.

1. 「か」(카)행 앞에서는 [k]로 발음됩니다. 예 がっこう 학교 (각 꼬 -)
2. 「さ」(사)행 앞에서는 [s]로 발음됩니다. 예 けっせき 결석 (켓 세 끼)
3. 「た」(타)행 앞에서는 [t]로 발음됩니다. 예 きって 우표 (킷 떼)
4. 「ぱ」(파)행 앞에서는 [p]로 발음됩니다. 예 きっぷ 표 (킵 뿌)

▪ 히라가나 전체 써 보기

＊빈칸에 히라가나를 써 보세요!

단 / 행	あ[a]단	い[i]단	う[u]단	え[e]단	お[o]단
あ[a]행					
か[ka]행					
さ[sa]행					
た[ta]행					
な[na]행					
は[ha]행					
ま[ma]행					
や[ya]행					
ら[ra]행					
わ[wa]행					
			ん[n]		

가타카나

	イ	ウ	エ	オ
아[a]	이[i]	우[u]	에[e]	오[o]

アイスクリーム	インク	ウイスキー	エレベーター	オレンジ
아 이 스 쿠 리 － 무	잉 쿠	우 이 스 키 －	에 레 베 － 타 －	오 렌 지
아이스크림	잉크	위스키	엘리베이터	오렌지

■ 순서대로 쓰면서 익히기

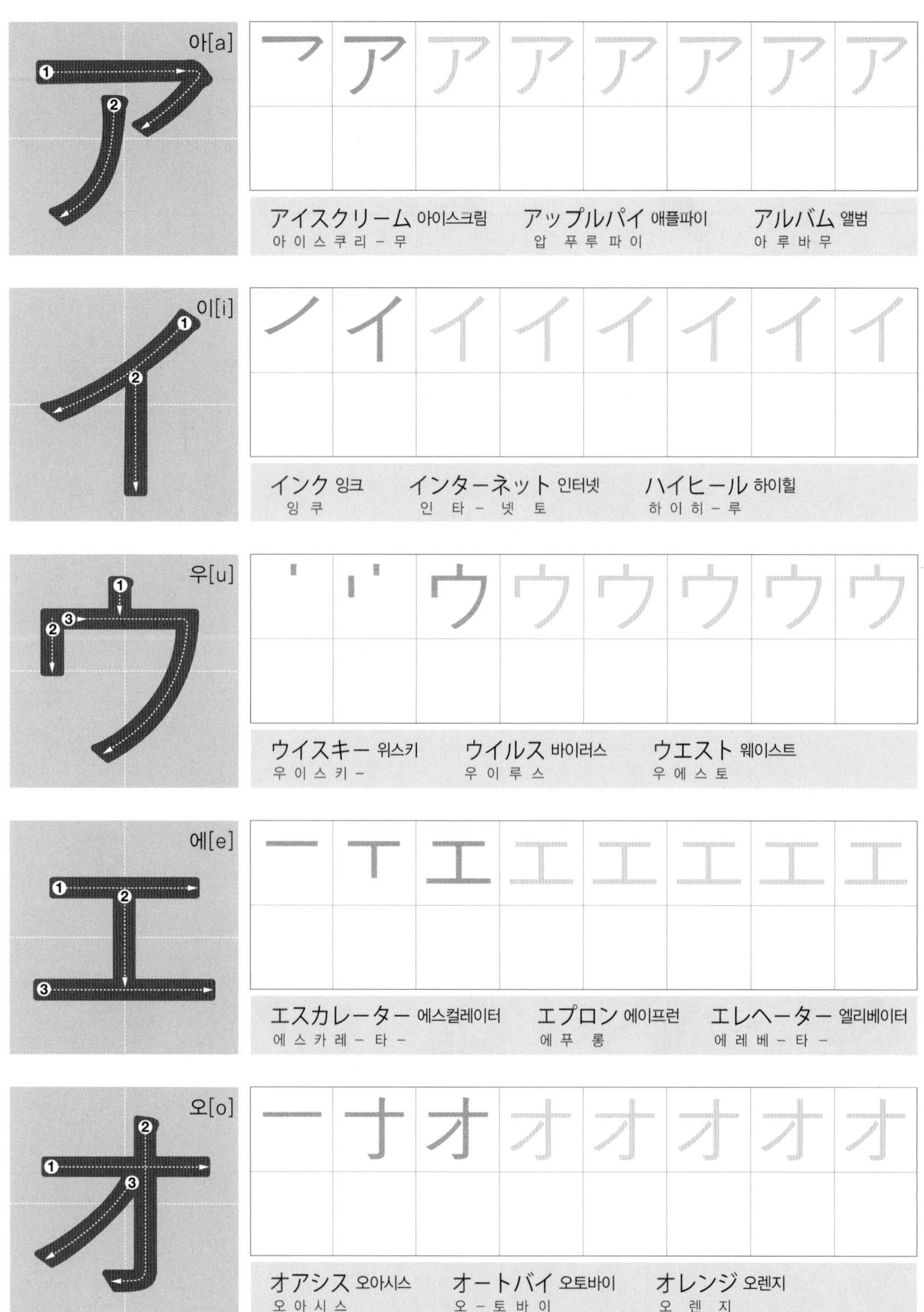

아[a]
アイスクリーム 아이스크림
아 이 스 쿠 리 - 무
アップルパイ 애플파이
압 푸 루 파 이
アルバム 앨범
아 루 바 무
이[i]
インク 잉크
잉 쿠
インターネット 인터넷
인 타 - 넷 토
ハイヒール 하이힐
하 이 히 - 루
우[u]
ウイスキー 위스키
우 이 스 키 -
ウイルス 바이러스
우 이 루 스
ウエスト 웨이스트
우 에 스 토
에[e]
エスカレーター 에스컬레이터
에 스 카 레 - 타 -
エプロン 에이프런
에 푸 롱
エレベーター 엘리베이터
에 레 베 - 타 -
오[o]
オアシス 오아시스
오 아 시 스
オートバイ 오토바이
오 - 토 바 이
オレンジ 오렌지
오 렌 지

■ 쓰기 연습

アイスクリーム
아 이 스 쿠 리 – 무
아이스크림

アアアアア

インク 잉크
잉 쿠

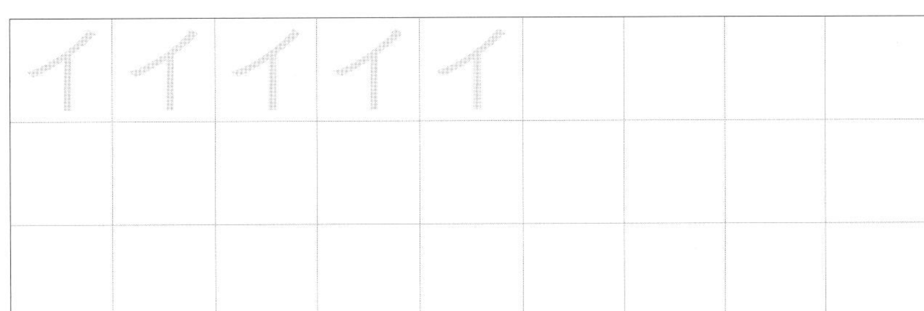

ウイスキー 위스키
우 이 스 키 –

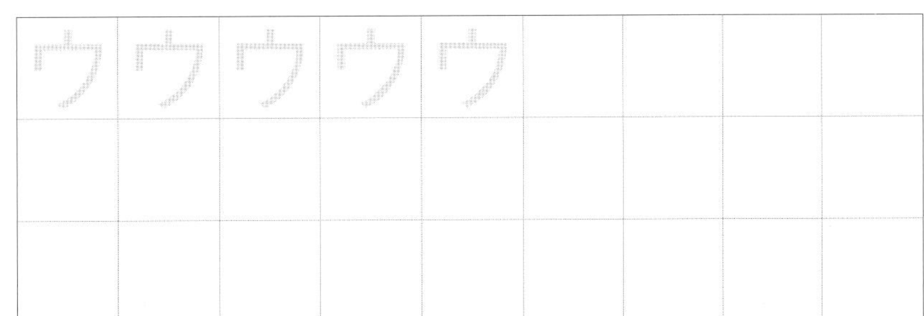

エレベーター 엘리베이터
에 레 베 – 타 –

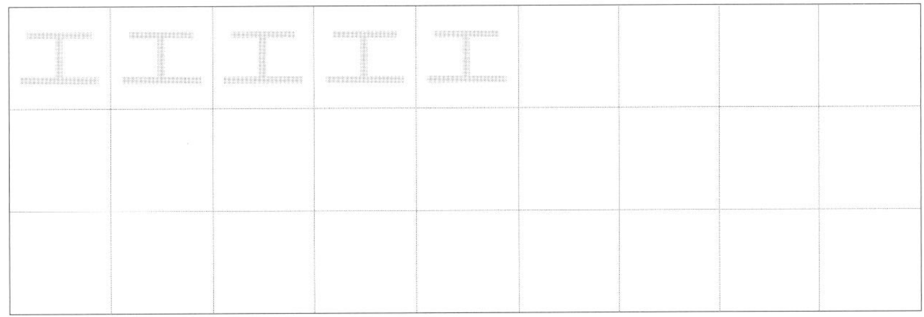

オレンジ 오렌지
오 렌 지

オオオオオ

연 | 습 | 문 | 제

1. 각 발음에 해당하는 가타카나를 찾아 선을 이어 보세요.

(1) 오[o] •		• ア
(2) 아[a] •		• エ
(3) 에[e] •		• オ
(4) 우[u] •		• イ
(5) 이[i] •		• ウ

2. 그림을 보고 빈칸에 알맞은 가타카나를 써 보세요.

(1)

ハ □ ヒール
하 　 히 – 루
이[i]

(2)

□ プロン
푸 롱
에[e]

(3)

□ ルバム
루 바 무
아[a]

(4)

□ □ シス
시 스
오[o] 아[a]

3. 히라가나로 쓰여 있는 부분을 가타카나로 바꿔 써 보세요.

(1) あップルパイ 애플파이 ---------▸ □
압 푸 루 파 이

(2) いンターネット 인터넷 ---------▸ □
인 타 – 넷 토

(3) うイルス 바이러스 ---------▸ □
우 이 루 스

(4) うえスト 웨이스트 ---------▸ □ □
우 에 스 토

정답_1. (1) 오[o]-オ (2) 아[a]-ア (3) 에[e]-エ (4) 우[u]-ウ (5) 이[i]-イ 2. (1) イ (2) エ (3) ア (4) オ、ア
3. (1) ア (2) イ (3) ウ (4) ウ、エ

カ	キ	ク	ケ	コ
카[ka]	키[ki]	쿠[ku]	케[ke]	코[ko]

カメラ	キー	クリスマス	ケーキ	コーヒー
카 메 라	키 –	쿠 리 스 마 스	케 – 키	코 – 히 –
카메라	열쇠	크리스마스	케이크	커피

■ 순서대로 쓰면서 익히기

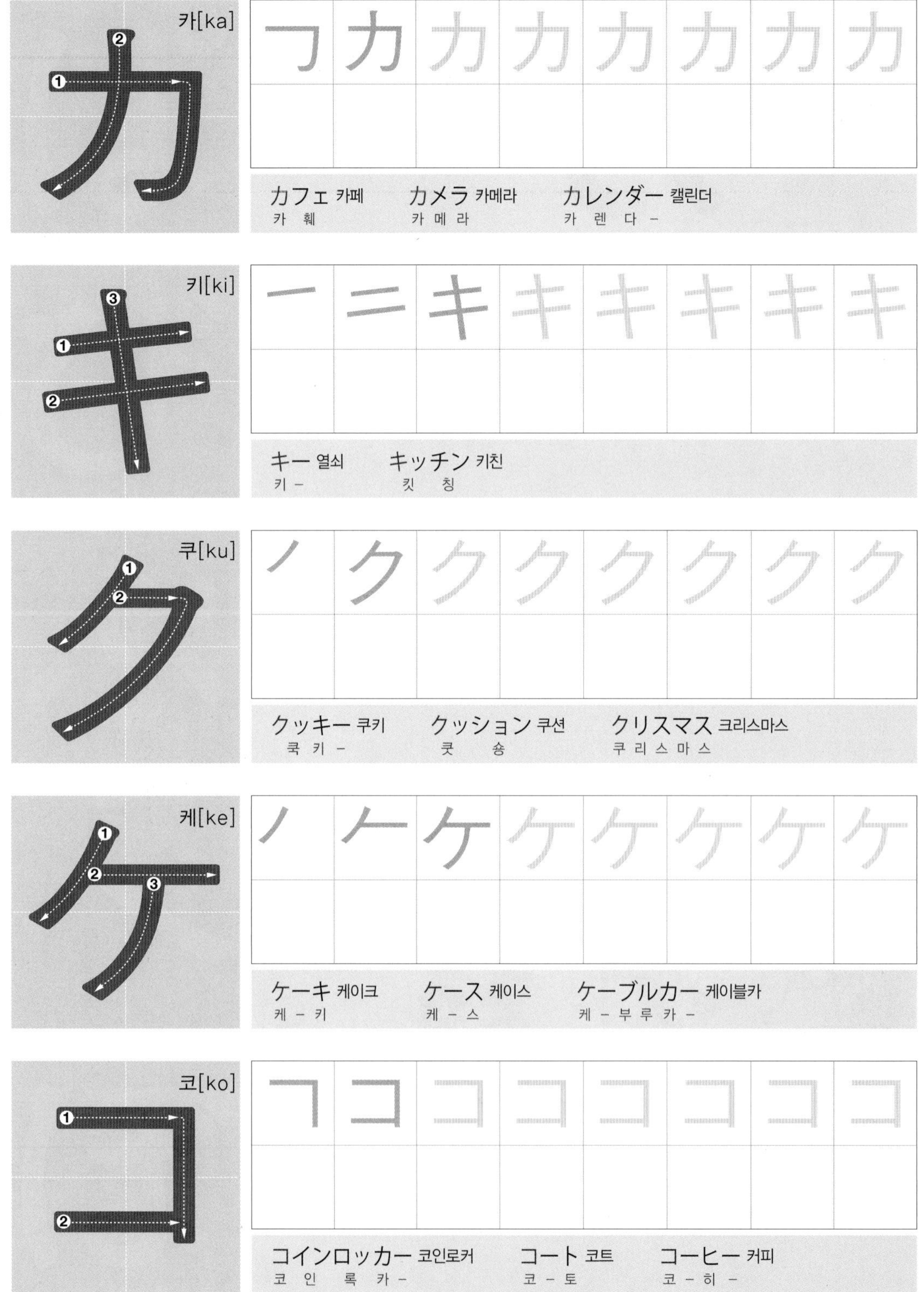

카[ka]
カフェ 카페
카 훼
カメラ 카메라
카 메 라
カレンダー 캘린더
카 렌 다 –
키[ki]
キー 열쇠
키 –
キッチン 키친
킷 칭
쿠[ku]
クッキー 쿠키
쿡 키 –
クッション 쿠션
쿳 숑
クリスマス 크리스마스
쿠 리 스 마 스
케[ke]
ケーキ 케이크
케 – 키
ケース 케이스
케 – 스
ケーブルカー 케이블카
케 – 부 루 카 –
코[ko]
コインロッカー 코인로커
코 인 록 카 –
コート 코트
코 – 토
コーヒー 커피
코 – 히 –

■ 쓰기 연습

カメラ 카메라
카 메 라

カ カ カ カ カ

キー 열쇠
키 –

キ キ キ キ キ

クリスマス 크리스마스
쿠 리 스 마 스

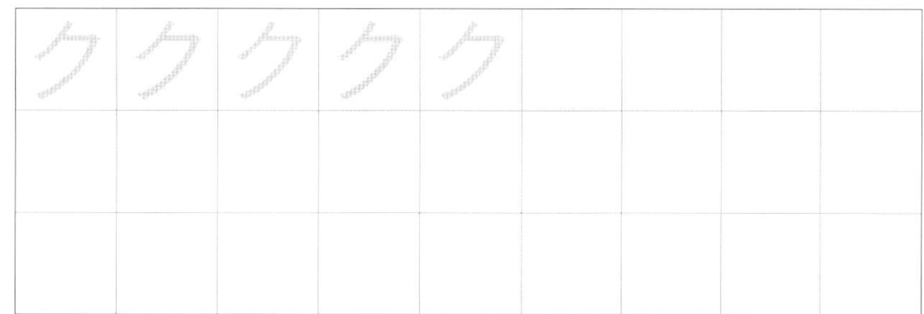

ク ク ク ク ク

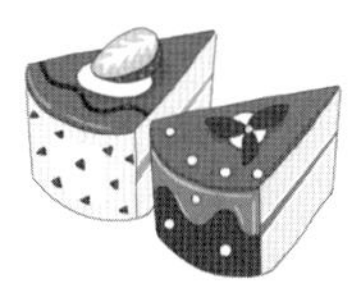

ケーキ 케이크
케 – 키

ケ ケ ケ ケ ケ

コーヒー 커피
코 – 히 –

コ コ コ コ コ

연 | 습 | 문 | 제

カ행
카

1. 각 발음에 해당하는 가타카나를 찾아 선을 이어 보세요.

(1) 키[ki]	•	•	ク
(2) 카[ka]	•	•	コ
(3) 코[ko]	•	•	カ
(4) 케[ke]	•	•	キ
(5) 쿠[ku]	•	•	ケ

2. 그림을 보고 빈칸에 알맞은 가타카나를 써 보세요.

(1) 

□ ート
　－ 토
코[ko]

(2) 

□ ツキー
　ㄱ 키 －
쿠[ku]

(3) 

□ ーブルカー
　－ 부 루 카 －
케[ke]

(4)

□ レンダー
　렌 다 －
카[ka]

3. 히라가나로 쓰여 있는 부분을 가타카나로 바꿔 써 보세요.

(1) けース 케이스 ---------▶ □
케 － 스

(2) かフェ 카페 ---------▶ □
카 훼

(3) キッチン 키친 ---------▶ □
킷 칭

(4) こインロッかー 코인로커 ---------▶ □ □
코 인 록 카 －

정답_ 1. (1) 키[ki]-キ (2) 카[ka]-カ (3) 코[ko]-コ (4) 케[ke]-ケ (5) 쿠[ku]-ク 2. (1) コ (2) ク (3) ケ (4) カ
3. (1) ケ (2) カ (3) キ (4) コ、カ

サ	シ	ス	セ	ソ
사[sa]	시[shi]	스[su]	세[se]	소[so]

サラダ 샐러드 사 라 다	シーソー 시소 시 ー 소 ー	スキー 스키 스 키 ー	セーター 스웨터 세 ー 타 ー	ソファー 소파 소 화 ー

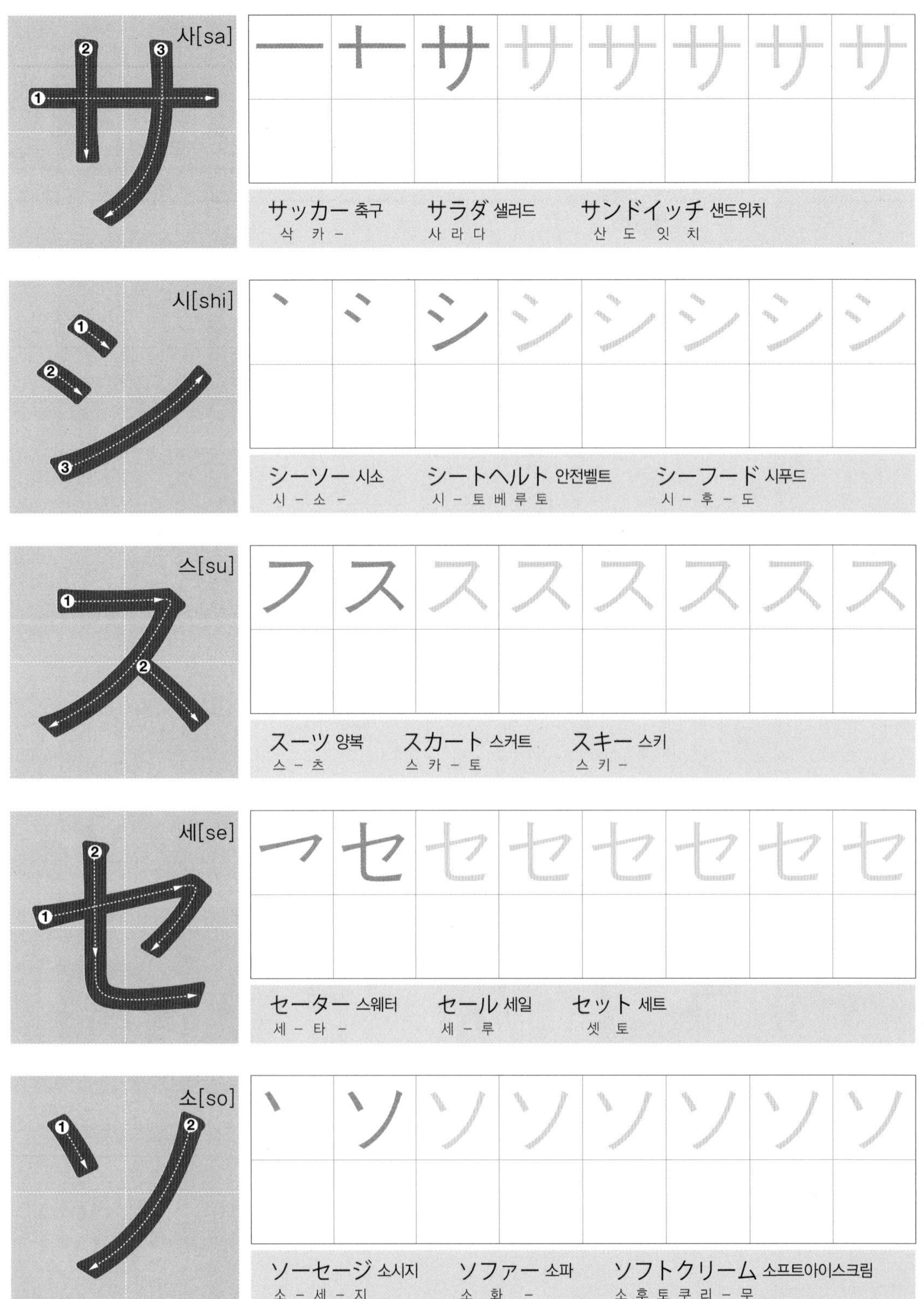

사[sa]
サッカー 축구
삭 카 －
サラダ 샐러드
사 라 다
サンドイッチ 샌드위치
산 도 잇 치
시[shi]
シーソー 시소
시 － 소 －
シートヘルト 안전벨트
시 － 토 베 루 토
シーフード 시푸드
시 － 후 － 도
스[su]
スーツ 양복
스 － 츠
スカート 스커트
스 카 － 토
スキー 스키
스 키 －
세[se]
セーター 스웨터
세 － 타 －
セール 세일
세 － 루
セット 세트
셋 토
소[so]
ソーセージ 소시지
소 － 세 － 지
ソファー 소파
소 화 －
ソフトクリーム 소프트아이스크림
소 후 토 쿠 리 － 무

■ 쓰기 연습

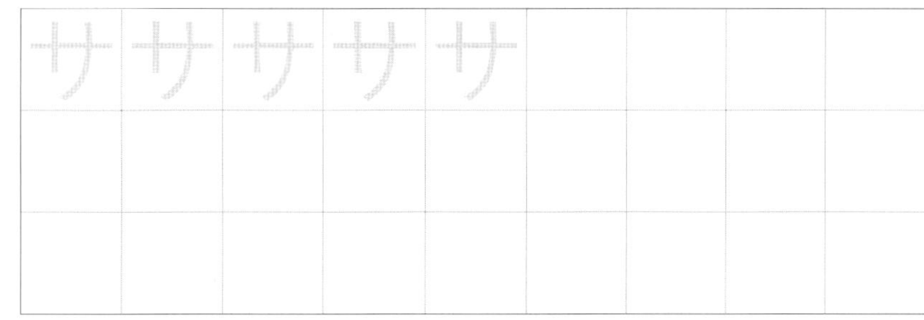

サラダ 샐러드
사 라 다

シーソー 시소
시 ㅡ 소 ㅡ

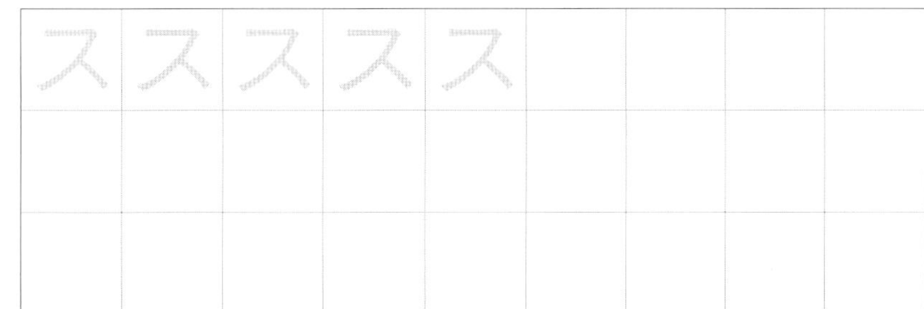

スキー 스키
스 키 ㅡ

セーター 스웨터
세 ㅡ 타 ㅡ

ソフアー 소파
소 화 ㅡ

연 | 습 | 문 | 제

サ(사)행

1. 각 발음에 해당하는 가타카나를 찾아 선을 이어 보세요.

(1) 세[se] • • シ

(2) 사[sa] • • ソ

(3) 스[su] • • セ

(4) 시[shi] • • ス

(5) 소[so] • • サ

2. 그림을 보고 빈칸에 알맞은 가타카나를 써 보세요.

(1) 

□ンドイッチ
ㄴ 도 잇 치
사[sa]

(2) 

□カート
카 - 토
스[su]

(3) 

□ートベルト
- 토 베 루 토
시[shi]

(4) 

□ーセージ
- 세 - 지
소[so]

3. 히라가나로 쓰여 있는 부분을 가타카나로 바꿔 써 보세요.

(1) せット 세트 ----→ □
셋 토

(2) さッカー 축구 ----→ □
삭 카 -

(3) すーツ 양복 ----→ □
스 - 츠

(4) そフトクリーム 소프트아이스크림 ----→ □
소 후 토 쿠 리 - 무

정답_ 1. (1) 세[se]-セ (2) 사[sa]-サ (3) 스[su]-ス (4) 시[shi]-シ (5) 소[so]-ソ 2. (1) サ (2) ス (3) シ (4) ソ
3. (1) セ (2) サ (3) ス (4) ソ

タ

타[ta]

タクシー 택시
타 쿠 시 –

チ

치[chi]

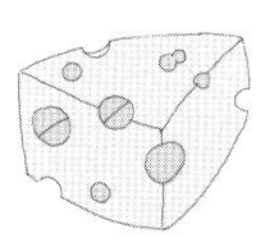

チーズ 치즈
치 – 즈

ツ

츠[tsu]

ツナ 참치
츠 나

テ

테[te]

テレビ 텔레비전
테 레 비

ト

토[to]

トマト 토마토
토 마 토

■ 순서대로 쓰면서 익히기

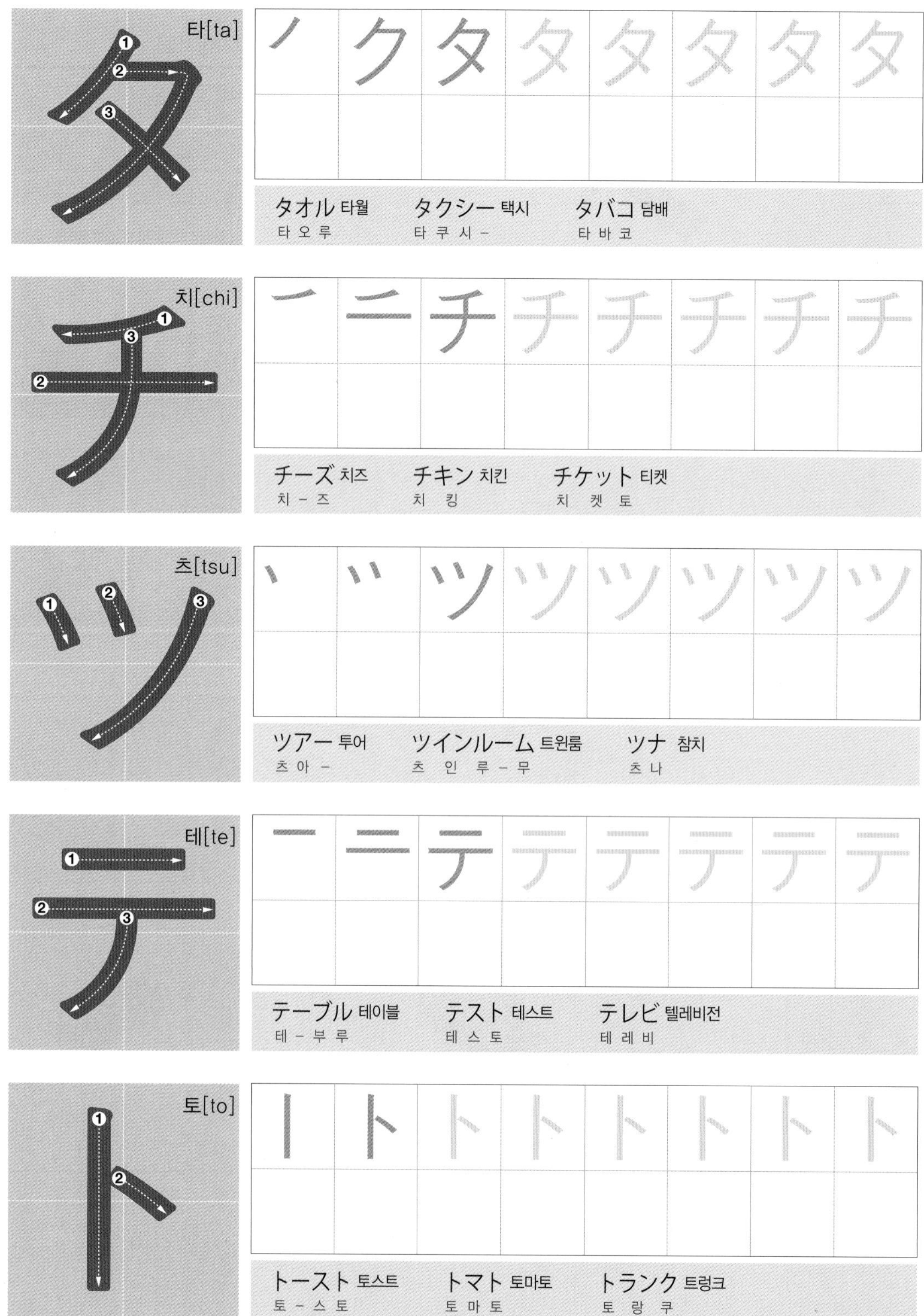

타[ta]
タオル 타월
타 오 루
タクシー 택시
타 쿠 시 –
タバコ 담배
타 바 코
치[chi]
チーズ 치즈
치 – 즈
チキン 치킨
치 킹
チケット 티켓
치 켓 토
츠[tsu]
ツアー 투어
츠 아 –
ツインルーム 트윈룸
츠 인 루 – 무
ツナ 참치
츠 나
테[te]
テーブル 테이블
테 – 부 루
テスト 테스트
테 스 토
テレビ 텔레비전
테 레 비
토[to]
トースト 토스트
토 – 스 토
トマト 토마토
토 마 토
トランク 트렁크
토 랑 쿠

タクシー 택시
타 쿠 시 -

タタタタタ

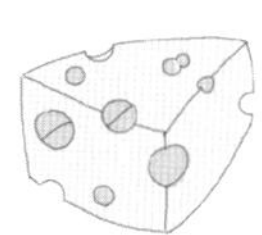

チーズ 치즈
치 - 즈

チチチチチ

ツナ 참치
츠 나

ツツツツツ

テレビ 텔레비전
테 레 비

テテテテテ

トマト 토마토
토 마 토

トトトトト

연 | 습 | 문 | 제

タ행
타

1. 각 발음에 해당하는 가타카나를 찾아 선을 이어 보세요.

(1) 토[to] •	• チ
(2) 테[te] •	• タ
(3) 츠[tsu] •	• ト
(4) 타[ta] •	• ツ
(5) 치[chi] •	• テ

2. 그림을 보고 빈칸에 알맞은 가타카나를 써 보세요.

(1) 

□バコ
　바 코
타[ta]

(2) 

□ケット
　켓 토
치[chi]

(3) 
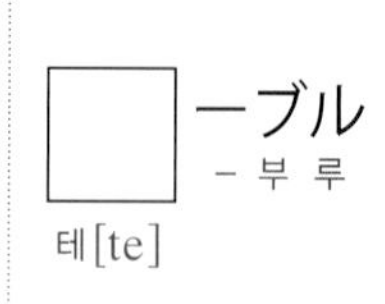
□ーブル
　- 부 루
테[te]

(4) 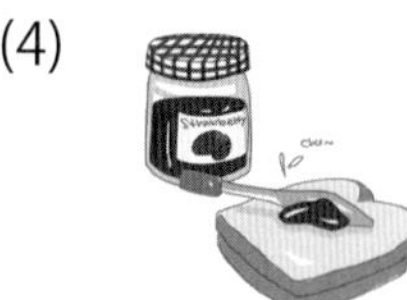
□ース□
　- 스
토[to] 토[to]

3. 히라가나로 쓰여 있는 부분을 가타카나로 바꿔 써 보세요.

(1) たクシー 택시 ----------▶ □
타 쿠 시 -

(2) つナ 참치 ----------▶ □
츠 나

(3) ちキン 치킨 ----------▶ □
치 킹

(4) てスと 테스트 ----------▶ □□
테 스 토

정답_ 1. (1) 토[to]-ト (2) 테[te]-テ (3) 츠[tsu]-ツ (4) 타[ta]-タ (5) 치[chi]-チ 2. (1) タ (2) チ (3) テ (4) ト、ト
3. (1) タ (2) ツ (3) チ (4) テ、ト

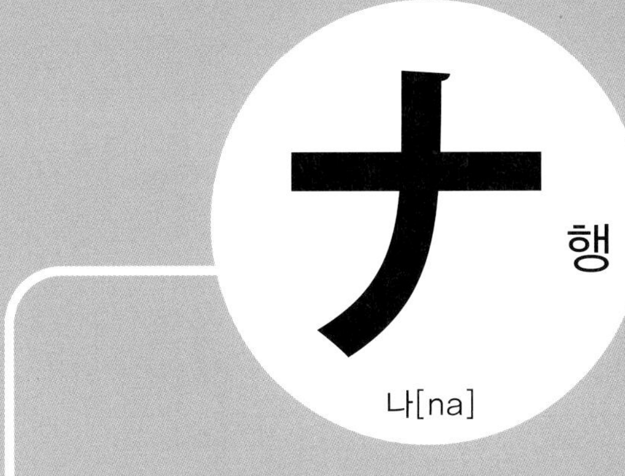

ナ 행

나[na]

	ニ	ヌ	ネ	
나[na]	니[ni]	누[nu]	네[ne]	노[no]
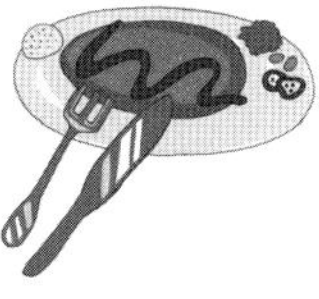				
ナイフ 나이프 나 이 후	テニス 테니스 테 니 스	カヌー 카누 카 누 ㅡ	ネクタイ 넥타이 네 쿠 타 이	ノート 노트 노 ㅡ 토

■ 순서대로 쓰면서 익히기

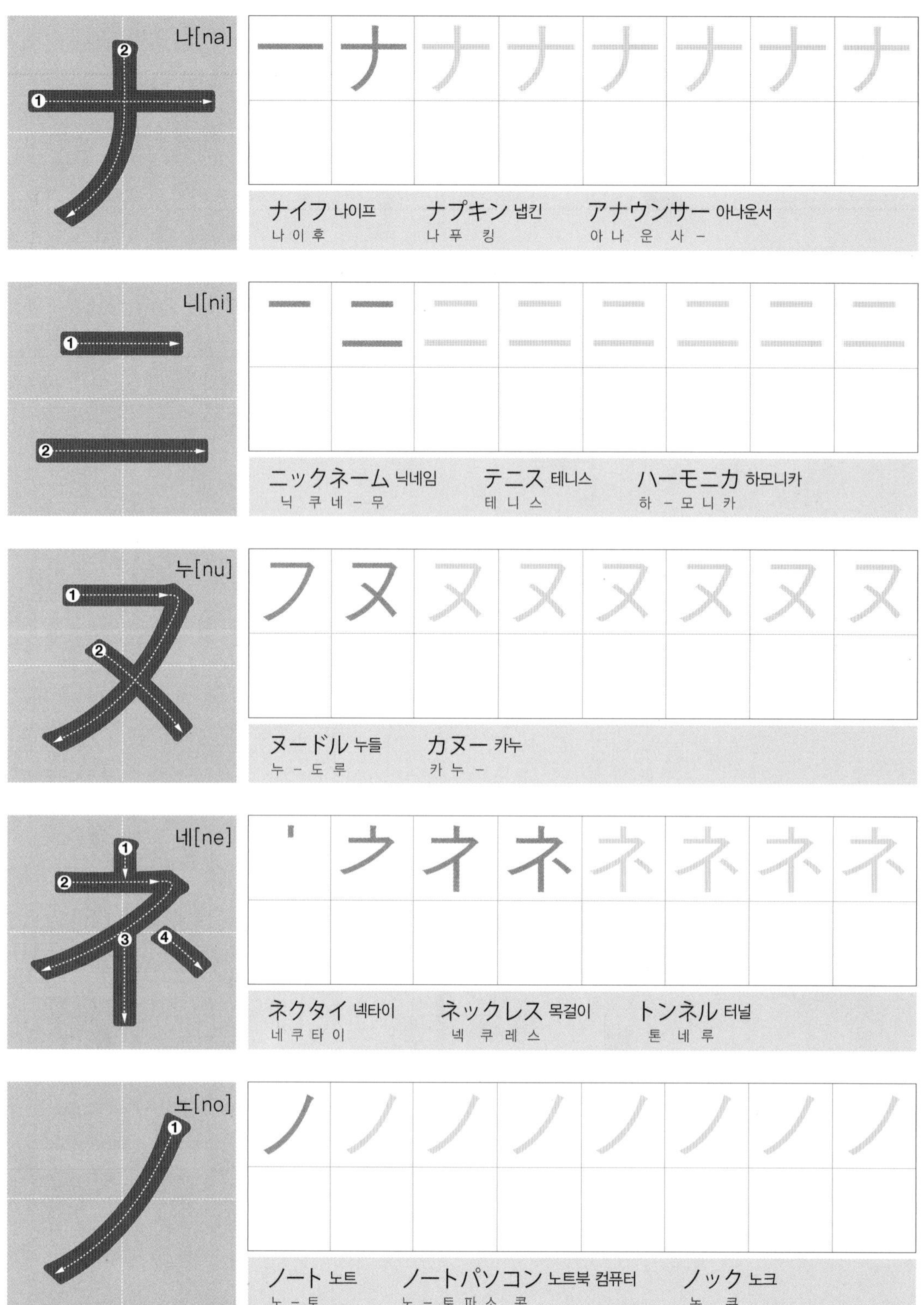

나[na]
ナイフ 나이프
나 이 후
ナプキン 냅킨
나 푸 킹
アナウンサー 아나운서
아 나 운 사 –
니[ni]
ニックネーム 닉네임
닉 쿠 네 – 무
テニス 테니스
테 니 스
ハーモニカ 하모니카
하 – 모 니 카
누[nu]
ヌードル 누들
누 – 도 루
カヌー 카누
카 누 –
네[ne]
ネクタイ 넥타이
네 쿠 타 이
ネックレス 목걸이
넥 쿠 레 스
トンネル 터널
톤 네 루
노[no]
ノート 노트
노 – 토
ノートパソコン 노트북 컴퓨터
노 – 토 파 소 콩
ノック 노크
녹 쿠

ナイフ 나이프
나 이 후

テニス 테니스
테 니 스

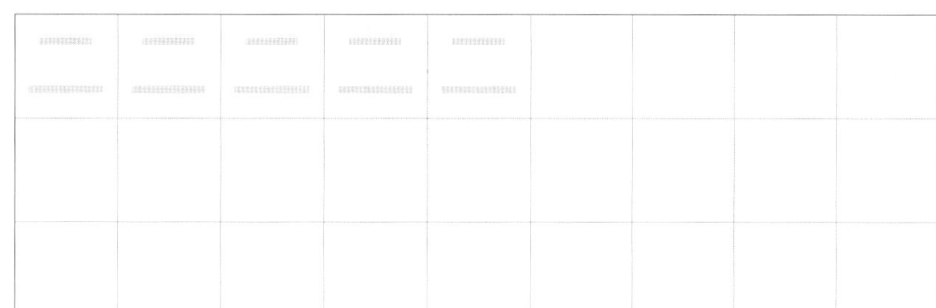

カヌー 카누
카 누 ー

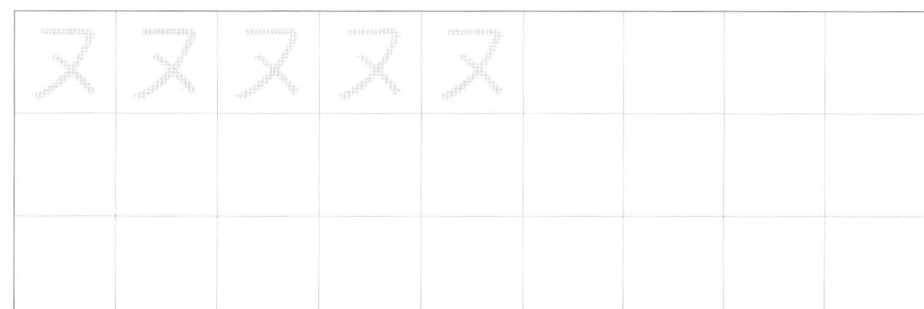

ネクタイ 넥타이
네 쿠 타 이

ノート 노트
노 ー 토

1. 각 발음에 해당하는 가타카나를 찾아 선을 이어 보세요.

(1) 누[nu] •		• ネ
(2) 니[ni] •		• ヌ
(3) 네[ne] •		• ナ
(4) 노[no] •		• ノ
(5) 나[na] •		• ニ

2. 그림을 보고 빈칸에 알맞은 가타카나를 써 보세요.

(1) 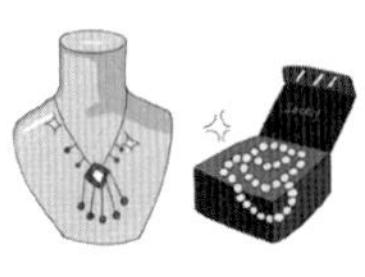

□ックレス
ㄱ 쿠 레 스
네[ne]

(2) 

□ートパソコン
– 토 파 소 콩
노[no]

(3) 

□ードル
– 도 루
누[nu]

(4) 

ハーモ□カ
하 – 모 카
니[ni]

3. 히라가나로 쓰여 있는 부분을 가타카나로 바꿔 써 보세요.

(1) にックネーム 닉네임 ---------► □
닉 쿠 네 – 무

(2) のック 노크 ---------► □
녹 쿠

(3) アなウンサー 아나운서 ---------► □
아 나 운 사 –

(4) カぬー 카누 ---------► □
카 누 –

정답_1. (1) 누[nu]-ヌ (2) 니[ni]-ニ (3) 네[ne]-ネ (4) 노[no]-ノ (5) 나[na]-ナ 2. (1) ネ (2) ノ (3) ヌ (4) ニ
3. (1) ニ (2) ノ (3) ナ (4) ヌ

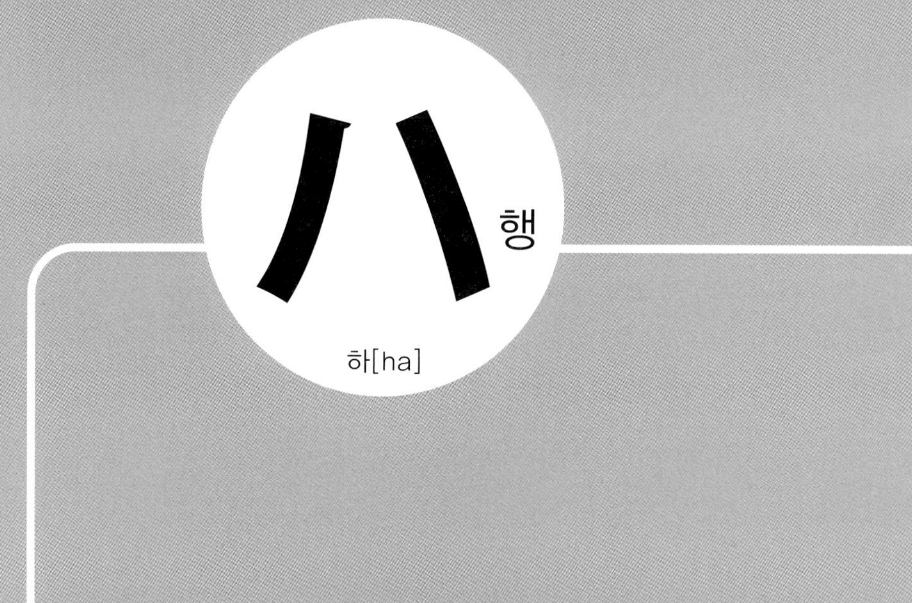

ハ	ヒ	フ	ヘ	ホ
하[ha]	히[hi]	후[hu/fu]	헤[he]	호[ho]
ハンドバッグ 핸드백 한 도 박 구	ヒーター 히터 히 - 타 -	フルーツ 프루트 후 루 - 츠	ヘッドホン 헤드폰 헷 도 홍	ホテル 호텔 호 테 루

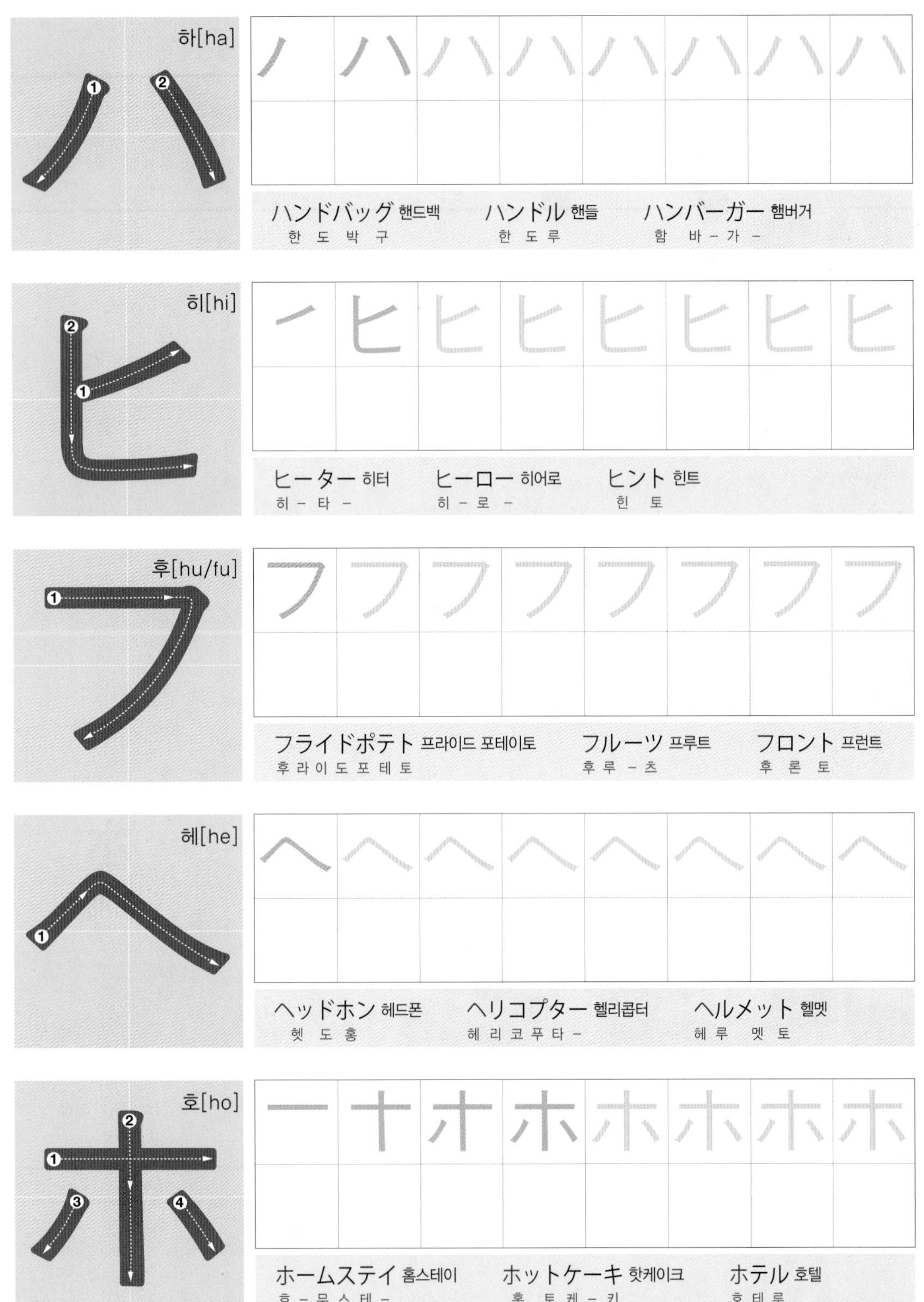

하[ha]
ハンドバッグ 핸드백
한 도 박 구
ハンドル 핸들
한 도 루
ハンバーガー 햄버거
함 바 - 가 -
히[hi]
ヒーター 히터
히 - 타 -
ヒーロー 히어로
히 - 로 -
ヒント 힌트
힌 토
후[hu/fu]
フライドポテト 프라이드 포테이토
후 라 이 도 포 테 토
フルーツ 프루트
후 루 - 츠
フロント 프런트
후 론 토
헤[he]
ヘッドホン 헤드폰
헷 도 홍
ヘリコプター 헬리콥터
헤 리 코 푸 타 -
ヘルメット 헬멧
헤 루 멧 토
호[ho]
ホームステイ 홈스테이
호 - 무 스 테 -
ホットケーキ 핫케이크
홋 토 케 - 키
ホテル 호텔
호 테 루

ハンドバッグ 핸드백
한 도 박 구

ハハハハハ

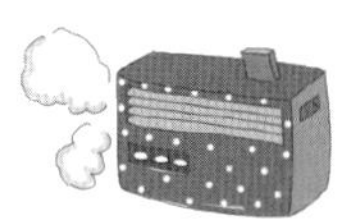

ヒーター 히터
히 – 타 –

ヒヒヒヒヒ

フルーツ 프루트
후 루 – 츠

フフフフフ

ヘッドホン 헤드폰
헷 도 홍

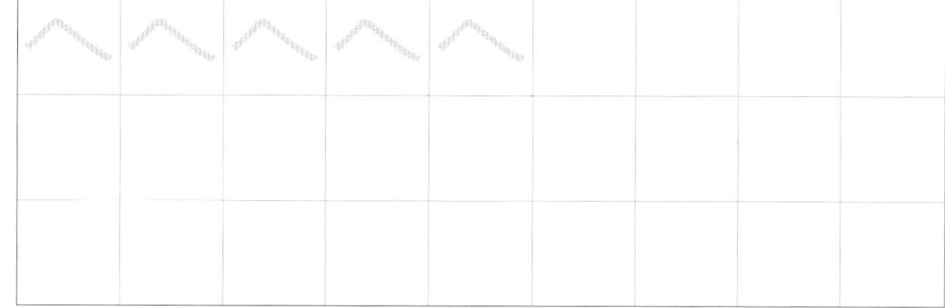

ホテル 호텔
호 테 루

ホホホホホ

연 | 습 | 문 | 제

ハ행
하

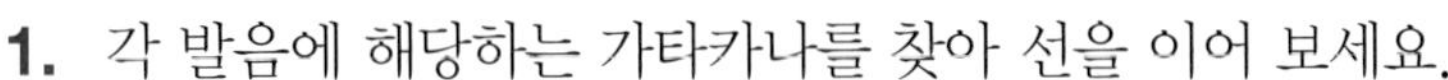

1. 각 발음에 해당하는 가타카나를 찾아 선을 이어 보세요.

(1) 하[ha] •		• ヘ
(2) 후[hu/fu] •		• ハ
(3) 호[ho] •		• ホ
(4) 히[hi] •		• ヒ
(5) 헤[he] •		• フ

2. 그림을 보고 빈칸에 알맞은 가타카나를 써 보세요.

(1)

(2)
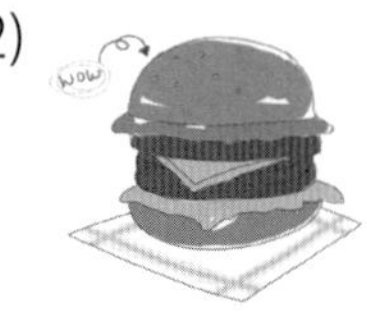

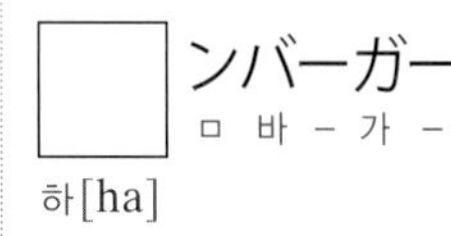

(3)

☐ライドポテト
라 이 도 포 테 토
후[hu/fu]

(4)

☐ ットケーキ
ㅅ 토 케 - 키
호[ho]

3. 히라가나로 쓰여 있는 부분을 가타카나로 바꿔 써 보세요.

(1) ひーロー 히어로 ----------► ☐
히 - 로 -

(2) へルメット 헬멧 ----------► ☐
헤 루 멧 토

(3) はンドル 핸들 ----------► ☐
한 도 루

(4) ふロント 프런트 ----------► ☐
후 론 토

정답_ 1. (1) 하[ha]-ハ (2) 후[hu/fu]-フ (3) 호[ho]-ホ (4) 히[hi]-ヒ (5) 헤[he]-ヘ 2. (1) ヘ (2) ハ (3) フ (4) ホ
3. (1) ヒ (2) ヘ (3) ハ (4) フ

	ミ	ム	メ	モ
마[ma]	미[mi]	무[mu]	메[me]	모[mo]
			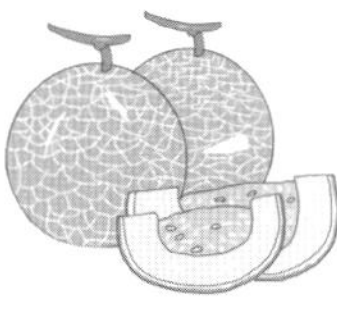	
マヨネーズ 마요네즈 마 요 네 - 즈	ミルク 우유 미 루 쿠	ムービー 영화 무 - 비 -	メロン 멜론 메 롱	モニター 모니터 모 니 타 -

마[ma]
マイク 마이크
마 이 쿠
マフラー 머플러
마 후 라 –
マヨネーズ 마요네즈
마 요 네 – 즈
미[mi]
ミキサー 믹서
미 키 사 –
ミニスカート 미니스커트
미 니 스 카 – 토
ミルク 우유
미 루 쿠
무[mu]
ムード 무드
무 – 도
ムービー 영화
무 – 비 –
ハネムーン 허니문
하 네 무 – 웅
메[me]
メダル 메달
메 다 루
メニュー 메뉴
메 뉴 –
メロン 멜론
메 롱
모[mo]
モーターボート 모터보트
모 – 타 – 보 – 토
モーニングコール 모닝콜
모 – 닝 구 코 – 루
モニター 모니터
모 니 타 –

■ 쓰기 연습

マヨネーズ 마요네즈
마 요 네 – 즈

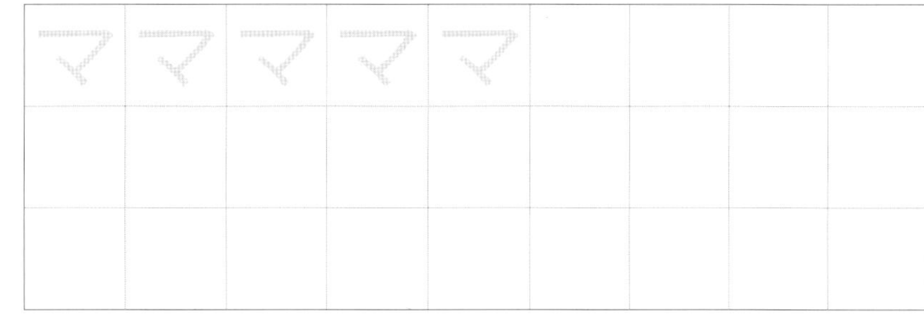

ミルク 우유
미 루 쿠

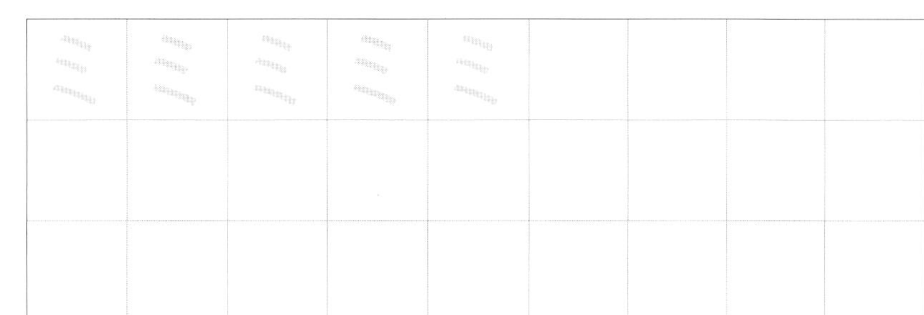

ムービー 영화
무 – 비 –

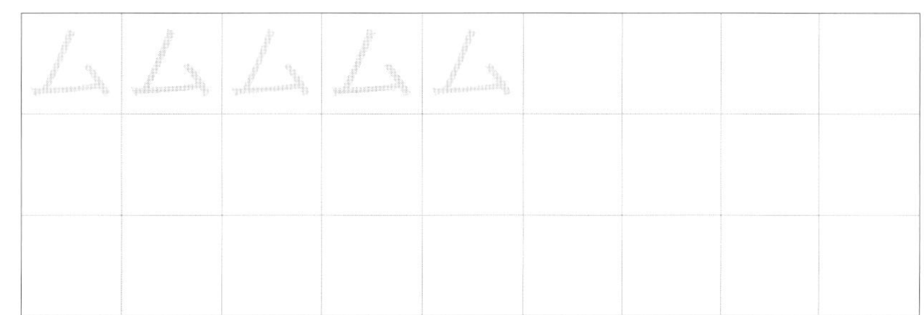

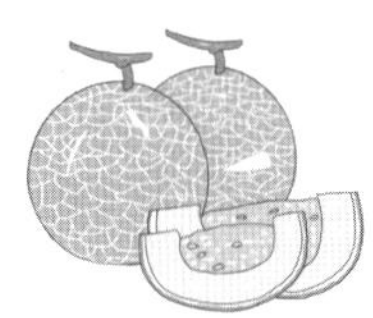

メロン 멜론
메 롱

モニター 모니터
모 니 타 –

モ モ モ モ モ

연 | 습 | 문 | 제

マ행
마

1. 각 발음에 해당하는 가타카나를 찾아 선을 이어 보세요.

(1) 미[mi] •　　　　• モ

(2) 마[ma] •　　　　• ム

(3) 메[me] •　　　　• ミ

(4) 모[mo] •　　　　• メ

(5) 무[mu] •　　　　• マ

2. 그림을 보고 빈칸에 알맞은 가타카나를 써 보세요.

(1) 

□ ニスカート
니 스 카 – 토
미[mi]

(2) 

□ ダル
다 루
메[me]

(3) 

□ イク
이 쿠
마[ma]

(4)

□ ーターボート
– 타 – 보 – 토
모[mo]

3. 히라가나로 쓰여 있는 부분을 가타카나로 바꿔 써 보세요.

(1) ハネむーン 허니문 ---------► □
하 네 무 – ㅇ

(2) めニュー 메뉴 ---------► 
메 뉴 –

(3) みキサー 믹서 ---------► 
미 키 사 –

(4) もーニングコール 모닝콜 ---------► 
모 – 닝 구 코 – 루

정답_ 1. (1) 미[mi]-ミ (2) 마[ma]-マ (3) 메[me]-メ (4) 모[mo]-モ (5) 무[mu]-ム 2. (1) ミ (2) メ (3) マ (4) モ
3. (1) ム (2) メ (3) ミ (4) モ

ヤ 행
야[ya]

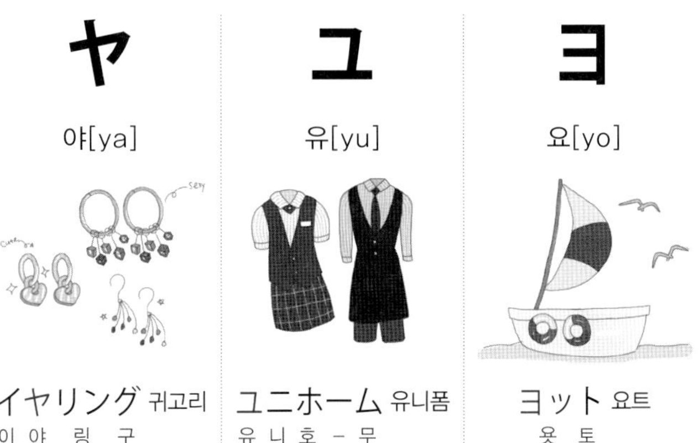
ヤ
야[ya]
イヤリング 귀고리
이 야 링 구
ユ
유[yu]
ユニホーム 유니폼
유 니 호 - 무
ヨ
요[yo]
ヨット 요트
욧 토

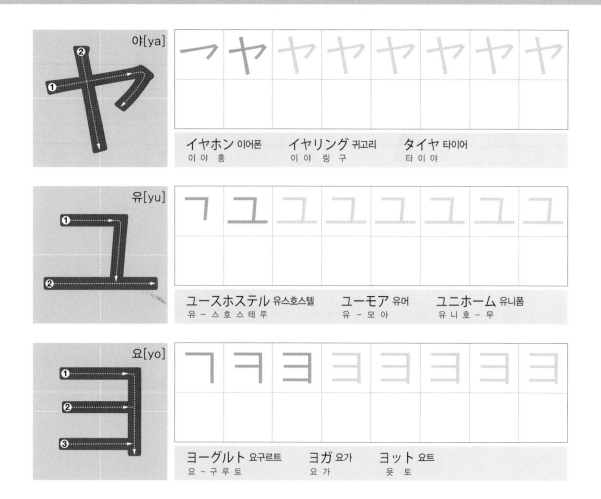

■ 순서대로 쓰면서 익히기

야[ya]

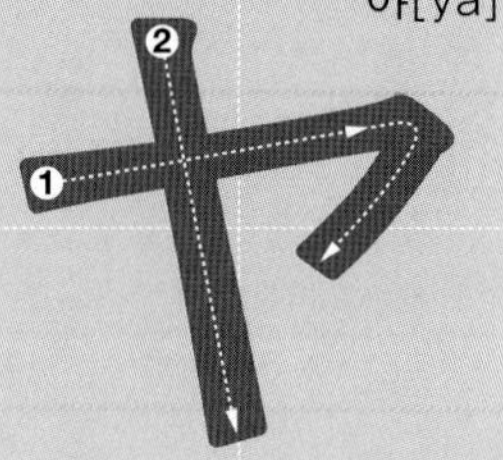

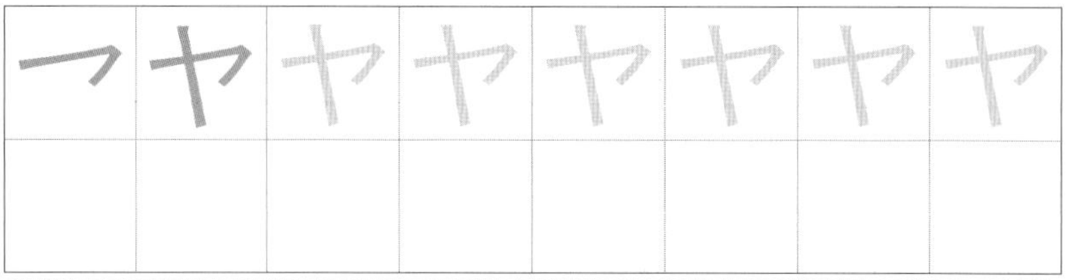

ヤ

イヤホン 이어폰
이 야 홍

イヤリング 귀고리
이 야 링 구

タイヤ 타이어
타 이 야

유[yu]

ユ

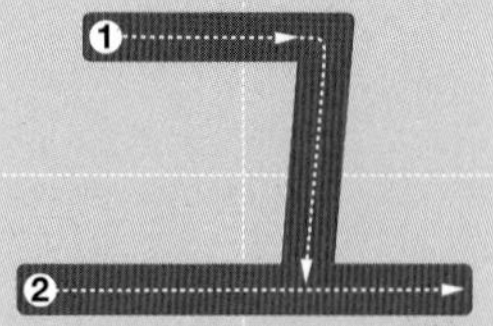

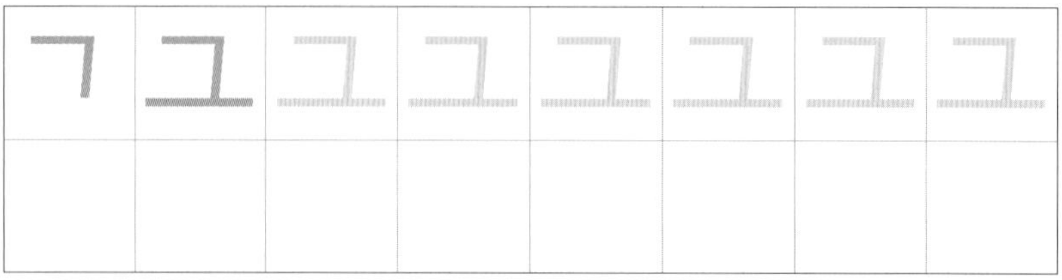

ユースホステル 유스호스텔
유 - 스 호 스 테 루

ユーモア 유머
유 - 모 아

ユニホーム 유니폼
유 니 호 - 무

요[yo]

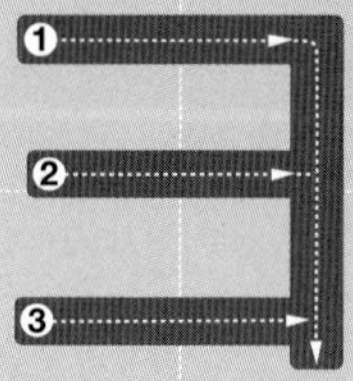

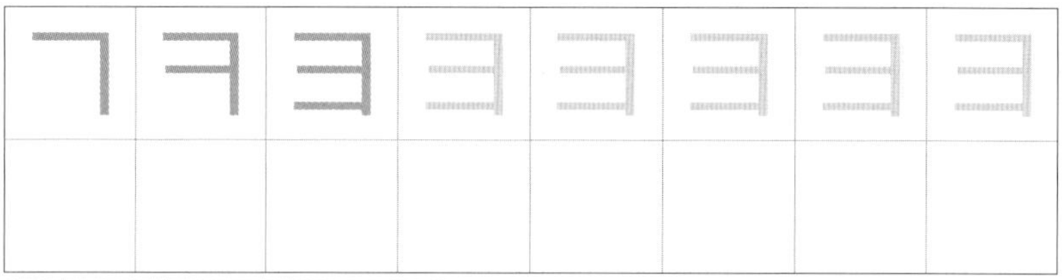

ヨ

ヨーグルト 요구르트
요 - 구 루 토

ヨガ 요가
요 가

ヨット 요트
욧 토

혼동하기 쉬운 글자 3

*다음 글자들은 모양이 비슷해서 혼동하기 쉬우므로 잘 익혀 두세요.

쿠[ku] 타[ta] 코[ko] 유[yu]

시[shi] 츠[tsu] 스[su] 누[nu]

ヤ	ヤ	ヤ	ヤ	ヤ				

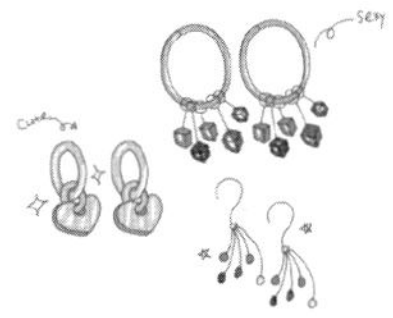

イヤリング 귀고리
이 야 링 구

ユ	ユ	ユ	ユ	ユ				

ユニホーム 유니폼
유 니 호 ― 무

ヨ	ヨ	ヨ	ヨ	ヨ				

ヨット 요트
욧 토

혼동하기 쉬운 글자 3 _ 쓰기 연습

ク			
タ			

コ			
ユ			

シ			
ツ			

ス			
ヌ			

연 | 습 | 문 | 제

ヤ행
야

1. 각 발음에 해당하는 가타카나를 찾아 선을 이어 보세요.

(1) 유[yu] • • ユ

(2) 요[yo] • • ヤ

(3) 야[ya] • • ヨ

2. 그림을 보고 빈칸에 알맞은 가타카나를 써 보세요.

(1) 

タイ □
타 이
야[ya]

(2) 

□ ーグルト
－ 구 루 토
요[yo]

(3)

□ ーモア
－ 모 아
유[yu]

3. 히라가나로 쓰여 있는 부분을 가타카나로 바꿔 써 보세요.

(1) ゆースホステル 유스호스텔 ----------▶ □
유 － 스 호 스 테 루

(2) よガ 요가 ----------▶ □
요 가

(3) イやホン 이어폰 ----------▶ □
이 야 홍

정답_ 1. (1) 유[yu]-ユ (2) 요[yo]-ヨ (3) 야[ya]-ヤ 2. (1) ヤ (2) ヨ (3) ユ 3. (1) ユ (2) ヨ (3) ヤ

ラ 행

라[ra]

ラ
라[ra]
ライター
라 이 타 –
라이터
リ
리[ri]
リボン
리 봉
리본
ル
루[ru]
ルビー
루 비 –
루비
レ
레[re]
レモン
레 몽
레몬
ロ
로[ro]
ロールケーキ
로 – 루 케 – 키
롤케이크

■ 순서대로 쓰면서 익히기

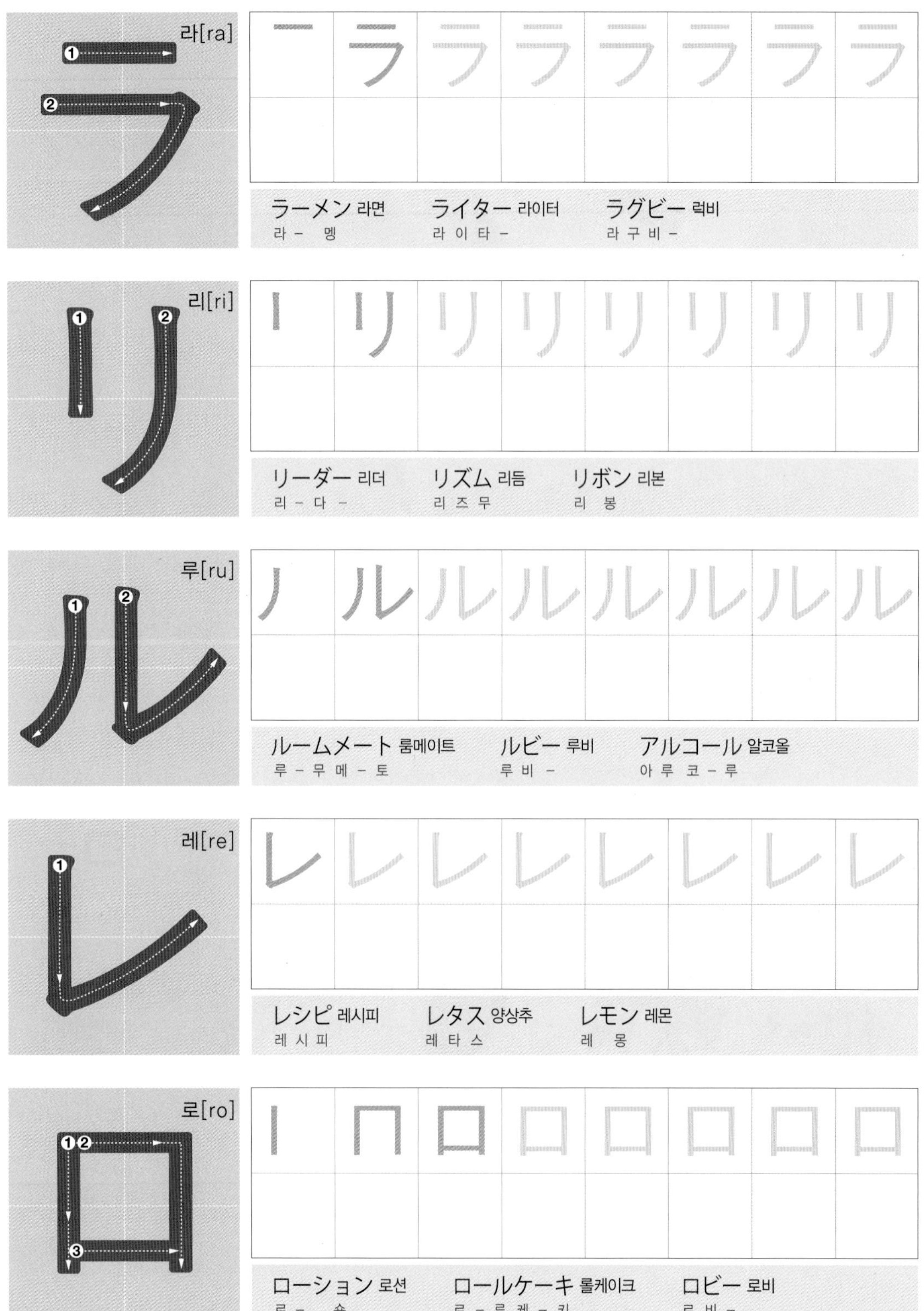
라[ra]
ラーメン 라멘
라 - 멩
ライター 라이터
라 이 타 -
ラグビー 럭비
라 구 비 -
리[ri]
リーダー 리더
리 - 다 -
リズム 리듬
리 즈 무
リボン 리본
리 봉
루[ru]
ルームメート 룸메이트
루 - 무 메 - 토
ルビー 루비
루 비 -
アルコール 알코올
아 루 코 - 루
레[re]
レシピ 레시피
레 시 피
レタス 양상추
레 타 스
レモン 레몬
레 몽
로[ro]
ローション 로션
로 - 숑
ロールケーキ 롤케이크
로 - 루 케 - 키
ロビー 로비
로 비 -

■ 쓰기 연습

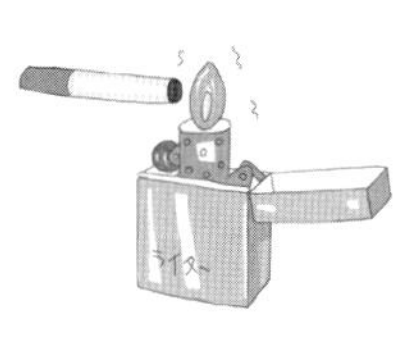

ラ ラ ラ ラ ラ

ライター 라이터
라 이 타 –

リ リ リ リ リ

リボン 리본
리 봉

ルビー 루비
루 비 –

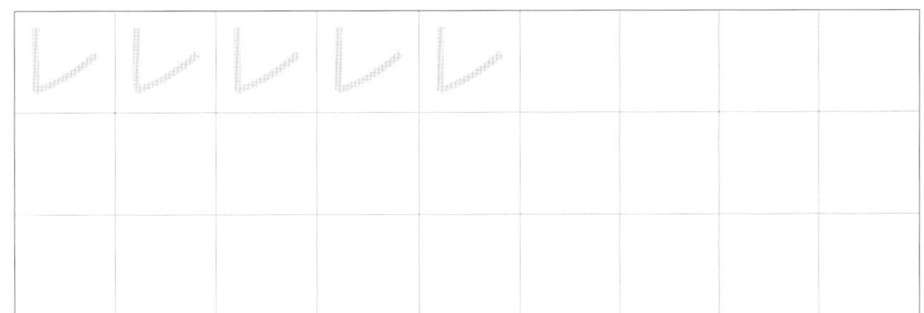

レモン 레몬
레 몽

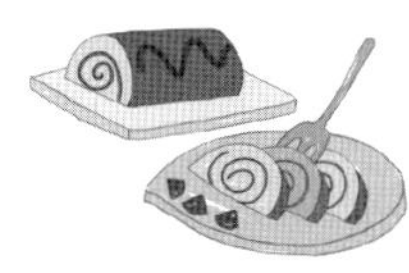

ロ ロ ロ ロ ロ

ロールケーキ 롤케이크
로 – 루 케 – 키

연 | 습 | 문 | 제

ラ행
라

1. 각 발음에 해당하는 가타카나를 찾아 선을 이어 보세요.

(1) 레[re] •	• ロ
(2) 리[ri] •	• ラ
(3) 라[ra] •	• ル
(4) 루[ru] •	• レ
(5) 로[ro] •	• リ

2. 그림을 보고 빈칸에 알맞은 가타카나를 써 보세요.

(1) 

□タス
타 스
레[re]

(2) 

ア□コー□
아 코 -
루[ru] 루[ru]

(3) 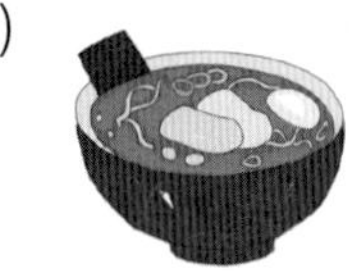

□ーメン
- 멩
라[ra]

(4) 

□ーション
- 숑
로[ro]

3. 히라가나로 쓰여 있는 부분을 가타카나로 바꿔 써 보세요.

(1) ろビー 로비  □
로 비 -

(2) らグビー 럭비 ----------► □
라 구 비 -

(3) れシピ 레시피 ----------► □
레 시 피

(4) リズム 리듬 ----------► □
리 즈 무

정답_ 1. (1) 레[re]-レ (2) 리[ri]-リ (3) 라[ra]-ラ (4) 루[ru]-ル (5) 로[ro]-ロ 2. (1) レ (2) ル、ル (3) ラ (4) ロ
3. (1) ロ (2) ラ (3) レ (4) リ

ワ행 ン

와[wa] 응[n]

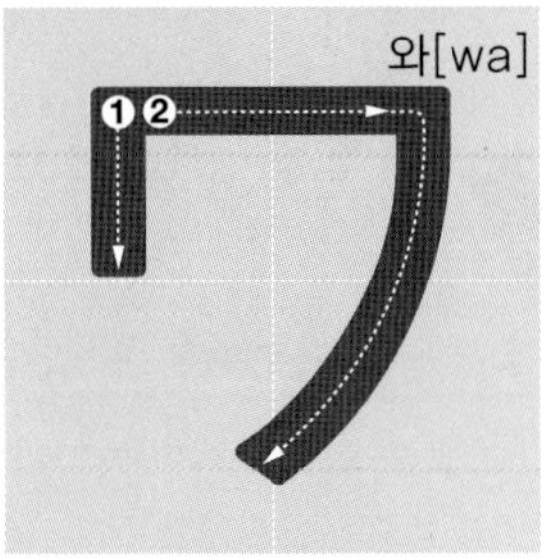

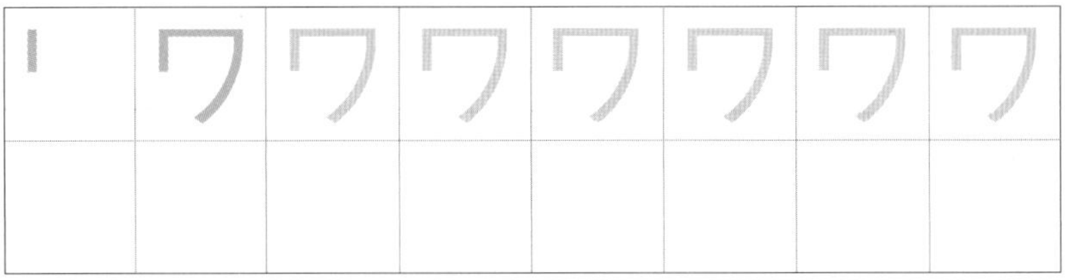

■ 순서대로 쓰면서 익히기

와[wa] ワ

ワイシャツ 와이셔츠 (와 이 샤 츠)　ワイン 와인 (와 잉)　ワンピース 원피스 (왐 피 - 스)

오[wo] ヲ

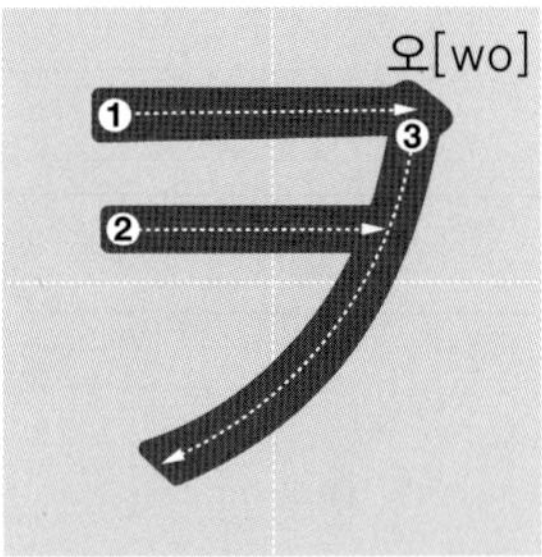

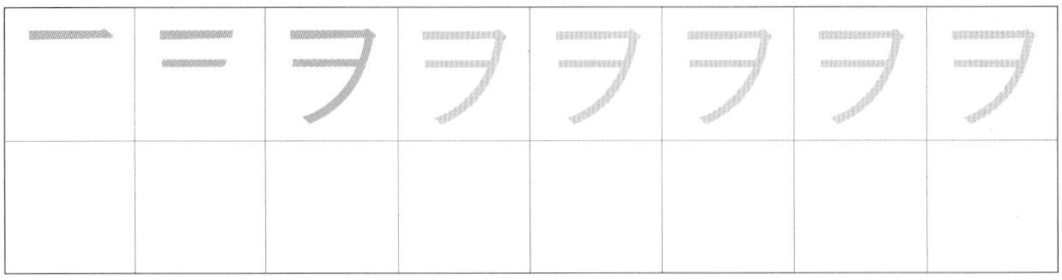

★우리말의 'ㅋ'처럼 쓰지 않도록 순서에 주의하세요.

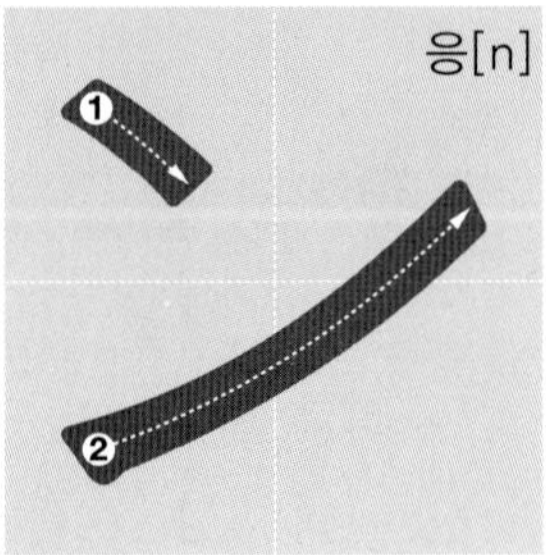

응[n] ン

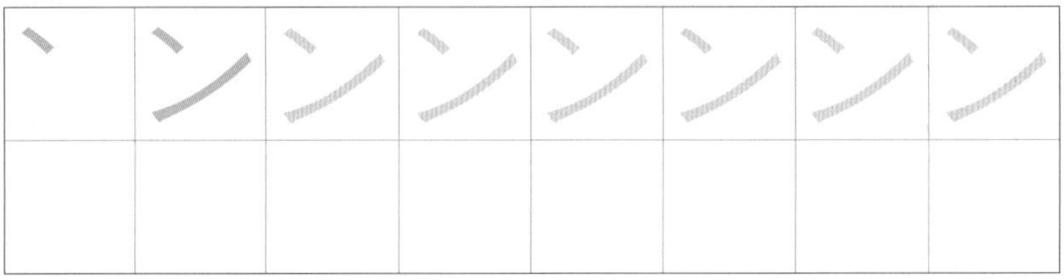

アイロン 다리미 (아 이 롱)　サーフィン 서핑 (사 - 휭)　パン 빵 (팡)

혼동하기 쉬운 글자 4

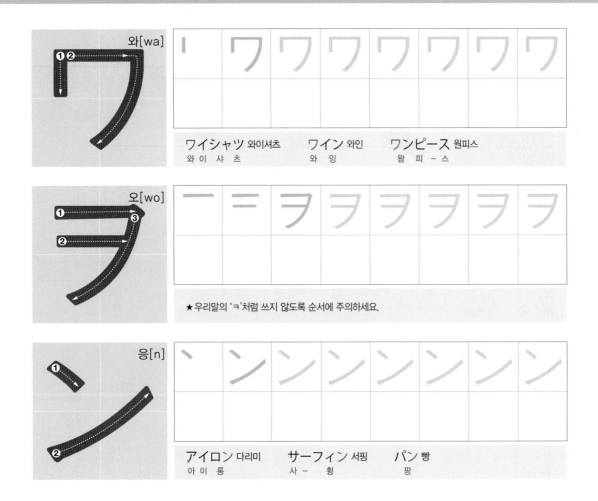

*다음 글자들은 모양이 비슷해서 혼동하기 쉬우므로 잘 익혀 두세요.

ワ	ワ	ワ	ワ	ワ				

ワイン 와인
와 잉

ヲ

ヲ	ヲ	ヲ	ヲ	ヲ				

ン	ン	ン	ン	ン				

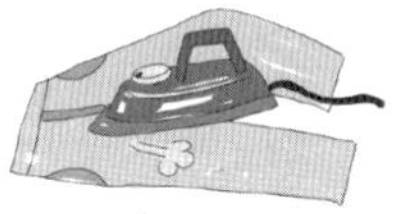

アイロン 다리미
아 이 롱

혼동하기 쉬운 글자 4 _ 쓰기 연습

ウ			
ワ			

ソ			
ン			

マ			
ム			

フ			
ラ			

탁음과 반탁음

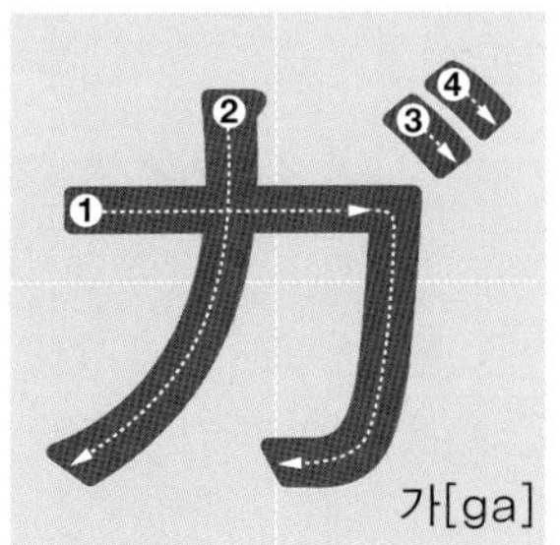

가[ga]

ガイド 가이드　ガウン 가운　ガラス 유리
가 이 도　가 웅　가 라 스

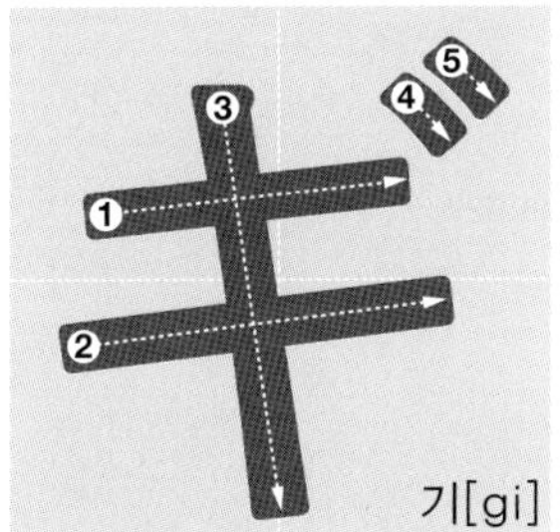

기[gi]

ギフト 선물　アレルギー 알레르기　ペンギン 펭귄
기 후 토　아 레 루 기 ー　펭 깅

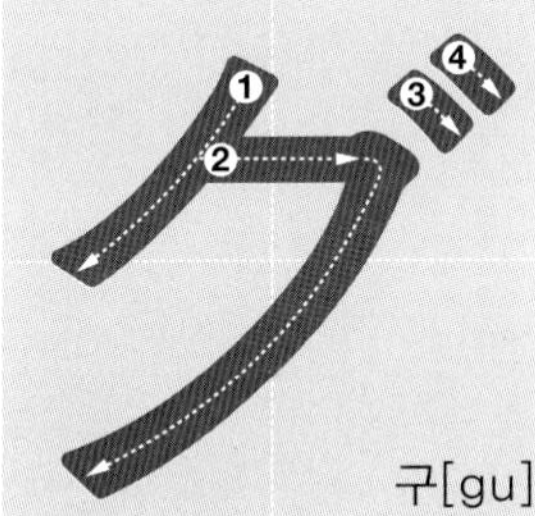

구[gu]

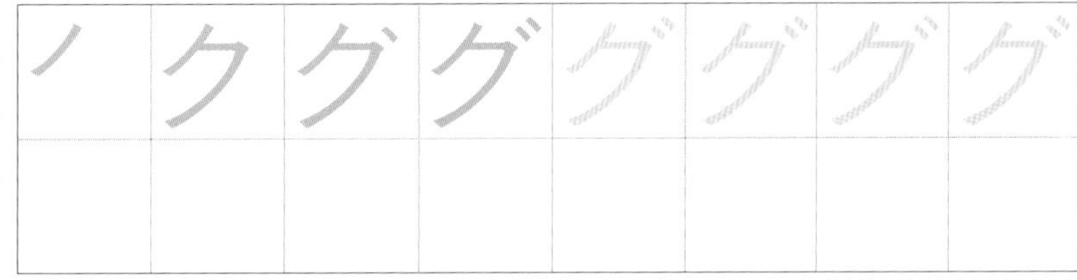

グラウンド 그라운드　グラス 글라스　グラフ 그래프
구 라 운 도　구 라 스　구 라 후

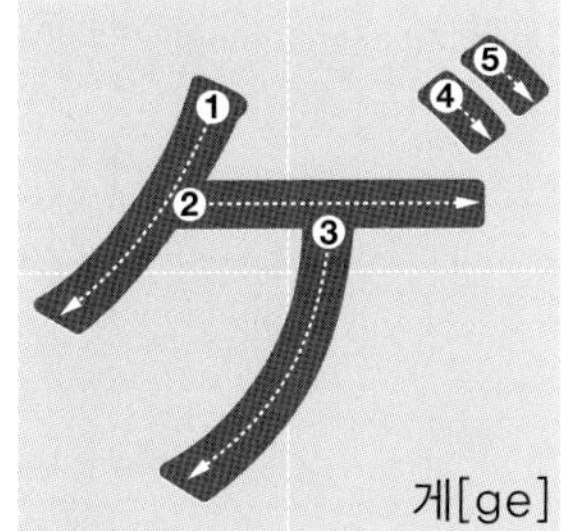

게[ge]

ゲート 게이트　ゲーム 게임　ゲスト 게스트
게 ー 토　게 ー 무　게 스 토

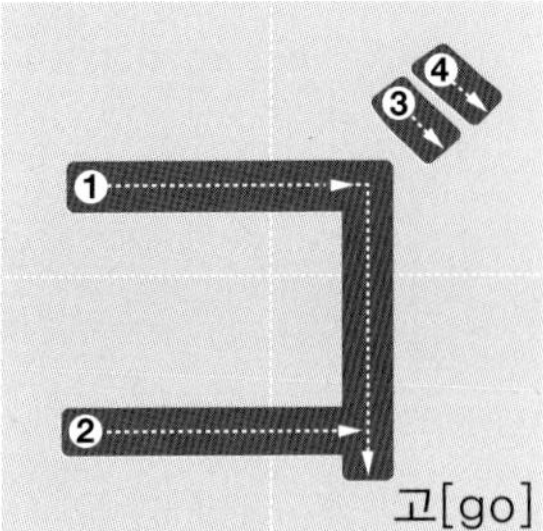

고[go]

ゴールイン 골인　ゴリラ 고릴라　ゴルフ 골프
고 ー 루 잉　고 리 라　고 루 후

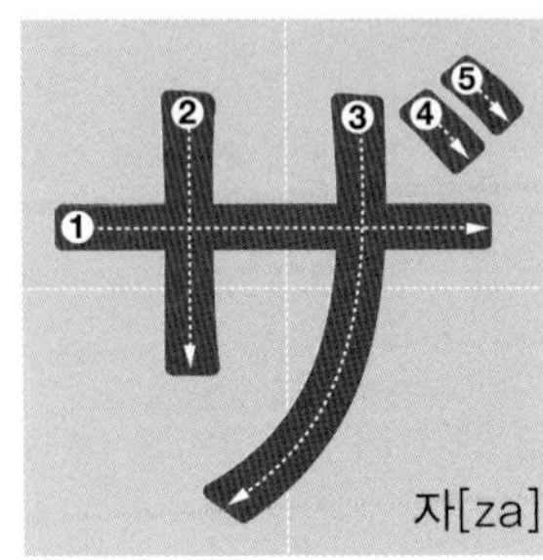

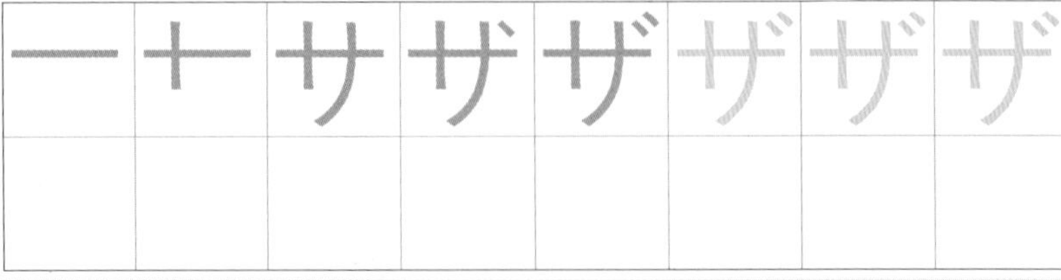

ザイル 자일 (자 이 루)　インフルエンザ 인플루엔자 (잉 후 루 엔 자)　ビザ 비자 (비 자)

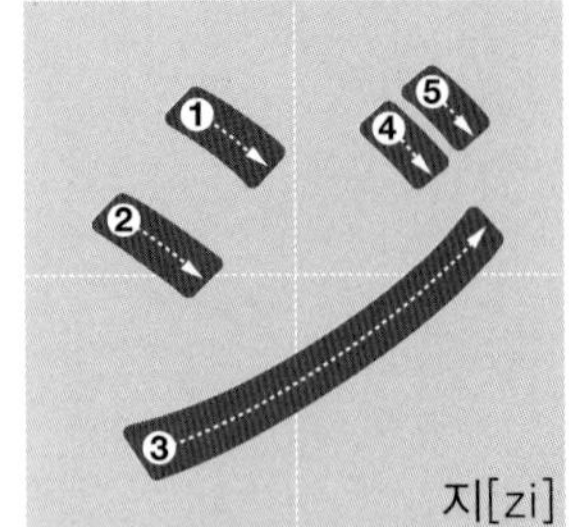

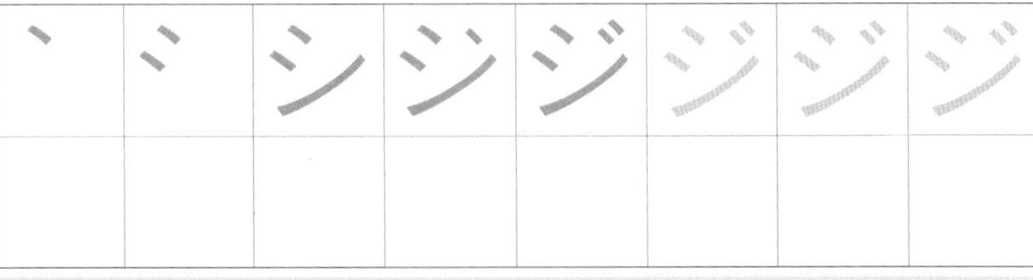

ジーンズ 청바지 (지 ー 인 즈)　アジア 아시아 (아 지 아)　スタジオ 스튜디오 (스 타 지 오)

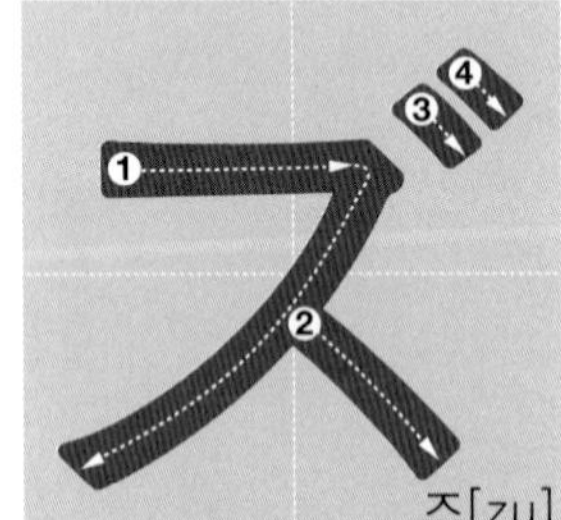

グッズ 상품 (굿 즈)　コンタクトレンズ 콘택트렌즈 (콘 타 쿠 토 렌 즈)　ジャズ 재즈 (쟈 즈)

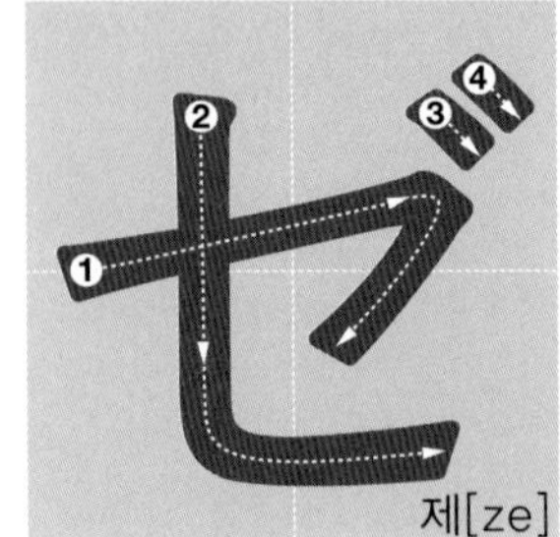

ゼリー 젤리 (제 리 ー)　ゼロ 제로 (제 로)

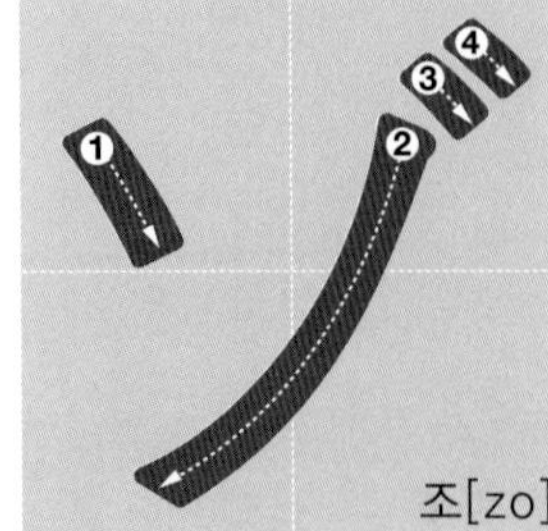

オゾン 오존 (오 종)

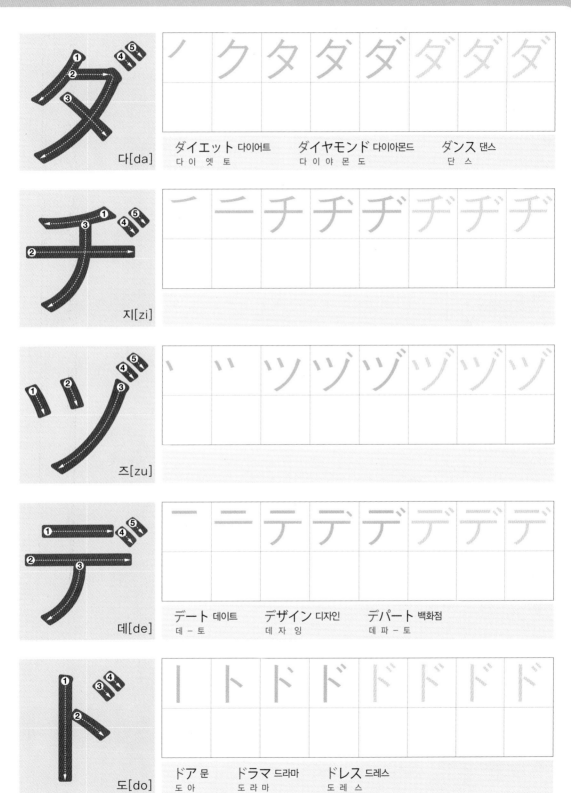

ダ 다[da]

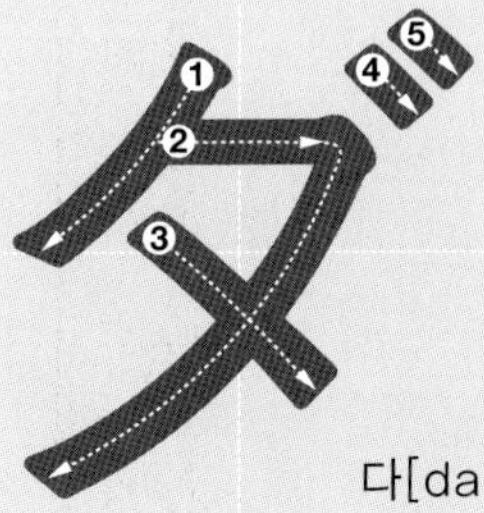

ダイエット 다이어트
다 이 엣 토

ダイヤモンド 다이아몬드
다 이 야 몬 도

ダンス 댄스
단 스

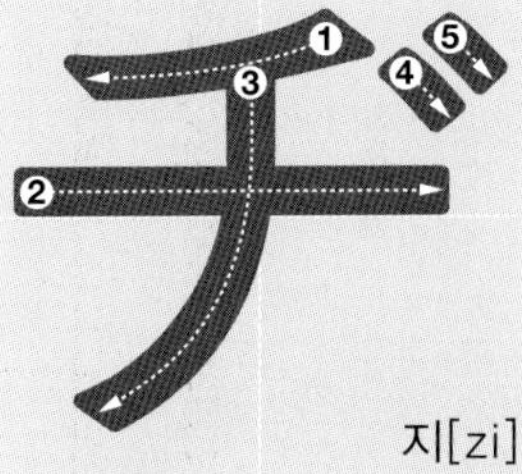

ヂ 지[zi]

ヅ 즈[zu]

デ 데[de]

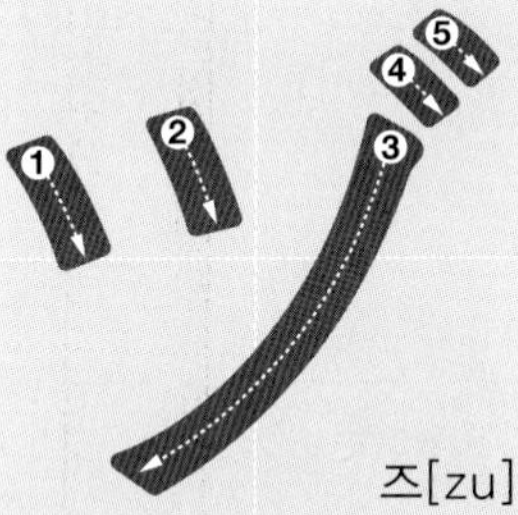

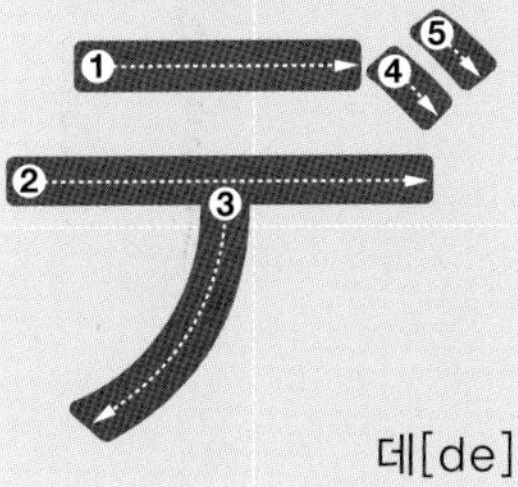

デート 데이트
데 - 토

デザイン 디자인
데 자 잉

デパート 백화점
데 파 - 토

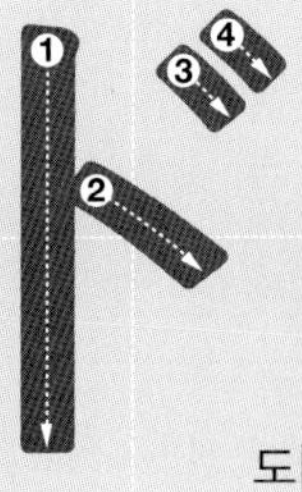

ド 도[do]

ドア 문
도 아

ドラマ 드라마
도 라 마

ドレス 드레스
도 레 스

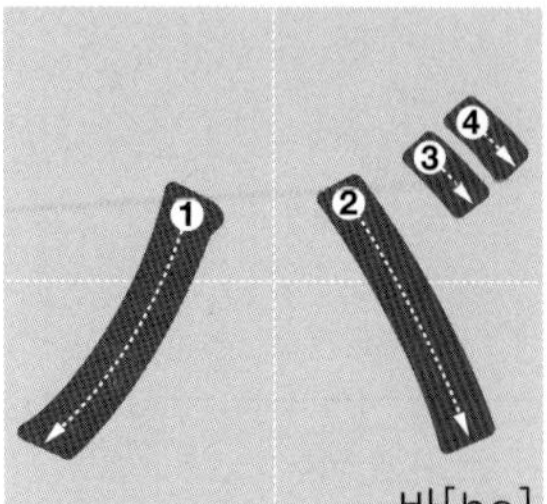

바[ba]

ノ ハ バ バ バ バ バ バ

バス 버스 바스
バスケットボール 농구 바스켓토보－루
バナナ 바나나 바나나

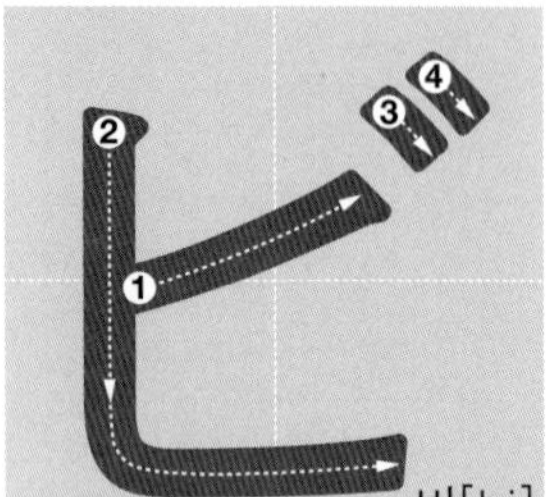

비[bi]

ー ヒ ビ ビ ビ ビ ビ ビ

ビール 맥주 비－루
ビニール 비닐 비니－루
ビル 빌딩 비루

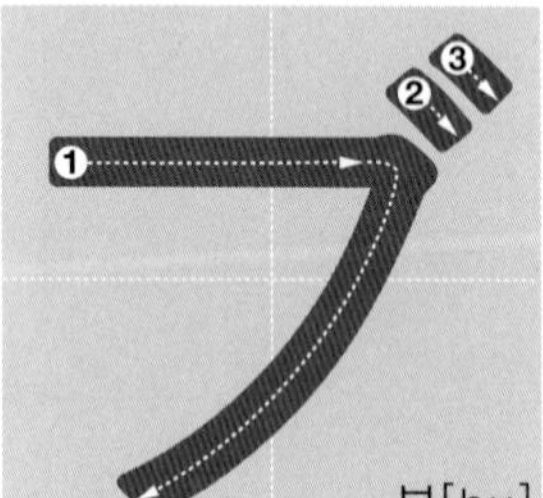

부[bu]

フ ブ ブ ブ ブ ブ ブ ブ

ブーツ 부츠 부－츠
ブルーベリー 블루베리 부루－베리－
ブレーキ 브레이크 부레－키

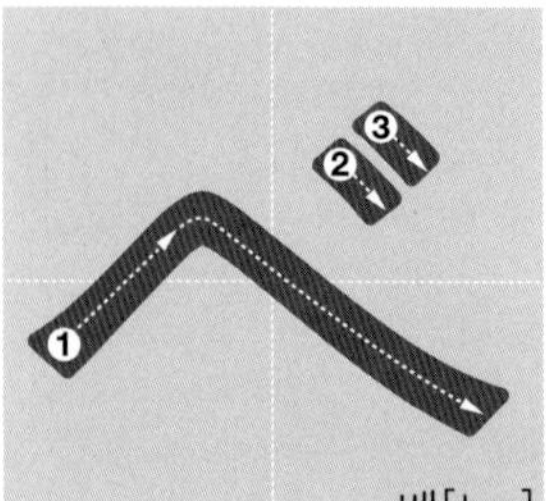

베[be]

ヘ ベ ベ ベ ベ ベ ベ ベ

ベーコン 베이컨 베－콩
ベッド 침대 벳도
ベルト 벨트 베루토

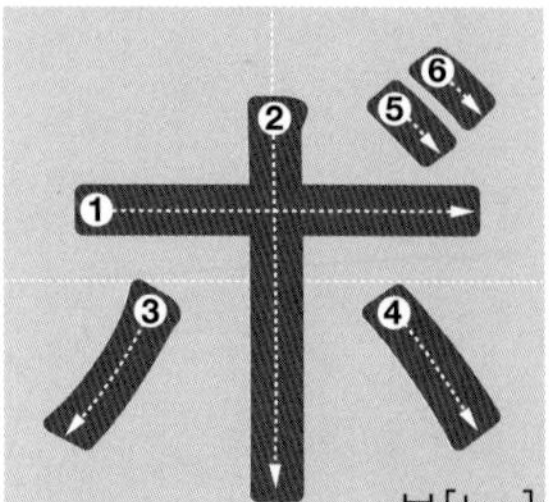

보[bo]

一 十 才 ホ ボ ボ ボ ボ

ボート 보트 보－토
ボーリング 볼링 보－링구
ボール 공 보－루

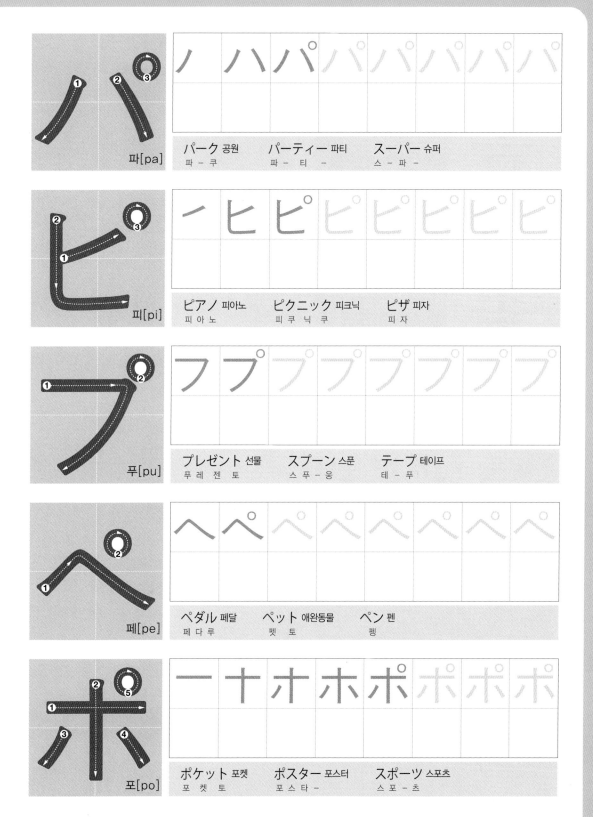

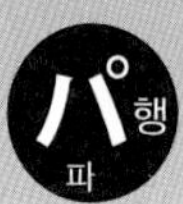

■ 순서대로 쓰면서 익히기

パ행 파

파[pa]

ノ ハ パ パ パ パ パ パ

パーク 공원　　パーティー 파티　　スーパー 슈퍼
파 - 쿠　　파 - 티 -　　스 - 파 -

피[pi]

ー ヒ ピ ピ ピ ピ ピ ピ

ピアノ 피아노　　ピクニック 피크닉　　ピザ 피자
피 아 노　　피 쿠 닉 쿠　　피 자

푸[pu]

フ プ プ プ プ プ プ プ

プレゼント 선물　　スプーン 스푼　　テープ 테이프
푸 레 젠 토　　스 푸 - 웅　　테 - 푸

페[pe]

ヘ ペ ペ ペ ペ ペ ペ ペ

ペダル 페달　　ペット 애완동물　　ペン 펜
페 다 루　　펫 토　　펭

포[po]

一 十 オ ホ ポ ポ ポ ポ

ポケット 포켓　　ポスター 포스터　　スポーツ 스포츠
포 켓 토　　포 스 타 -　　스 포 - 츠

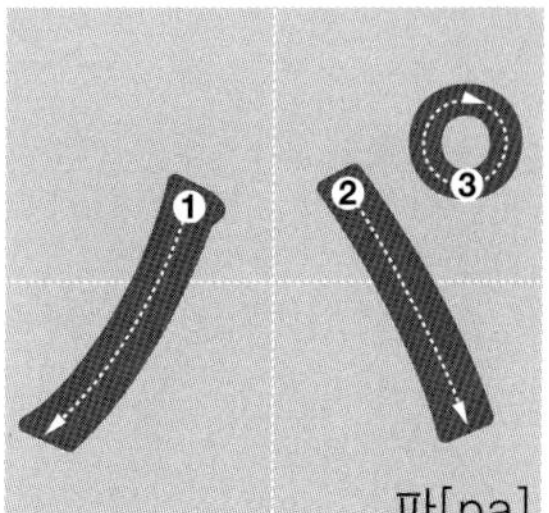

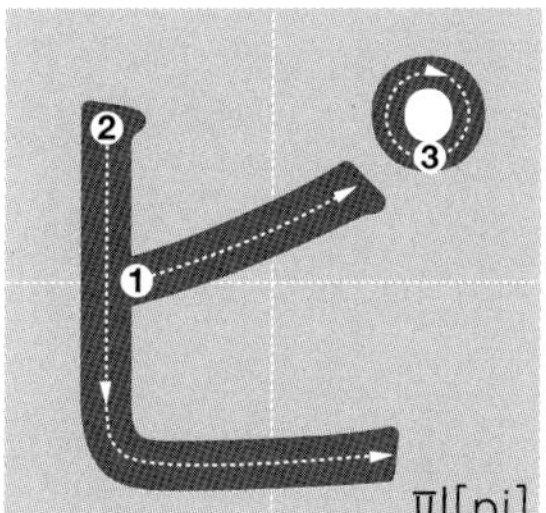

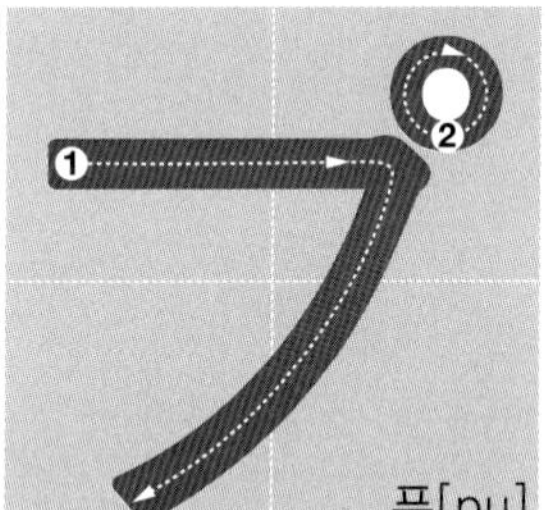

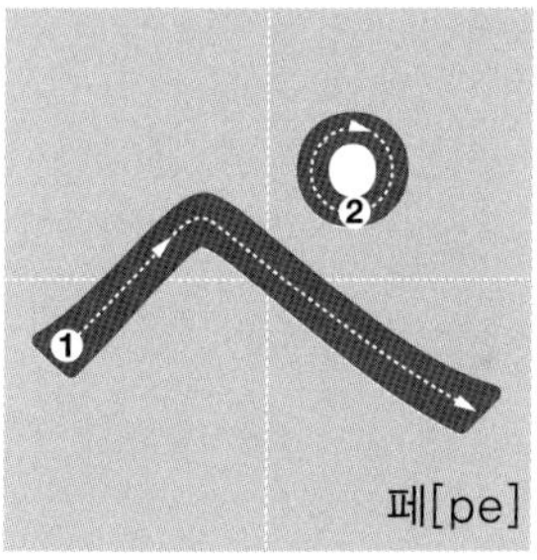

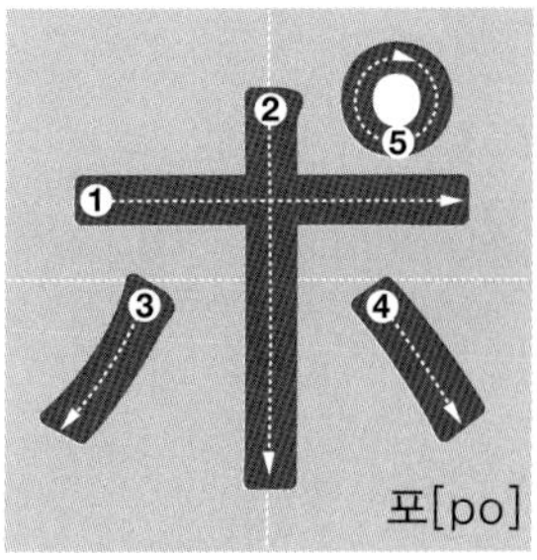

요음과 촉음

■ 쓰기 연습

キャ 캬[kya]

キュ 큐[kyu]

キョ 쿄[kyo]

ギャ 갸[gya]

ギュ 규[gyu]

ギョ 교[gyo]

キャンプ 캠프 (캼 푸)　バーベキュー 바비큐 (바 - 베 큐 -)　ギャグ 개그 (갸 구)　レギュラー 레귤러 (레 규 라 -)　ギョーザ 교자, 중국식 만두 (교 - 자)

■ 쓰기 연습

샤[sha]
シャ

슈[shu]
シュ

쇼[sho]
ショ

쟈[zya]
ジャ

쥬[zyu]
ジュ

죠[zyo]
ジョ

シャツ 셔츠 (샤 츠)
シューズ 신발 (슈 ー 즈)
ショッピング 쇼핑 (숍 핑 구)
ジャム 잼 (쟈 무)
ジュース 주스 (쥬 ー 스)
ジョギング 조깅 (죠 깅 구)

■ 쓰기 연습

チャ 챠[cha]	チャ	チャ	チャ	チャ			
チュ 츄[chu]	チュ	チュ	チュ	チュ			
チョ 쵸[cho]	チョ	チョ	チョ	チョ			
ニャ 냐[nya]	ニャ	ニャ	ニャ	ニャ			
ニュ 뉴[nyu]	ニュ	ニュ	ニュ	ニュ			
ニョ 뇨[nyo]	ニョ	ニョ	ニョ	ニョ			

チャンス 찬스 (챠 스) チューブ 튜브 (츄 - 부) チョコレート 초콜릿 (쵸 코 레 - 토) コニャック 코냑 (코 냐 쿠) ニュース 뉴스 (뉴 - 스) エルニーニョ 엘리뇨 (에 루 니 - 뇨)

ヒャ 햐[hya]

ヒャ ヒャ ヒャ ヒャ

ヒュ 휴[hyu]

ヒュ ヒュ ヒュ ヒュ

ヒョ 효[hyo]

ヒョ ヒョ ヒョ ヒョ

ビャ 뱌[bya]

ビャ ビャ ビャ ビャ

ビュ 뷰[byu]

ビュ ビュ ビュ ビュ

ビョ 뵤[byo]

ビョ ビョ ビョ ビョ

ヒューズ 퓨즈 (휴 ― 즈)　ヒューマン 휴먼 (휴 ― 망)　インタビュー 인터뷰 (인 타 뷰 ―)　デビュー 데뷔 (데 뷰 ―)

■ 쓰기 연습

ピャ 퍄[pya]

ピャ ピャ ピャ ピャ

ピュ 퓨[pyu]

ピュ ピュ ピュ ピュ

ピョ 표[pyo]

ピョ ピョ ピョ ピョ

ミャ 먀[mya]

ミャ ミャ ミャ ミャ

ミュ 뮤[myu]

ミュ ミュ ミュ ミュ

ミョ 묘[myo]

ミョ ミョ ミョ ミョ

コンピューター 컴퓨터
콤 퓨 - 타 -

ミュージアム 뮤지엄
뮤 - 지 아 무

ミュージカル 뮤지컬
뮤 - 지 카 루

ミュージック 뮤직
뮤 - 직 쿠

■ 쓰기 연습

리ャ 랴[rya]

リャ リャ リャ リャ

リュ 류[ryu]

リュ リュ リュ リュ

リョ 료[ryo]

リョ リョ リョ リョ

ッ

ッ ッ ッ ッ

リュックサック 룩색 (륙 쿠 삭 쿠)　サッカー 축구 (삭 카 –)　ラッシュアワー 러시아워 (랏 슈 아 와 –)

▪ 가타카나 전체 써 보기

*빈칸에 가타카나를 써 보세요!

행 \ 단	ア[a]단	イ[i]단	ウ[u]단	エ[e]단	オ[o]단
ア[a]행					
カ[ka]행					
サ[sa]행					
タ[ta]행					
ナ[na]행					
ハ[ha]행					
マ[ma]행					
ヤ[ya]행					
ラ[ra]행					
ワ[wa]행					
			ン[n]		

JLPT N5
하프
모의고사

단어 미리 학습하기

언어지식(문자・어휘)

p.117 タクシー 택시 | 呼(よ)ぶ 부르다 | と(飛)ぶ 날다

p.119 くも(雲) 구름 | ほし(星) 별 | つき(月) 달 | し(閉)める 닫다 | よ(読)む 읽다 | ひま(暇)だ 한가하다 | まじめ(真面目)だ 성실하다

p.120 うんどう(運動)する 운동하다 | もんだい(問題) 문제 | やさ(易)しい 쉽다 | つまらない 재미없다

언어지식(문법)・독해

p.121 山(やま) 산 | 子(こ)ども 아이 | 言(い)う 말하다

p.122 いちばん(一番) 가장, 제일 | お疲(つか)れさまでした 수고하셨습니다

p.123 留学(りゅうがく)する 유학하다 | 学生(がくせい) 학생, (특히) 대학생 | こと 일, 것 | さくぶん(作文) 작문 | クラス 반, 학급 | 家(うち) (우리) 집 | 招待(しょうたい)する 초대하다 | 食事(しょくじ) 식사 | ケーキ 케이크 | 持(も)つ 가지다 | ちゅうかりょうり(中華料理) 중화요리 | 作(つく)る 만들다 | 歌(うた)う (노래를) 부르다 | それで 그래서 | カラオケ 노래방 | よく 잘, 자주 | ～も ～도 | でんしゃ(電車) 전철 | 乗(の)る (탈것에) 타다 | ～曲(きょく) 곡 | のど(喉) 목구멍 | 痛(いた)い 아프다 | ～が ～지만, ～인데

p.124 会社(かいしゃ) 회사 | デスク 데스크, 책상 | 上(うえ) 위 | メモ 메모 | しょるい(書類) 서류 | たくはいびん(宅配便) 택배편 | 予定(よてい) 예정 | サンプル 샘플 | わた(渡)す 건네다, 건네주다 | ～から ～에게서 | もらう (남에게) 받다 | それから 그러고 나서 | 동사의 기본형+前(まえ)に ～하기 전에 | よろしく おねが(願)いします 잘 부탁드립니다 | はじ(初)めに 처음에

p.125 アルバイト 아르바이트 | かんじ(漢字) 한자 | テスト 테스트, 시험 | べんきょう(勉強)する 공부하다 | しんぱい(心配)だ 걱정스럽다 | がっこう(学校) 학교 | ぶんぽう(文法) 문법 | びっくりする 깜짝 놀라다 | いつも 평소 | ～より ～보다 | 遅(おそ)く 늦게

p.126 すいえい(水泳) 수영 | 習(なら)う 배우다 | 동사의 ます형+たい ～하고 싶다 | 入(はい)る 들다, 들어가다 | 時間(じかん) 시간 | ～中(ちゅう) ～중 | お(終)わる 끝나다 | 会費(かいひ) 회비 | きょうしつ(教室) 교실 | コース 코스 | おとな(大人) 어른, 성인 | 初級(しょきゅう) 초급 | 中級(ちゅうきゅう) 중급 | 上級(じょうきゅう) 상급 | 無料(むりょう) 무료

청해

p.128 / 137 男(おとこ)の 人(ひと) 남자 | 女(おんな)の 人(ひと) 여자 | さら(皿) 접시 | と(取)る 집다, 들다 | 丸(まる)い 둥글다 | 細長(ほそなが)い 가늘고 길다 | まんなか(真ん中) 한가운데 | 絵(え) 그림 | どうも 고마워(요)

p.129 / 137 道(みち) 길 | 聞(き)く 듣다, 묻다 | 郵便局(ゆうびんきょく) 우체국 | すみません 실례합니다 | 近(ちか)く 근처 | あそこ 저기 | 交差点(こうさてん) 교차로 | ～ね? ～죠? *확인 | 左(ひだり) 왼쪽 | 曲(ま)がる (방향을) 돌다 | すると 그러면 | む(向)こうがわ 저쪽, 반대편, 건너편 | ありがとうございます 감사합니다

p.129 / 138 冷蔵庫(れいぞうこ) 냉장고 | 出(だ)す 꺼내다 | あら 어머(나) *여성어로, 놀랐을 때 내는 소리 | こんな 이런 | 동사의 ます형+ましょう ～합시다 | 手伝(てつだ)う 돕다, 거들다 | みそ 된장 | 玉(たま)ねぎ 양파 | 魚(さかな) 생선 | だいこん(大根) 무

p.130 / 138 何(なん)の 무슨 | いただきます 잘 먹겠습니다 | くだもの(果物) 과일 | いちご 딸기

p.131 / 138-139 妹(いもうと) (자기) 여동생 | 両親(りょうしん) (자기) 부모 | 妹(いもうと)さん (남의) 여동생 | もう (이 위에) 또 | 会社員(かいしゃいん) 회사원 | こんにちは 안녕하세요(낮) | ゲーム 게임 | ソフト 소프트웨어 | 동사의 ます형+に ～하러 *동작의 목적 | 以後(いご) 이후 | ～なら ～라면 | テニスをする 테니스를 치다 | ハンバーガー 햄버거

p.132-133 / 139-140 何(なん)と 뭐라고 | 車(くるま) 자동차 | 危(あぶ)ない 위험하다 | うるさい 시끄럽다 | 窓(まど) 창문 | 開(あ)ける 열다 | テレビ 텔레비전, TV | つける (전원을) 켜다 | どこへも (부정어 수반) 아무데도 | 外国(がいこく) 외국

N5 げんごちしき(もじ・ごい)

에누고 겐 고치시끼 모지 고이

N5 언어지식(문자 · 어휘)

もんだい1 ＿＿＿＿の ことばは ひらがなで どう かきますか。1・2・3・4から いちばん いい ものを ひとつ えらんで ください。

1 あしたは 水よう日です。

1 どようび　　2 げつようび　　3 かようび　　4 すいようび

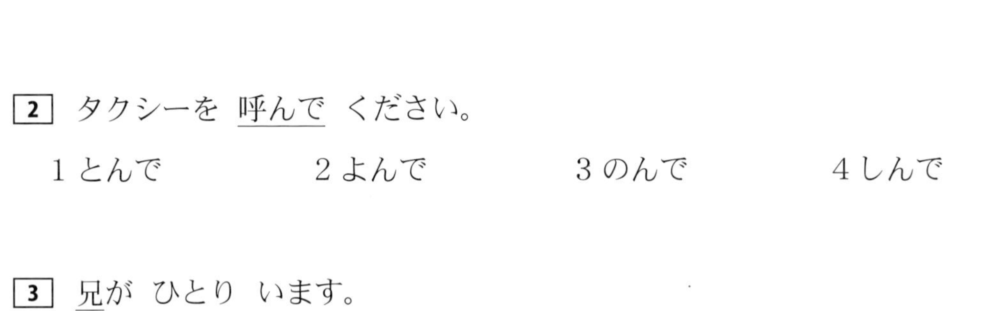

2 タクシーを 呼んで ください。

1 とんで　　2 よんで　　3 のんで　　4 しんで

3 兄が ひとり います。

1 ちち　　2 はは　　3 あに　　4 あね

もんだい2　＿＿＿の　ことばは　どう　かきますか。1・2・3・4から　いちばん　いい　ものを　ひとつ　えらんで　ください。

[4]　とい̲れ̲は̲　にかいに　あります。

1 ドイレ　　2 トイレ　　3 ナイレ　　4 メイレ

[5]　きょうから　しゅうまつまで　やすみです。

1 今月　　2 週末　　3 明日　　4 来月

もんだい3 (　　　)に なにが はいりますか。1・2・3・4から いちばん いい ものを ひとつ えらんで ください。

6 よる 10じに ねて、(　　　) 6じに おきます。

1 あさ　　2 くも　　3 ほし　　4 つき

7 わたしは おさけを (　　　)。

1 のみません　　2 しめません　　3 よみません　　4 でかけません

8 まつりは ひとが おおくて (　　　)。

1 ひまでした　　2 べんりでした　　3 まじめでした　　4 にぎやかでした

もんだい4　＿＿＿の　ぶんと　だいたい　おなじ　いみの　ぶんが　あります。1・2・3・4から　いちばん　いい　ものを　ひとつ　えらんで　ください。

9　これから　かいものします。

1 これから　うんどうします
2 これから　しょくじします
3 これから　さんぽします
4 これから　ショッピングします

10　この　もんだいは　かんたんです。

1 この　もんだいは　やさしいです
2 この　もんだいは　つまらないです
3 この　もんだいは　おもしろいです
4 この　もんだいは　むずかしいです

N5 言語知識(文法)・読解

エヌご げんご ちしき ぶんぽう どっかい
에누고 겡 고 치 시끼 붐 뽀- 독 까이

N5 언어지식(문법)・독해

もんだい1 (　　)に 何を 入れますか。1・2・3・4から いちばん いい ものを 一つ えらんで ください。

1 きのうは 友だち（　　）山へ 行きました。

1 を　　2 と　　3 に　　4 で

2 おとうとは 子どもの ときは（　　）。

1 おいしかったです　　2 かわいかったです
3 多かったです　　4 暑かったです

3 吉田さんの かばんは（　　）ですか。

1 なん　　2 だれ　　3 どれ　　4 どこ

4 日本に（　　）たら、連絡して ください。

1 言っ　　2 話し　　3 来　　4 聞い

もんだい2　＿★＿に 入る ものは どれですか。1・2・3・4から いちばん いい ものを 一つ えらんで ください。

5 ふじさんは 日本 ＿＿ ＿＿ ＿★＿ ＿＿ です。

1 高い　　2 で　　3 いちばん　　4 山

6 A「今日、＿＿ ＿＿ ＿★＿ ＿＿ ですか。」

B「ええ、どうぞ。お疲れさまでした。」

1 ちょっと　　2 帰っても　　3 早く　　4 いい

もんだい3 [7] から [8] に何を 入れますか。ぶんしょうの いみを かんがえて、1・2・3・4から いちばん いい ものを 一つ えらんで ください。

日本に 留学して いる 学生が「私が 好きな こと」の さくぶんを 書いて、クラスの みんなの 前で 読みます。

(1) ユナさんの さくぶん

> 私は 友だちを 家に 招待するのが 好きです。きのうも 友だちを 呼んで いっしょに 食事を しました。家に 来た 友だちは ケーキや お菓子を 持って 来ました。きのうは ちゅうかりょうりを 作って [7]。とても おいしかったです。来週は 韓国から 来た キムさんを 家に 招待して 食事を します。

(2) ジョンさんの さくぶん

> 私は 歌は 下手ですが、歌を 歌うのは とても 好きです。それで カラオケに よく 行きます。きょうも 友だちを 呼んで でんしゃに 乗って しぶやの カラオケに 行って 来ました。カラオケ [8] 私は 歌を 20曲、友だちは 10曲 歌いました。のどは すこし 痛かったですが、とても 楽しかったです。

[7]

1 食べました　　2 食べて います　　3 食べません　　4 食べる つもりです

[8]

1 を　　2 が　　3 で　　4 は

もんだい4　つぎの　ぶんしょうを　読んで、しつもんに　こたえて　ください。こたえは、1・2・3・4から　いちばん　いい　ものを　一つ　えらんで　ください。

(会社で)

キムさんの　デスクの　上に、メモと　しょるいが　あります。

> キムさん
>
> 11時に　たくはいびんの　人が　来る　予定です。その　とき、この　しょるいと　サンプルを　わたして　ください。サンプルは　となりの　中村さんが　持って　います。中村さんから　サンプルを　もらって　ください。それから　たくはいびんの　人が　来る　前に　私に　電話して　ください。
>
> よろしく　おねがいします。
>
> 田中
>
> 1月　23日　10時

9　この　メモを　読んで、キムさんは　はじめに　何を　しますか。

1 田中さんに　電話を　します。

2 中村さんから　サンプルを　もらいます。

3 たくはいびんの　人に　しょるいを　もらいます。

4 たくはいびんの　人に　しょるいと　サンプルを　わたします。

もんだい5　つぎの　ぶんしょうを　読んで、しつもんに　こたえて　ください。こたえは、1・2・3・4から　いちばん　いい　ものを　一つ　えらんで　ください。

私は　せんしゅう　ずっと　アルバイトを　しました。月よう日から　金よう日まで　アルバイトを　したから、とても　たいへんでした。らいしゅうの　月よう日は　かんじの　テストが　あります。でも、ぜんぜん　べんきょうしなかったから　とても　しんぱいでした。

それで　日よう日の　夜まで　べんきょうしました。たいへんな　しゅうまつでした。それから　月よう日に　学校へ　行きました。しかし、テストは　かんじじゃありませんでした。ぶんぽうでした。私は　とても　びっくりしました。

10　どうして　私は　とても　びっくりしましたか。

1 いつもより　遅く　起きたから

2 テストは　らいしゅうの　火よう日だったから

3 かんじの　テストの　べんきょうを　しなかったから

4 ぶんぽうの　テストの　べんきょうを　しなかったから

もんだい６　右の　ページを　見て、下の　しつもんに　こたえて　ください。こたえは、1・2・3・4から　いちばん　いい　ものを　一つ　えらんで　ください。

11 トムさんは　すいえいを　習いたいです。子どもと　いっしょに　行く　クラスに　入りたいです。時間は　午前　中に　おわる　クラスが　いいです。会費は　いくらですか。

1 500円

2 1,000円

3 1,500円

4 1,800円

ABCD　すいえい　きょうしつ

きょうしつ	コース		時間	会費
Aクラス	子ども	初級	午前　9時～10時	無料
Bクラス	おとな 子ども	初級	午後　2時～3時	おとな　1,000円 子ども　500円
Cクラス	おとな 子ども	中級	午前　11時～12時	おとな　1,000円 子ども　800円
Dクラス	おとな	上級	午後　5時～6時	おとな　1,000円

すいえいは　おもしろい!

もんだい1

もんだい1では、はじめに しつもんを きいて ください。それから はなしを きいて、もんだいようしの 1から 4の なかから、いちばん いい ものを ひとつ えらんで ください。

1ばん

1

2

3

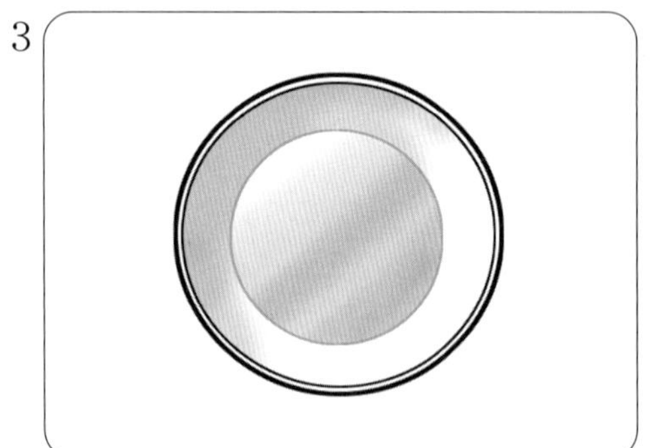

4

2ばん

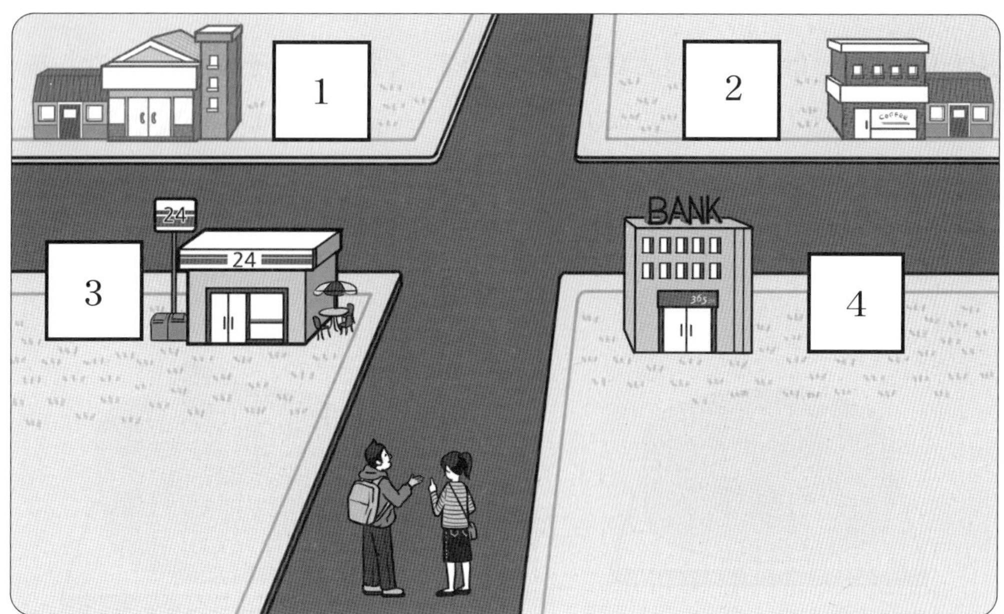

3ばん

1 さかなと だいこん

2 さかなと みそ

3 さかなと たまねぎ

4 だいこんと みそと たまねぎ

もんだい2

もんだい2では、はじめに　しつもんを　きいて　ください。それから　はなしを　きいて、もんだいようしの　1から　4の　なかから、いちばん　いい　ものを　ひとつ　えらんで　ください。

1ばん

1

2

3

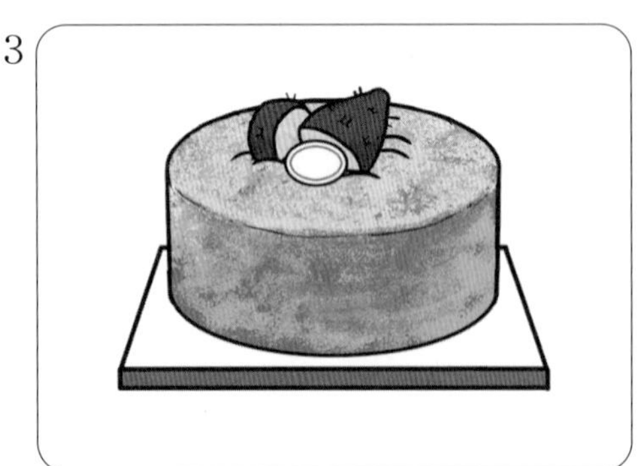

4

2ばん

1 ひとり

2 ふたり

3 よにん

4 ごにん

3ばん

1 ゲームを　する

2 テニスを　する

3 ハンバーガーを　たべる

4 ラーメンを　たべる

もんだい3

もんだい3では、えを　みながら　しつもんを　きいて　ください。➡(やじるし)の　ひとは　なんと　いいますか。1から　3の　なかから、いちばん　いい　ものを　ひとつ　えらんで　ください。

1ばん

2ばん

もんだい4

もんだい4は、えなどが　ありません。ぶんを　きいて、1から　3の　なかから、いちばん　いい　ものを　ひとつ　えらんで　ください。

ー　メモ　ー

정답 및 해석 | 언어지식(문자 • 어휘)

문제 1 ____의 말은 히라가나로 어떻게 씁니까? 1 · 2 · 3 · 4에서 가장 알맞은 것을 하나 골라 주세요.

1 정답 4

내일은 수요일입니다.

2 정답 2

택시를 불러 주세요.

3 정답 3

형이[오빠가] 한 명 있습니다.

문제 2 ____의 말은 어떻게 씁니까? 1 · 2 · 3 · 4에서 가장 알맞은 것을 하나 골라 주세요.

4 정답 2

화장실은 2층에 있습니다.

5 정답 2

오늘부터 주말까지 휴가입니다.

문제 3 (　　)에 무엇이 들어갑니까? 1 · 2 · 3 · 4에서 가장 알맞은 것을 하나 골라 주세요.

6 정답 1

밤 10시에 자서 (　　) 6시에 일어납니다.

1 아침　　2 구름
3 별　　4 달

7 정답 1

저는 술을 (　　).

1 마시지 않습니다　　2 닫지 않습니다
3 읽지 않습니다　　4 나가지 않습니다

8 정답 4

축제는 사람이 많아서 (　　).

1 한가했습니다　　2 편리했습니다
3 성실했습니다　　4 북적였습니다

문제 4 ____의 문장과 거의 같은 의미의 문장이 있습니다. 1 · 2 · 3 · 4에서 가장 알맞은 것을 하나 골라 주세요.

9 정답 4

이제부터 쇼핑합니다.

1 이제부터 운동합니다
2 이제부터 식사합니다
3 이제부터 산책합니다
4 이제부터 쇼핑합니다

10 정답 1

이 문제는 간단합니다.

1 이 문제는 쉽습니다
2 이 문제는 재미없습니다
3 이 문제는 재미있습니다
4 이 문제는 어렵습니다

JLPT N5 하프모의고사

정답 및 해석 | 언어지식(문법) • 독해

문제 1 (　　)에 무엇을 넣습니까? 1 · 2 · 3 · 4에서 가장 알맞은 것을 하나 골라 주세요.

1 정답 2

어제는 친구(　　) 산에 갔습니다.

1 를　　2 와
3 에　　4 에서

2 정답 2

남동생은 어릴 때는 (　　).

1 맛있었습니다　　2 귀여웠습니다
3 많았습니다　　4 더웠습니다

3 정답 3

요시다 씨의 가방은 (　　)입니까?

1 무엇　　2 누구
3 어느 것　　4 어디

4 정답 3

일본에 (　　)면 연락(해) 주세요.

1 말하　　2 이야기하
3 오　　4 들으

문제 2 ＿★＿에 들어갈 것은 어느 것입니까? 1 · 2 · 3 · 4에서 가장 알맞은 것을 하나 골라 주세요.

5 정답 1

후지산은 일본에서 가장 높은★ 산입니다.

1 높은　　2 에서
3 가장　　4 산

6 정답 2

A: 오늘 조금 일찍 돌아가도★ 됩니까?
B: 네, 그러세요. 수고하셨습니다.

1 조금　　2 돌아가도
3 일찍　　4 됩

문제 3 7 에서 8 에 무엇을 넣습니까? 문장의 의미를 생각해서 1 · 2 · 3 · 4에서 가장 알맞은 것을 하나 골라 주세요.

일본에 유학하고 있는 학생이 '내가 좋아하는 것'의 작문을 써서 반의 모두 앞에서 읽습니다.

(1) 유나 씨의 작문

저는 친구를 집에 초대하는 것을 좋아합니다. 어제도 친구를 불러서 같이 식사를 했습니다. 집에 온 친구는 케이크랑 과자를 가지고 왔습니다. 어제는 중화요리를 만들어서 7 . 매우 맛있었습니다. 다음 주에는 한국에서 온 김 씨를 집에 초대해서 식사를 할 겁니다.

(2) 존 씨의 작문

저는 노래는 잘 못하지만, 노래를 부르는 것은 매우 좋아합니다. 그래서 노래방에 자주 갑니다. 오늘도 친구를 불러서 전철을 타고 시부야의 노래방에 갔다 왔습니다. 노래방 8 저는 노래를 20곡, 친구는 10곡 불렀습니다. 목은 조금 아팠지만, 매우 즐거웠습니다.

7 정답 1

1 먹었습니다　　2 먹고 있습니다
3 먹지 않습니다　　4 먹을 생각입니다

8 정답 3

1 을　　2 이
3 에서　　4 은

문제 4 다음 글을 읽고 질문에 답해 주세요. 답은 1·2·3·4에서 가장 알맞은 것을 하나 골라 주세요.

(회사에서)
김 씨의 책상 위에 메모와 서류가 있습니다.

김 씨
11시에 택배원이 올 예정입니다. 그때 이 서류와 샘플을 건네주세요. 샘플은 옆의 나카무라 씨가 가지고 있습니다. 나카무라 씨에게서 샘플을 받으세요. 그러고 나서 택배원이 오기 전에 저에게 전화(해) 주세요.
잘 부탁드립니다.

다나카
1월 23일 10시

9 **정답 2**

이 메모를 읽고 김 씨는 처음에 무엇을 합니까?
1 다나카 씨에게 전화를 합니다.
2 나카무라 씨에게서 샘플을 받습니다.
3 택배원에게 서류를 받습니다.
4 택배원에게 서류와 샘플을 건네줍니다.

문제 5 다음 글을 읽고 질문에 답해 주세요. 답은 1·2·3·4에서 가장 알맞은 것을 하나 골라 주세요.

저는 지난주 줄곧 아르바이트를 했습니다. 월요일부터 금요일까지 아르바이트를 했기 때문에 매우 힘들었습니다. 다음 주 월요일은 한자 시험이 있습니다. 하지만 전혀 공부하지 않았기 때문에 매우 걱정스러웠습니다.
그래서 일요일 밤까지 공부했습니다. 힘든 주말이었습니다. 그러고 나서 월요일에 학교에 갔습니다. 그러나 시험은 한자가 아니었습니다. 문법이었습니다. 저는 매우 놀랐습니다.

10 **정답 4**

어째서 저는 매우 놀랐습니까?
1 평소보다 늦게 일어났기 때문에
2 시험은 다음 주 화요일이었기 때문에
3 한자 시험 공부를 하지 않았기 때문에
4 문법 시험 공부를 하지 않았기 때문에

문제 6 오른쪽 페이지를 보고, 아래의 질문에 답해 주세요. 답은 1·2·3·4에서 가장 알맞은 것을 하나 골라 주세요.

11 **정답 4**

톰 씨는 수영을 배우고 싶습니다. 아이와 함께 가는 반에 들어가고 싶습니다. 시간은 오전 중에 끝나는 반이 좋습니다. 회비는 얼마입니까?
1 500엔
2 1,000엔
3 1,500엔
4 1,800엔

ABCD 수영 교실

교실	코스		시간	회비
A반	어린이	초급	오전 9시~10시	무료
B반	성인 어린이	초급	오후 2시~3시	성인 1,000엔 어린이 500엔
C반	성인 어린이	중급	오전 11시~12시	성인 1,000엔 어린이 800엔
D반	성인	상급	오후 5시~6시	성인 1,000엔

수영은 재미있다!

정답 및 해석 | 청해

문제 1 문제1에서는 처음에 질문을 들어 주세요. 그러고 나서 이야기를 듣고, 문제지의 1에서 4 중에서 가장 알맞은 것을 하나 골라 주세요.

1 정답 2

음원

男の 人と 女の 人が 話して います。女の 人は どの お皿が ほしいですか。

F：ちょっと お皿を とって ください。
M：どの お皿ですか。
F：その 大きくて、丸いのを。
M：これですか。
F：いいえ、すこし 細長くて、まんなかに 絵が あります。
M：これですか。
F：ええ、それです。
M：はい、どうぞ。
F：どうも。

女の 人は どの お皿が ほしいですか。

문제지

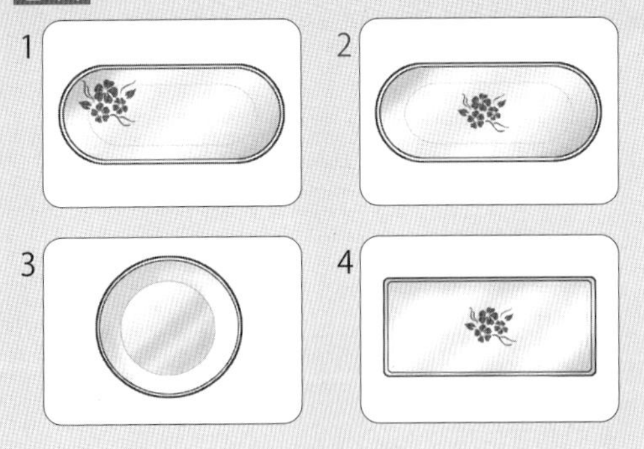

해석 남자와 여자가 이야기하고 있습니다. 여자는 어느 접시를 갖고 싶습니까?

여 : 접시를 좀 집어 주세요.
남 : 어느 접시요?
여 : 그 크고 둥근 것을.
남 : 이거요?
여 : 아니요, 조금 가늘고 길고 한가운데에 그림이 있어요.
남 : 이거요?
여 : 네, 그거요.
남 : 예, 여기요.
여 : 고마워요.

여자는 어느 접시를 갖고 싶습니까?

2 정답 1

음원

男の 人が 女の 人に 道を 聞いて います。郵便局は どこに ありますか。

M：すみません。この 近くに 郵便局は ありますか。
F：あ、郵便局ですか。あそこに 交差点が ありますね?
M：ええ。
F：あの 交差点を 左に 曲がって ください。すると、左に コンビニが あります。
M：ええ。
F：郵便局は その むこうがわに あります。
M：交差点を 左ですね? ありがとうございます。

郵便局は どこに ありますか。

문제지

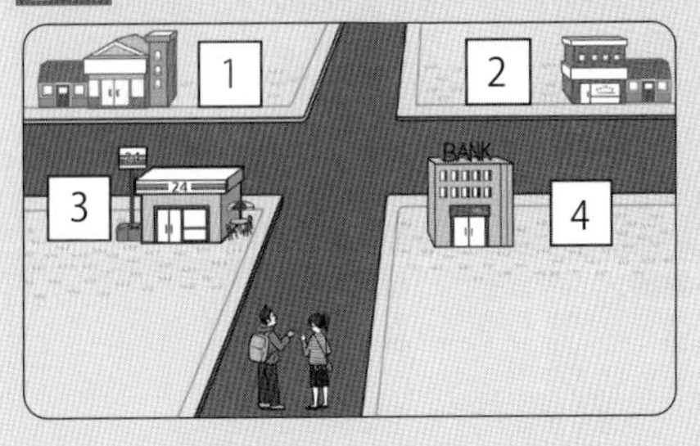

해석 남자가 여자에게 길을 묻고 있습니다. 우체국은 어디에 있습니까?

남 : 실례합니다. 이 근처에 우체국은 있어요?
여 : 아, 우체국이요? 저기에 교차로가 있죠?
남 : 네.
여 : 저 교차로를 왼쪽으로 돌아 주세요. 그러면 왼쪽에 편의점이 있어요.
남 : 네.
여 : 우체국은 그 건너편에 있어요.
남 : 교차로를 왼쪽이죠? 감사합니다.

우체국은 어디에 있습니까?

3 정답 2

음원

女の 人の 家で 男の 人と 女の 人が 話して います。男の 人は 冷蔵庫から 何を 出しますか。

F : あら、もう こんな 時間! お昼を 食べましょう。何か 作ります。
M : 私も 手伝います。何を しましょうか。
F : あ、じゃ、冷蔵庫から みそと 玉ねぎを 一つ 出して ください。
M : はい。
F : それから 魚も 出して ください。すみません。玉ねぎは もう いいです。
M : はい。

男の 人は 冷蔵庫から 何を 出しますか。

해석 여자의 집에서 남자와 여자가 이야기하고 있습니다. 남자는 냉장고에서 무엇을 꺼냅니까?

여 : 어머, 벌써 시간이 이렇게 됐네! 점심을 먹읍시다. 뭔가 만들게요.
남 : 저도 도울게요. 무엇을 할까요?
여 : 아, 그럼, 냉장고에서 된장과 양파를 하나 꺼내 주세요.
남 : 예.
여 : 그러고 나서 생선도 꺼내 주세요. 죄송해요. 양파는 이제 됐어요.
남 : 예.

남자는 냉장고에서 무엇을 꺼냅니까?

1 생선과 무
2 생선과 된장
3 생선과 양파
4 무와 된장과 양파

문제 2 문제2에서는 처음에 질문을 들어 주세요. 그러고 나서 이야기를 듣고, 문제지의 1에서 4 중에서 가장 알맞은 것을 하나 골라 주세요.

1 정답 4

음원

男の 人と 女の 人が 話して います。女の 人は 何の ケーキを 作りましたか。

F : これ、私が 作りました。どうぞ。
M : わあ、いただきます。何の ケーキですか。
F : くだものの ケーキです。いちごが 入って います。
M : とても おいしいです。
F : ありがとうございます。

女の 人は 何の ケーキを 作りましたか。

문제지

1 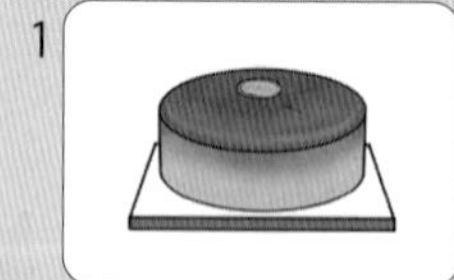
2 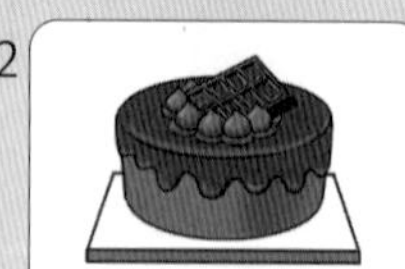
3 
4 

해석 남자와 여자가 이야기하고 있습니다. 여자는 무슨 케이크를 만들었습니까?

여 : 이거 제가 만들었어요. 드세요.
남 : 와~, 잘 먹겠습니다. 무슨 케이크예요?
여 : 과일 케이크예요. 딸기가 들어 있어요.
남 : 매우 맛있어요.
여 : 감사합니다.

여자는 무슨 케이크를 만들었습니까?

2 정답 2

음원

女の 学生と 男の 学生が 話して います。女の 学生は 妹が 何人 いますか。

M : 田中さんは 何人 家族ですか。

F：両親と 妹が 二人と 私の 5人 家族です。
M：妹さんは 学生ですか。
F：うーん、一人は 学生で、もう 一人は 会社員です。
M：あ、そうですか。

女の 学生は 妹が 何人 いますか。

해석 여학생과 남학생이 이야기하고 있습니다. 여학생은 여동생이 몇 명 있습니까?

남 : 다나카 씨는 가족이 몇 명이에요?
여 : 부모님과 여동생이 두 명과 저 5인 가족이에요.
남 : 여동생분은 학생이에요?
여 : 음…, 한 명은 학생이고, 또 한 명은 회사원이에요.
남 : 아, 그래요?

여학생은 여동생이 몇 명 있습니까?

1 한 명
2 두 명
3 네 명
4 다섯 명

3 정답 1

음원

電話で 女の 学生と 男の 学生が 話して います。二人は 明日 いっしょに 何を しますか。

M：もしもし。吉田さん、こんにちは。中村です。
F：あ、中村さん、こんにちは。
M：よかったら 明日 家で ゲームを しませんか。新しい ソフトを 買いました。
F：いいですね。でも 私 午前 中は アルバイトを して、それから 友だちと いっしょに ラーメンを 食べに 行きます。でも 2時以後なら 大丈夫ですが。
M：あ、そうですか。じゃ、午後に 来て ください。待って います。

二人は 明日 いっしょに 何を しますか。

해석 전화로 여학생과 남학생이 이야기하고 있습니다. 두 사람은 내일 함께 무엇을 합니까?

남: 여보세요. 요시다 씨, 안녕하세요. 나카무라예요.
여: 아, 나카무라 씨, 안녕하세요.
남: 괜찮으면 내일 우리 집에서 게임을 하지 않을래요? 새로운 소프트 (게임)를 샀어요.
여: 좋죠. 하지만 저 오전 중에는 아르바이트를 하고, 그러고 나서 친구와 함께 라멘을 먹으러 가요. 하지만 2시 이후라면 괜찮은데요.
남: 아, 그래요? 그럼, 오후에 오세요. 기다리고 있을게요.

두 사람은 내일 함께 무엇을 합니까?

1 게임을 한다
2 테니스를 친다
3 햄버거를 먹는다
4 라멘을 먹는다

문제 3 문제3에서는 그림을 보면서 질문을 들어 주세요. ➔(화살표)의 사람은 뭐라고 말합니까? 1에서 3 중에서 가장 알맞은 것을 하나 골라 주세요.

1 정답 2

문제지

음원

デパートで トイレに 行きたいです。何と いいますか。

F：1 すみません。今、何時ですか。
2 すみません。トイレは どこですか。
3 すみません。これ、いくらですか。

해석 백화점에서 화장실에 가고 싶습니다. 뭐라고 말합니까?

여 : 1 실례해요. 지금 몇 시예요?
2 실례해요. 화장실은 어디예요?
3 실례해요. 이거 얼마예요?

2 정답 1

문제지

음원

前から 車が 来て います。友だちは 見て いません。何と いいますか。

F：1 危ない!
　 2 うるさい!
　 3 痛い!

해석 앞에서 차가 오고 있습니다. 친구는 보고 있지 않습니다. 뭐라고 말합니까?

여：1 위험해!
　 2 시끄러워!
　 3 아파!

문제 4 문제4는 그림 등이 없습니다. 문장을 듣고 1에서 3 중에서 가장 알맞은 것을 하나 골라 주세요.

1 정답 2

F：寒いですね。
M：1 窓を 開けましょう。
　 2 窓を 閉めましょう。
　 3 テレビを つけましょう。

해석 여：춥네요.
남：1 창문을 엽시다.
　 2 창문을 닫읍시다.
　 3 TV를 켭시다.

2 정답 3

F：お昼は、もう 食べましたか。
M：1 ええ、お願いします。
　 2 トンカツが 食べたいです。
　 3 いいえ、今からです。

해석 여：점심은 벌써 먹었어요?
남：1 네, 부탁드려요.
　 2 돈가스가 먹고 싶어요.
　 3 아니요, 지금부터요.

3 정답 1

M：土よう日、どこか 行きませんか。
F：1 いいですね。どこが いいでしょうか。
　 2 どこへも 行きませんでした。
　 3 ええ、外国から 来ました。

해석 남：토요일, 어딘가 가지 않을래요?
여：1 좋죠. 어디가 좋을까요?
　 2 아무데도 가지 않았어요.
　 3 네, 외국에서 왔어요.

JLPT N5 하프모의고사

일본어능력시험 해답용지
にほんごのうりょくしけん　かいとうようし

언어지식 문자 어휘
N5 げんごちしき（もじ・ごい）

じゅけんばんごう Examinee Registration Number	

なまえ Name	

〈ちゅうい Notes〉
1. くろいえんぴつ（HB、No.2）でかいてください。
   Use a black medium soft (HB or No.2) pencil.
   (ペンやボールペンではかかないでください。)
   (Do not use any kind of pen.)
2. かきなおすときは、けしゴムできれいにけしてください。
   Erase any unintended marks completely.
3. きたなくしたり、おったりしないでください。
   Do not soil or bend this sheet.
4. マークれい Marking Examples

よいれい Correct Example	わるいれい Incorrect Examples
●	⊗ ○ ○ ○ ○ ○ ○

もんだい 1				
1	①	②	③	④
2	①	②	③	④
3	①	②	③	④
もんだい 2				
4	①	②	③	④
5	①	②	③	④

もんだい 3				
6	①	②	③	④
7	①	②	③	④
8	①	②	③	④
もんだい 4				
9	①	②	③	④
10	①	②	③	④

JLPT N5 | 하프모의고사

일본어능력시험 해답용지
にほんごのうりょくしけん　かいとうようし

언어지식 문법 독해
N5 げんごちしき（ぶんぽう）・どっかい

じゅけんばんごう Examinee Registration Number	

なまえ Name	

〈ちゅうい Notes〉

1. くろいえんぴつ（HB、No.2）でかいてください。
   Use a black medium soft (HB or No.2) pencil.
   （ペンやボールペンではかかないでください。）
   (Do not use any kind of pen.)
2. かきなおすときは、けしゴムできれいにけしてください。
   Erase any unintended marks completely.
3. きたなくしたり、おったりしないでください。
   Do not soil or bend this sheet.
4. マークれい Marking Examples

よいれい Correct Example	わるいれい Incorrect Examples
●	⊗ ◯ ◯ ◯ ◯ ◯ ◯

もんだい 1				
1	①	②	③	④
2	①	②	③	④
3	①	②	③	④
4	①	②	③	④
もんだい 2				
5	①	②	③	④
6	①	②	③	④

もんだい 3				
7	①	②	③	④
8	①	②	③	④
もんだい 4				
9	①	②	③	④
もんだい 5				
10	①	②	③	④
もんだい 6				
11	①	②	③	④

JLPT N5 하프모의고사

にほんごのうりょくしけん（일본어능력시험） かいとうようし（해답용지）

N5 ちょうかい（청해）

じゅけんばんごう Examinee Registration Number	

なまえ Name	

〈ちゅうい Notes〉

1. くろいえんぴつ（HB、No.2）でかいてください。
   Use a black medium soft (HB or No.2) pencil.
   （ペンやボールペンではかかないでください。）
   (Do not use any kind of pen.)
2. かきなおすときは、けしゴムできれいにけしてください。
   Erase any unintended marks completely.
3. きたなくしたり、おったりしないでください。
   Do not soil or bend this sheet.
4. マークれい Marking Examples

よいれい Correct Example	わるいれい Incorrect Examples
●	⊗ ◯ ⊖ ⊙ ⊘ ◐ ◍

もんだい 1

1	①	②	③	④
2	①	②	③	④
3	①	②	③	④

もんだい 2

1	①	②	③	④
2	①	②	③	④
3	①	②	③	④

もんだい 3

1	①	②	③
2	①	②	③

もんだい 4

1	①	②	③
2	①	②	③
3	①	②	③